职业教育课程改革规划新教材

营销基础知识

第2版

（非营销专业）

主 编 郭 萍

副主编 王润明 孙国芳

参 编 张 晋 郑秀秀 杨瑶然

机械工业出版社

本书以市场营销的一般理论和主要业务为依据，共分为十章，内容包括认识市场营销、市场营销环境、市场细分及目标市场选择、市场竞争、消费者需求及购买行为分析、市场调查、营销产品策略、营销价格策略、营销渠道策略、营销促销策略。

本书理论与实践相结合，注重案例的引导和启发。在内容的安排上，注重学生对营销理论的系统理解，较好地解决了非营销专业学生将本专业技能与营销知识结合的问题，内容生动活泼，浅显易懂，充实够用；在结构的编排上，每章每节都有案例导入，在每章的结束部分都有综合训练、实践活动和案例分析。

本书适合中等职业学校财经类非市场营销专业教学使用，也可以作为相关人员的自学或参考用书。

图书在版编目（CIP）数据

营销基础知识/郭萍主编. —2版. —北京：机械工业出版社，2015.8
职业教育课程改革规划新教材
ISBN 978-7-111-51257-8

Ⅰ.①营… Ⅱ.①郭… Ⅲ.①市场营销学-中等专业学校-教材
Ⅳ.①F713.50

中国版本图书馆CIP数据核字（2015）第189363号

机械工业出版社（北京市百万庄大街22号 邮政编码100037）
策划编辑：李 兴 责任编辑：李 兴
版式设计：霍永明 责任校对：张 力
封面设计：路恩中 责任印制：刘 岚
北京圣夫亚美印刷有限公司印刷
2015年9月第2版第1次印刷
184mm×260mm · 10.75印张 · 220千字
0001—2000册
标准书号：ISBN 978-7-111-51257-8
定价：25.00元

凡购本书，如有缺页、倒页、脱页，由本社发行部调换
电话服务 网络服务
服务咨询热线：010-88379833 机工官网：www.cmpbook.com
读者购书热线：010-88379649 机工官博：weibo.com/cmp1952
教育服务网：www.cmpedu.com
封面无防伪标均为盗版 金书网：www.golden-book.com

第2版前言

近年来，随着中国经济的迅速发展，国内企业都建立了较为完善的营销体系，营销理念的确定在网络经济飞速发展的今天显得尤为突出。在市场竞争愈发激烈的状态下，在消费者日益成熟的过程中，企业开拓市场、把握市场的能力还要不断适应新形势的变化。

对于中等职业学校财经商贸类的学生来说，营销基础知识与不断更新的营销观念是专业学习产生的最新需求，为了满足市场变化与中等职业教育不断更新的教学需求，我们修订再版了这本《营销基础知识》，更新了其中的不少案例和知识点。

在编写过程中，我们依然坚持以能力为本位，以就业为导向，以培养技能型人才和高素质劳动者为目标，力求做到：

第一，保证知识的前瞻性。在充分借鉴国内外最新成果的基础上，综合考虑当前我国所面临的各种新环境，充分考虑信息化社会所带来的新机会与威胁，向读者系统介绍最新、最前沿的知识与理念。

第二，突出专业的实践性。从解决市场上常出现的问题入手，突出理论与实践相结合，将实践性作为本系列教材的突出特点之一。在整个编写过程中，我们始终坚持这样的理念：不仅强调知识的获得，更强调知识的运用。

第三，强化教材的可读性。我们采用多种手段，从多种途径中尝试增强可读性的方法，希望通过寓教于乐的方式激发读者浓厚的学习兴趣。

第四，保持知识的体系性。内容由浅入深，分量适中，结构合理，全面系统地介绍营销的基本内容和操作方法，以求让不同起点的学生都能系统地把握市场营销的知识体系。

本书共分十章，包括认识市场营销、市场营销环境、市场细分及目标市场选择、市场竞争、消费者需求及购买行为分析、市场调查、营销产品策略、营销价格策略、营销渠道策略及营销促销策略内容。除在每章开头设有“案例提示”、在每节的开头设有“案例导入”外，还在每章的结束部分设有“综合训练”、“实践活动”和“案例分析”。

本书由郭萍主编，王润明、孙国芳任副主编，张晋、郑秀秀和杨瑶然参加了编写。最后由郭萍对全书进行了修改、统稿。

感谢编者所在学校的校领导和同事们给予的支持和帮助。

由于时间仓促，书中难免会有错误疏漏之处，希望读者批评指正。

为了方便教学，本书配有助教课件，凡选用本书作为教材的老师，均可登录机械工业出版社教材服务网(http://www.cmpedu.com)免费下载。

编　者

第1版前言

随着以电子商务为核心的网络经济的兴起，市场的概念和性质、企业的市场营销环境和营销方式等都随之发生了深刻的变化。为了适应新形势下社会对职业技术教育的要求，各职业学校必须用新的形式、新的理念和新的内容来培养新型的人才和劳动者。

为了满足财经类非市场营销专业学生对营销基础知识的学习需要，特由机械工业出版社组织编写了这本《营销基础知识》，以期在非营销专业的营销教学方面做一次理论联系实践的探索，也为营销类教材的推陈出新做一次新的尝试。

在编写过程中，本书坚持以就业为导向，以培养技能型人才和高素质劳动者为目标，力图编写出一本融前瞻性、科学性和实践性为一体的教材。在结构安排上，本书充分考虑了中等职业学校的教学要求和学生的学习特点。在每章开头设有“学习目标”、“知识结构”和“案例提示”，以帮助学生了解该章的知识要点，理清它们之间的关系，并自然过渡到该章的学习内容。为提高学生的学习兴趣，在书中设置了“案例点播”、“知识链接”和“友情提示”等栏目。为便于学习总结，在每章的结尾部分还设有“本章小结”来综合本章的重点内容；通过“综合训练”引导学生复习本章的理论知识；通过“实践活动”指导学生将理论知识应用于社会实践；通过“案例分析”来促进知识向能力的综合转化。除了在结构安排上独具匠心外，本书在文字阐述上力求通俗易懂，便于学生理解；在内容安排上形式多样，便于学生接受。

本书由郭萍任主编，王润明、孙国芳任副主编，张晋和郑秀秀参加编写。具体分工为：第一章、第二章由郭萍编写，第三章、第五章由孙国芳编写，第四章、第九章由张晋编写，第六章、第十章由郑秀秀编写，第七章、第八章由王润明编写。郭萍对全书进行了修改、统稿。

感谢编者所在学校的校领导和同事们给予的支持和帮助。

本书在编写过程中，参阅了国内外众多市场营销学教材、著作和资料，在此向有关作者表示真诚的谢意。

本书是编者学习、教学和社会实践的结晶。但由于编写者水平有限，编写时间仓促，缺点及错误在所难免，敬请读者批评指正，以便进一步修改完善。

编　者

目　录

第一章　认识市场营销

学习目标

(1)掌握市场与市场营销的含义。

(2)区分市场营销中的相近概念。

(3)认识市场营销的历史发展过程与营销观念的转变。

(4)掌握市场营销组合策略。

(5)认识市场营销组合策略的发展动态。

案例提示

丰田的成长

提起丰田汽车,很多人会立刻联想到那句著名的广告词:“车到山前必有路,有路必有丰田车”。如今,丰田汽车穿梭于世界各地的大街小巷,TOYOTA 这个名字在全世界大多数的地区几近妇孺皆知。是什么原因使丰田赢得如此的业绩,下面来看看丰田的营销策略。

1)丰田的渠道策略。丰田的经销商分属五大系统:“丰田”、“丰田宠儿”、“丰田花冠”、“丰田奥特”和“丰田威斯特”。各个经销商系统出售不同系列的丰田车,每个经销商系统由几十个经销商组成。为避免内部竞争,各系统一般只在每个城市安排 1 ~2 个经销商,每个经销商只能在所在的城市或指定的区域内销售。

2)丰田的产品策略。丰田的产品策略的重点在质量管理,丰田产品的质量保证得益于 20 世纪 60 年代开始实施的“全面质量管理”制度。丰田强调每一道工序都必须杜绝不合格产品,绝对不把不合格产品传给下一道工序。也就是说,丰田的质量管理依靠的是每一道工序的所有工人,而非仅靠流水线末端的质量检查人员。

3)丰田的价格策略。丰田早期的价格策略是“多少钱能卖出去就卖多少钱”。

4)丰田的国际营销。从 1968 年“丰田花冠”轿车成功进入美国市场伊始,丰田始终注意国际市场的开发。截至 2014 年,丰田在 28 个国家和地区共拥有 54 个生产基地,并通过全球网络累计销售超过 2 亿辆汽车。

内容导入

1. 请想想,生活中与“销售”一词有关或相近的名词还有哪些?你是怎么理解的?
2. 请说说,“卖者”与“买者”应该是什么关系?

第一节　市场营销概念

案例导入

麦当劳的市场变革

麦当劳是世界快餐食品的老大,但近年来在全球各地受到了其他快餐品牌的挑战。在中国市场,麦当劳一直屈居肯德基之下。2003 年,麦当劳在全球同步推出“我就喜欢”的品牌更新活动,被很多人称为麦当劳的变脸行动,使得麦当劳公司当年 11 月份的销售收入增长了14.9%,亚太地区的销售收入增长了 16.2%。公司的股价逆市上涨,创下了 16 个月以来的新高,从而赢得了市场。“我就喜欢”把目标消费者定在了麦当劳流失得最快、公司最需要抓住的年轻一族,所有的品牌主题都围绕着“酷”“自己做主”“我行我素”等年轻人推崇的理念。以在中国地区为例,首先,广告语就赢得了很多年轻人的好评,一位中学生在被问及对麦当劳广告的看法时说:“‘我就喜欢’里面的‘就’字很酷,我特别欣赏。”麦当劳中文歌曲的创作者及演唱者王力宏在年轻人中很有号召力,是有主见、有活力、有上进心的年轻人的代表。王力宏创作的带有嘻哈和 R&B 曲风的《我就喜欢》主题曲,推出之后登上了很多歌曲排行榜,在年轻人中非常流行,为麦当劳赢得了不少关注,扩大了市场。

然而,麦当劳的 2014 年过得并不顺利。受食品安全危机、消费者口味改变的影响以及德克士、麦肯炸鸡等新兴餐饮品牌的冲击,麦当劳 2014 年每个季度的利润大概只有 10 亿美元,比去年同期的 15 亿美元左右下滑了近 30%,全年业绩可谓惨淡。

麦当劳适应市场的变革迫在眉睫。麦当劳在消费者体验上大做文章,希望重整旗鼓,留住顾客。最明显的变化是麦当劳“换装”了,从食品到饮料,都换上了重新设计、更加简约的包装——主色调为白色,配上鲜明的图案,看上去动感十足。同时麦当劳还强调原材料的健康与安全。外卖袋也更加时尚,不仅印有卡通形象的汉堡和几种不同的菜单选项,还有一个大大的粗体“M”——乍一看很像出自某个时装品牌之手。就连经典的广告语“我就喜欢”(I’m lovin’it)都变成了“爱比恨好”(Lovin’ is greater than hating)。只是,在食物本身没有多大变化的情况下,喊几句新口号,换几个新包装,就想唤回口味日益挑剔的消费者,麦当劳多少显得有些力不从心。

一、市场

市场(Market)是生活中经常使用的词汇。提到市场,人们通常会联想到菜市场、批发市场、超级市场甚至人才市场等。市场的含义可以从多种角度理解。一般认为,市场是指买卖双方用以聚集和交换商品和服务的具体场所。这里的市场指的是有形的市场,而经济学上把所有从事商品和服务交易的买方和卖方都称为市场。从卖方的角度看,市场是指产品或服务的实际的和潜在的购买者。某种产品市场的大小是由对该产品的需求人数的多少、购买欲望的强弱和购买力的大小三个因素决定的。

> **友情提示**
>
> 潜在购买者:是指现在还不是某产品的购买者,但是因为各种因素的影响,以后可能会发展成为该产品的购买者。准确地预测潜在购买者的数量与特征会对市场营销有很大的帮助。
>
> 购买力:即购买的能力,是指消费者收入中可以用来自由支配的部分。

二、市场营销

美国营销专家、西北大学教授菲利普·科特勒对市场营销所下的定义是:市场营销(Marketing)是个人和群体通过创造并同他人交换产品价值以满足需求和欲望的社会过程和管理过程。

总之,市场营销是企业以满足消费者需求为目的,通过对企业产品、价格、渠道与促销的管理来实现交换的管理和创新过程。可以做如下理解:

1)市场营销是一种自愿的交换行为。

2)市场营销的目的是满足消费者的需求和欲望。

3)市场营销是一系列的管理活动和管理过程。

4)市场营销是一种创造性的策略发展过程。

5)市场营销连接了企业、消费者和社会。

三、区分营销学中的相近概念

1. 需要、欲望和需求

(1)需要:需要(Need)是指一个人感到没有得到某些满足的状态。它包括满足生理需要的饮食、穿衣、房屋居住和安全等,也包括满足社会需要的友情、尊重和忠诚等,还包括自我价值和学习知识等各个方面的需要。它是人类与生俱来的,不是市场和卖方创造出来的。

(2)欲望:欲望(Desire)是指人们在需要得到基本满足以后,希望进一步满足其更深层次的需要,是对更好产品或服务的愿望。欲望是无止境的,市场营销人员可以激发消费者的欲望。

(3)需求:需求(Demand)是指人们有能力购买并愿意购买某种产品的愿望。当有购买力支付时,欲望就转化为需求。市场营销正是发现需要与欲望中有支付能力的那部分,并使其真正转化为需求。

2. 产品与商品

(1)产品:产品是指可以满足人们各种需要和欲望的有形实体和无形服务的总和,是人们劳动的成果。

(2)商品:商品就是指用来交换的产品。商品具有使用价值和价值:商品的使用价值是商品能满足人们某种需要的效用,商品的价值的货币表现就是价格。

3. 交换和交易

(1)交换:交换是以一定的利益让渡从对方获得相当价值的产品或满足。由于社会分工不同,交换在当今社会体现为以货币交换商品的形式。

(2)交易:交易是买卖双方价值的交换。一次交易一般涉及多个方面,如交易的双方要具有有价值的产品且价值较大,规定双方同意交易的条件、时间、地点,还要有法律制度、合同来维护和约束各交易双方履行承诺等。

4. 消费者

消费者是由顾客组成的人群,是一个整体的概念。它包括内部职工和外部公众两部分。消费者满意除了包括购买者与潜在购买者在内的外部公众满意,还包括企业内部职工的满意。

第二节 市场营销观念

案例导入

海尔营销观念的变化

海尔,是中国的奇迹。今天,大家熟悉的海尔,已是一个享誉国际的名牌,在电器行业是消费者心目中的优选之一。

海尔集团的前身是海尔电冰箱总厂,历经30年,截至2014年,海尔集团已发生了翻天覆地的变化,已拥有了69大门类10800多个规格品种的产品。

从抓产品质量到抓服务质量,从单一产品到多种产品,从按量生产到按需生产,从国内市场到国际市场,营业额比1984年增长了一千多倍。在国内布局了6万多个城乡经销点,在国外也发展了60多个经销商。海尔的管理模式引起了全球的关注,海尔的营销理念更是值得学习。

第一,海尔最初的观念是产品质量过硬。海尔集团总裁张瑞敏用一把大锤砸烂了质量不合格的电冰箱,确立了追求质量的生存之道,他明白顾客宁可多花一点钱也愿意购买质量好的产品,他的这一做法建立了海尔"零缺陷"的质量标准,也使海尔的名字牢牢烙在消费者的心里,宣告了海尔的一次重要转型,也宣告了中国企业开始以市场为导向,企业的市场营销观念从此确立,即产品观念。

第二,企业以市场为导向后面临着强大的竞争。怎样把自己的产品推销出去,是企业面临的最大问题。因此出现了"北京打擂"事件,在当时,比赛和评奖是最具权威的证明,海尔年年评奖,年年参加国际招标,由此建立了优质优价的良好形象和美誉。

第三,在市场充分包容的状态下,除了质量过硬外,还必须保证其服务的质量,无庸置疑,海尔的售后服务深入人心,人人都知道海尔的质量过硬,售后服务更是强有力的保障。海尔经历了追求优质产品到全面质量管理再到全面质量服务的不同阶段,质量的保证提升了海尔的品牌价值。

第四,市场营销观念。海尔推出的小小神童洗衣机、地瓜清洗机等都是细分目标市场后进行的产品设计——要推出符合市场需要的产品,"顾客第一"的观念在此得到充分体现。在产品开发上,海尔针对不同的款式、消费阶层和地域将目标进行调整,设计、生产适应不同市场需要的产品,始终保持产品在市场上的领先地位。

第五,大市场营销观念。海尔从单一的电冰箱产品,到洗衣机、电冰柜,再到目前的白色家电、黑色家电、米色家电在内的69大门类10800多个规格品种的产品群,海尔集团发展壮大的过程中渗透着一种大市场营销观念,处处体现着大局观。

第六,社会营销观念。随着消费者意识的提高,全球环境保护意识增强,消费者越来越注重环保。海尔顺应这种趋势,积极开发绿色家电,不断推出环保产品,例如无氟冰箱、节电冰箱等。可持续发展的趋势要求,促使海尔将今后产品研发的主要方向之一转移到环保节能方面。

第七,从网络营销到电子商务。新经济时代,消费者个性化决定企业收益。2000年海尔集团依托海尔网站,整合物流、商流、资金流成立了电子商务公司,产品上实现了量身订做。顾客可以在网上订制自己喜欢的标准、样式。这与传统的营销观念有巨大的不同，符合世界发展趋势。在这一点上海尔无疑是在国内领先的，这也为海尔带来了巨大的商机。

第八，营销的国际化。海尔在名牌战略基础上，积极开发国际市场，到2014年年末，海尔的国内生产国内销售、国内生产海外销售、海外建厂生产海外销售三种模式齐头并进。可以说海尔已不再是中国的海尔，而是全球的海尔。

第九，海尔的品牌观念。"零缺陷"质量、"星级服务"、高价格策略塑造了海尔的品牌价值，在一波又一波的价格战中，海尔始终没有跟风价格战，而是维护自己的良好品牌形象。海尔的品牌意识很强，及时申请了多个专利保护，这是其营销观念中最值得借鉴的经验。

市场营销观念是随着市场营销的发展而形成和转变的，它是企业生产经营者在组织和谋划企业营销时所依据的指导思想和行为准则，是营销者对市场的根本态度和看法。

市场营销观念的核心问题是：以什么为中心来开展企业的营销活动？如何处理企业、消费者和社会三者之间的关系？在不同的市场环境下，这三者之间的关系是相互矛盾又相辅相成的。

一、以企业为中心的观念

以企业为中心的观念认为，企业的利益是营销的最高目标和核心问题所在，它包括以下三种观念：

1. 生产观念

(1) 盛行时期：生产观念盛行于19世纪末20世纪初，是经营者最初的观念。

(2) 社会背景：当时，西方资本主义经济进入高速发展阶段，资本主义市场扩张，市场需求比较旺盛，社会的需求大于供给，是一种供不应求的卖方市场。

(3) 企业状况：企业精力的重点在寻找货源和增加生产，不用担心产品的销路。大多数企业致力于扩大生产规模、增加产量、降低成本和提高利润，当时无须关注市场需求差异。

(4) 观念描述：生产观念导致企业以生产为导向，可以说是："企业能生产什么就大量生产什么""企业生产了什么就大量销售什么"。而往往生产效率越高的企业，其利润也就越高。

2. 产品观念

(1) 盛行时期：产品观念也盛行于19世纪末20世纪初，但比生产观念有所进步。

(2) 社会背景：当时，由于西方资本主义市场的扩张速度很快，市场需求在逐渐得到满足，社会供不应求的市场状况依然为企业带来了很大的商机。

(3) 企业状况：企业精力的重点转移到创造优质的产品上，对产品生产更加精益求精。但是由于企业过分注重产品的精益求精，而忽视了满足市场的需求，导致出现了不适合消费者的产品。

(4) 观念描述：产品观念形成了企业以产品为导向，认为消费者会喜欢质量好、性能优、功能多的产品，与生产观念一样，是典型的以产定销的思维。这种观念忽视消费者的需求，过分注重企业内部对产品的研究和生产，容易导致"营销近视症"，进而导致企业利益受损。

3. 推销观念

(1) 盛行时期：推销观念盛行于20世纪30年代。

(2) 社会背景：由于科学技术、管理技术和社会化大生产的推广，整个社会的生产效率都在提高。随着产量的迅速增加，社会生产已经由产品不足转变为产品过剩。在1929年，资本主义社会爆发了经济危机,产品供过于求。

(3)企业状况:市场逐渐由卖方市场转向买方市场。企业此时担心的不是生产问题而是销售问题,为了使大量生产出来的产品能销售出去,企业开始着手对产品进行夸张的宣传和极力推销的销售方式。

(4)观念描述:推销观念认为,如果企业对消费者置之不理,消费者就不会大量购买本企业的产品,所以,企业必须借助推销这种手段来达到销售的目的。推销观念可以描述为"企业生产什么,就推销什么"。

但是推销观念仍然没有跳出"以企业为中心"的圈子,仅仅着眼于现有产品的销售,而不去考虑消费者的需求,它依旧是比较陈旧的营销观念。

友情提示

推销是营销的一种形式,是通过对消费者的沟通、说服、诱导与帮助等手段来刺激消费者采取购买行为的方式和策略。

二、以消费者为中心的观念

1. 盛行时期

以消费者为中心的观念形成于20世纪50年代,是真正意义上的市场营销观念。

2. 社会背景

第二次世界大战后,随着科学技术的高速发展和生产技术的不断创新,大量军事工业转向民用生产,社会产品供应量迅速增加,消费者的需求和欲望也在西方社会"高福利、高工资、高消费"的政策下,呈现出多样化和扩大化的趋势,消费者购买力逐渐上升。

3. 企业状况

企业之间的竞争较为激烈,市场格局发生了根本的变化,由原来的卖方市场迅速转变为以消费者为主的买方市场。市场要求企业生产消费者需要的产品,否则大量不适应市场需要的产品将滞销,甚至会给企业带来严重亏损。

4. 观念描述

以消费者为中心的观念认为:要达到企业盈利的目的,关键在于了解市场需求和消费者欲望,生产能够满足消费者不同需求的产品。该观念可以描述为:"消费者需要什么,就生产什么"。

三、以社会长远利益为中心的观念

1. 盛行时期

从20世纪70年代开始,随着经济的发展,企业开始注重整个社会的长远利益。

2. 社会背景

在全球资源短缺与分配不均衡的背景下,随着环境破坏的日益加剧、人口的爆炸性增长和社会服务短缺等社会问题的出现,要求企业将消费者需求和社会长远利益综合考虑的观点逐渐出现。

3. 企业状况

企业此时的观念已经由以生产为中心的生产观念和以消费者为中心的市场营销观念向更高

的层次发展，此时，企业已经开始把公司的利益、消费者的需求和社会的长远利益加以综合平衡。

4. 观念描述

以社会长远利益为中心的观念认为：企业的任务在于确定目标市场的需求，要比竞争对手更有效地满足消费者需求，同时维护消费者与社会的长远利益。此观念要求企业在追求公司利益的同时，综合考虑消费者的利益和全社会的长远利益。事实证明，以此为观念的企业更容易获得更好的经营业绩。

第三节 市场营销组合

案例导入

索尼早期的营销组合

日本索尼公司是世界著名的家电制造企业。与许多成功的日本企业一样，索尼公司也十分注意根据顾客的需求和竞争者策略来调整其市场营销组合。该公司的第一代晶体管收音机以美国为主要市场，采取了以下的营销组合计划：

产品策略：生产便携、实用、优质、新颖的产品，不惜代价坚持用自己的商标进入国际市场。

价格策略：以5000台批量作为价格起点，10000台作为折扣价格最低点，中间商购买量越多价格越低。

渠道策略：直接寻找美国企业为经销商，而不通过在美国设有分支机构的日本贸易公司。

促销渠道：通过熟悉美国市场和法律的代理商，重点宣传产品的新技术信息和巨大效益。

“市场营销组合”这一术语是美国哈佛大学教师尼尔·博登（Neil Borden）于1953年率先提出的概念。1960年，杰罗姆·麦卡锡（McCarthy）在其《基础营销》一书中将营销组合的十几种要素概括为4类：产品（Product）、价格（Price）、渠道（Place）和促销（Promotion），即“4Ps”策略。市场营销组合是指企业针对消费者需求综合运用各种可能的市场营销手段，组合成一个系统化的整体策略。4Ps是营销组合策略的基本框架。

一、市场营销组合的基本框架——4Ps

1. 产品策略

产品策略（Product Strategy）是指企业根据市场需求确定的向市场提供何种产品和服务的策划与决策。企业向市场提供什么样的产品和服务才能够满足消费者的需求，是市场营销中至关重要的也是首要的一步，它包括企业生产的产品种类、规格、质量、包装、特色、外观、功能、商标、品牌、产品售前与售后服务等系列因素。

2. 价格策略

价格策略（Pricing Strategy）是指企业在综合考虑自身的成本与利润、消费者的需求与购买力等各种因素后，为产品制订一种吸引消费者的合理价格的策划与决策。企业所制订的价格既要保证企业的利益，又要考虑消费者对该产品及其价格的反应，产品的价格如果得不到消费者的认可，无法产生购买行为，企业其他再多的营销策略都是徒劳的。企业定价的时候要综合考虑市场的价格水平、折扣水平和支付条件等各种因素。

3. 渠道策略

渠道策略(Placing Strategy)是指企业选择怎样的方式将产品由企业顺利地转移到消费者的最佳途径。合理的产品流通途径可以降低企业费用并提高消费者的满意度。因为大量的市场营销功能是在营销渠道的建立过程中完成的,正确地选择渠道能在企业产品品牌的建立和产品销售量的扩大等方面起决定作用,其中渠道策略要考虑产品销售区域的分布、中间商的选择、终端选择、运输与配送等因素。

4. 促销策略

促销策略(Promotion Strategy)是指企业利用信息传播手段将相关产品信息传递给消费者,使得合适的产品能够在合适的时间和合适的地点以合适的价格成功销售。促销可以通过人员促销、广告宣传、营业推广、公共关系等形式组合实现。

在动态的市场营销环境中,上述四个策略相互依存,处于同等地位。企业只有综合运用以上四个基本策略,才能完整地进行市场营销活动。随着经济的发展和营销管理理论研究的深入,很多企业也提出了基于4Ps的新理论。

二、市场营销基本框架的拓展——6Ps

6Ps也称大市场营销理论,即在传统的4Ps组合之外,加上政治力量(Political Power)和公共关系(Public Relation)两个因素,形成了6Ps组合策略,这是现代市场营销理论的新发展。

企业能够而且应当影响自己所在的营销环境,而不是单纯地顺从和适应环境。在国内外市场竞争日趋激烈,各种形式的政府干预和贸易保护主义再度兴起的情况下,要运用政治力量和公共关系打破国内外市场上的贸易壁垒,为企业的市场营销开辟新的道路。

三、市场营销基本框架的深化——4Cs

4Cs是由美国营销专家罗伯特·劳特朋(Robert Lauterborn)教授在1990年提出的,它以消费者需求为导向,重新设定了市场营销组合的四个基本要素:消费者(Consumer)、成本(Cost)、便利(Convenience)和沟通(Communication)。

1. 消费者(Consumer)

现代营销的核心任务是瞄准消费者的需求。因此,首先要了解、研究、分析消费者的需求与欲望,而不是先考虑企业能生产什么产品。

2. 消费者的成本(cost)

在卖出产品之前,首先要了解消费者为满足该需要与欲望所愿意支付的成本,该成本不仅包括购买产品所支付的产品售价,还包括为购买产品所支付的其他成本,如交通费等。

3. 消费者购买的便利性(Convenience)

在产品售出的过程中,首先考虑顾客购物或交易等过程是否便利,而不是先考虑企业销售渠道的选择和策略。

4. 企业与消费者的沟通(Communication)

以消费者为中心来实施营销沟通是十分重要的,通过互动、沟通等方式,将企业内外营销不断地进行整合,把顾客和企业双方的利益有机地整合在一起。

随着市场的深化,营销的组合策略也不断得到创新,任何一种营销组合策略都是为了帮助企业能够在市场竞争中得以生存和发展。

本章小结

本章通过介绍市场与市场营销的核心概念,使大家对市场营销有一个基本的认识;然后,按照营销发展的社会过程介绍了市场营销的几种观念;最后,向大家介绍了市场营销组合框架的基本内容。

综合训练

1. 名词解释

市场、需要、欲望、需求、消费者、4Ps 策略

2. 知识理解

(1)什么是市场?怎样理解市场营销?

(2)市场营销的观念有哪些?它们是怎样随着市场营销的发展而形成的?

3. 内容深化

(1)需要、欲望和需求有何区别?分别用于哪些情况?

(2)市场营销的四大基本策略是什么?

(3)推销与营销有何区别?谈谈你的认识。

实践活动

以 5 ~ 6 人为一个小组,通过观察和讨论,列举属于市场营销的企业行为,举例越多越好。

案例分析

"奥普浴霸"市场营销的组合策略

杭州奥普电器有限公司(以下简称"奥普公司")是专业从事卫浴电器研发、生产和营销的现代企业。其代表产品"奥普浴霸"(浴室取暖设备)在国内外颇受欢迎。在中国市场,奥普公司靠"奥普浴霸"系列产品而成名,"浴霸"(浴霸两个字变成了浴室取暖设备的代名词)因奥普公司在中国的引进和发展而成为一个行业。自 1993 年创立以来,奥普浴霸在全球市场已拥有近 4 000 多万用户,用户群对产品的理解已经开始从奢侈品转变为大众适用商品,继而成为家庭浴室的必备用品。

1. 产品策略:有所为,有所不为

有些人认为:企业应该从市场的多方面需求考虑,产品发展种类要多而广。而奥普公司把产品仅仅定位于卫浴电器,其市场发展空间有限,对产品的推广和品牌的发展不利。

奥普公司则认为:作为一个企业,必须集中所有优势,在一个专业领域上开发经营,这样才能把工作做得系统、做得细致。奥普集中了所有的技术优势、资源优势、品牌优势,定位于卫浴电器产品的开发和推广。在奥普的战略报告中可以看到这样的描述:"奥普的战略目标是集中优势资源努力建造一个品质卓越、品位高尚、品牌国际化的卫浴电器品牌"。

2. 渠道策略:归属感

奥普的代理商制度是奥普公司在行业中领先的又一大法宝。奥普的很多高级管理者都是从奥普的各级代理商中过来的,奥普在与代理商的合作中,不仅给了他们合理的利润空间,同时,也将他们视为企业的一员。奥普与代理商的合作过程,是一方吸纳另一方融入的过程,在这个过程中奥普与代理商建立彼此信任、理解、同舟共济的关系,并依此构筑了牢靠的销售渠道。

3. 价格策略:不打价格战,高价值就要保持高价位

奥普浴霸采用了高价策略,原因有三点:

(1)高价位来源于高价值。

(2)奥普的高价位给代理商提供了合理的利润空间,同时使其在销售通路、终端各方面的资金流通顺畅,保障了对消费者的负责与服务。

(3)高价位是为了给开发研制更先进的新一代浴用电器产品提供资金储备,以带动整个行业的技术进步。

4. 广告策略:与产品相辅相成

奥普公司认为广告是企业与消费者沟通的方式之一,产品是与消费者沟通的载体,广告所强化的信息应该与产品所传递的信息形成照应和一致。两者之间只有相辅相成、相得益彰才能发挥彼此作用。广告也和产品一样,都应满足消费者的需求,任何虚假行为都将受到市场的惩罚。广告无法告知消费者购买产品所能得到的利益,必然无效;即便是“标王”,也无济于事。

5. 合作竞争:希望有竞争对手,而且希望竞争对手是强大的

在激烈的市场竞争中,奥普以开拓者的身份跻身于卫浴电器市场的新领域——浴霸市场,在充分把握当时消费者需求的同时,抢占先机,开创了浴霸行业,一路领先,成为行业之首。

奥普公司认为:行业之初,必须经过垄断到竞争、竞争到垄断的过程,把市场推向成熟。有竞争才会有发展,有竞争才会有进步。VCD等小家电的兴衰发展史告诫了奥普,任何一个企业只有通过竞争才能真正长大,奥普想要在风云变幻的市场中立稳脚跟并保持领先地位,竞争是必经之路。

思考题

(1)以上案例都提到了“奥普”的哪些营销方法?

(2)从这个案例中你领悟了“奥普”的营销观念是什么?

(3)你赞成“市场竞争越激烈,企业越发展”的说法吗?谈谈你的观点。

第二章 市场营销环境

学习目标

(1)掌握市场营销环境的特点及分类。

(2)理解市场营销的环境机会与环境威胁,并会应用矩阵分析法分析问题。

(3)学会应用 SWOT 分析法分析市场营销环境。

(4)了解市场营销宏观环境影响因素,掌握市场营销微观环境影响因素。

案例提示

家乐福兵败香港

2000 年 9 月 18 日,位于香港杏花村、荃湾、屯门及元朗的 4 家家乐福超市因经营不善而全部停业。作为全球第二大超市集团的家乐福在我国台湾、深圳、北京和上海的生意均蒸蒸日上,为何独独兵败香港?业内人士认为可以从两个方面来分析:从其自身来看,家乐福的"一站式购物"(让顾客一次购足所需物品)不适合香港地窄人稠的购物环境,与香港寸土寸金的营销环境背道而驰,显然是资源运用不当;从外部来看,家乐福进军香港的 1996 年,是香港历史上租金最贵的时期,又不幸遭遇亚洲金融风暴,再加上香港几家本地超市集团发起的连续几年的价格战,即使是国际知名的超市集团,家乐福终于在进军香港市场的路上铩羽而归。

从此案例不难看出:一个企业若要参与竞争,了解环境和适应环境是十分重要的。外部环境是企业营销不可忽视的重要因素。

本章从市场营销环境的特点分析入手,介绍营销环境中的环境威胁与环境机会及其分析方法,然后分别从宏观和微观两个层面来分析市场营销环境的影响因素。

内容导入

1. 请想想,一件产品是否能成功地销售出去都与哪些外界因素有关系?
2. 请说说,通货膨胀会影响哪些产品的销售呢?

第一节　市场营销环境机会与环境威胁

案例导入

美国罐头大王的发迹

美国罐头大王亚默尔有一则广为流传的事迹。1875 年,他在报纸上看到一则豆腐块新闻,说是在墨西哥畜群中发现了病疫,并且有些专家怀疑这是一种传染性很强的瘟疫。亚默尔立即联想到,毗邻墨西哥的加利福尼亚州和德克萨斯州是全国的肉类供应基地。如果瘟疫传染至此,政府必定会禁止那里的牲畜及肉类进入其他地区,这势必会造成全国的肉类供应紧张,继而肉价上涨。于是,亚默尔马上派人调查并证实了此消息,然后果断作出决策:倾其所有,从加利福尼亚州和德克萨斯州采购大量的活畜和牛肉并迅速运至东部地区。此后的结果如亚默尔所料,此举使亚默尔一下子赚了900 万美元。

一、市场营销环境

1. 市场营销环境的内容

市场营销环境包括微观环境和宏观环境。微观环境是指与企业紧密联系,直接影响企业营销能力的各种参与者,主要包括企业本身、营销渠道、消费者、竞争者及社会公众。宏观环境指影响企业营销活动的社会性力量,包括政治、经济、社会文化、法律及科技水平等。这些外部环境不断变化,给企业的营销活动带来环境机会或环境威胁。

2. 市场营销环境的特点

随着科学技术的进步和生产力水平的提高,企业的市场营销环境已经变得相当复杂。企业要想在这种复杂多变的市场环境中向前发展,就必须认真研究市场营销环境的特点。一般说来,市场营销环境具有以下特点:

(1)客观性:客观性是市场营销环境的首要特征。市场营销环境的存在不以企业的意志为转移。主观臆断某些环境因素及其发展趋势,往往会造成企业的盲目决策,并最终导致企业在市场竞争中的失败。

(2)动态性:动态性是市场营销环境的基本特征。任何环境因素都不是静止的、一成不变的。相反,它们始终处于变化,甚至是急剧变化之中。社会、科技、经济的迅猛发展,使得企业的市场营销环境处于经常变化之中,从而形成了市场营销环境的动态性。企业要根据环境的变化而不断调整企业的营销策略。另外,企业还必须密切关注市场营销环境的变化趋势,以便及时发现市场机会并关注潜在的威胁。

(3)复杂性:复杂性是市场营销环境的重要特征。市场营销环境包括影响企业市场营销能力的一切宏观和微观因素,这些因素彼此相互作用,共同影响着企业的营销决策。分析市场营销环境,往往要综合考虑,全面分析,忽略任何一个细节都可能会给企业带来不必要的损失。

(4)不可控性:不可控性与客观性相呼应。相对于企业的内部来说,营销环境是企业无法控制的外部力量。例如,无论是微观环境中的消费者需求,还是宏观环境中的人口数量,都不可能由企业来左右。

二、市场营销环境机会与威胁

企业在市场竞争中也遵循"适者生存,优胜劣汰"的原则。企业要认真分析外部环境对企业的影响,以作出最适合企业发展的营销决策。市场营销环境是企业生存和发展的基础,企业要得到生存和发展,就必须与它的生存环境相适应。凡是善于研究环境、适应环境并利用环境的企业,就能抓住发展的机会。

市场营销环境的变化对一个企业的影响可以是两个方面:一是对企业市场营销的有利因素,即它对企业的市场营销来说是环境机会;二是对企业的市场营销的不利因素,它是对企业的市场营销的环境威胁。不断变化的市场营销环境,既可能给企业带来机会,也可能给企业带来威胁。即使是环境发生了同样的变化,对某些企业来说可能是机会,对某些企业来说则可能是威胁。

1. 环境机会

环境机会是对企业的市场营销活动具有吸引力的、企业采取有效措施可获得竞争优势的特定市场环境。环境机会可以为企业扩大销售额、提高市场占有率和增加盈利等方面带来有利的影响。

环境机会分析主要是分析环境机会给企业带来的潜在的吸引力和成功概率。可以用环境机会分析矩阵图(见图2-1)来分析企业所面临的环境机会。

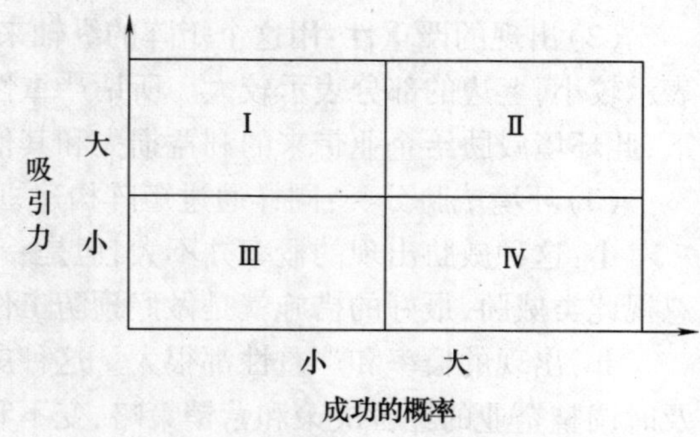

图2-1　环境机会分析矩阵图

(1)成功的概率:可以构造一个矩阵,用这个矩阵的横轴表示企业利用环境机会获得成功的概率,左边部分表示企业利用环境机会成功的概率小,右边部分表示企业利用环境机会成功的概率大。企业在特定环境机会中成功的概率,往往取决于该企业的内部资源状况是否与外部环境相匹配,成功概率的大小是根据行业情况作出的定性评价。

(2)吸引力:用这个矩阵的纵轴来表示环境机会对企业的吸引力,下边部分表示环境机会对企业的吸引力较小,上边部分表示此机会对企业的吸引力较大。企业根据环境机会对本企业的重要程度以及能给企业带来的利润效益来确定该指标的大小。

(3)环境机会分类:通过以上矩阵的构建,可以把企业的环境机会分成四种类型:

Ⅰ:成功的概率小,但是吸引力大。这种情况要看环境机会所带来的利润是否值得企业去耗费大量的资源去争取这个概率小的机会。

Ⅱ:成功的概率和吸引力都很大。这是企业所面临的最佳环境机会。此时,企业应该根据自己的经营目标和拥有的资源状况,找准市场切入点,发展企业。

Ⅲ:成功的概率和吸引力都很小。这样的环境机会可以不用考虑。

Ⅳ:成功的概率大但是吸引力小。这种情况下,企业需要综合评估可能带来的机遇与效益后再做决策。

总之,在各种环境机会出现时,企业可以通过判断环境机会的吸引力和环境机会成功的概率的大小,再根据自身的实际情况作出相应的发展决策。

2. 环境威胁

环境威胁是指环境中与企业发展有关的不利趋势。如果不采取果断的市场营销行动,这种不利趋势将损害企业的市场地位。企业应善于识别所面临的威胁,并按其出现后给企业造成后果的严重性和出现的可能性进行综合评估后,对那些可能性大且严重性也大的威胁制订应变计划。

环境威胁分析主要考虑其出现的概率和出现后的严重性这两个因素。可以用环境威胁分析矩阵图(见图2-2)来分析企业所面临的环境威胁。

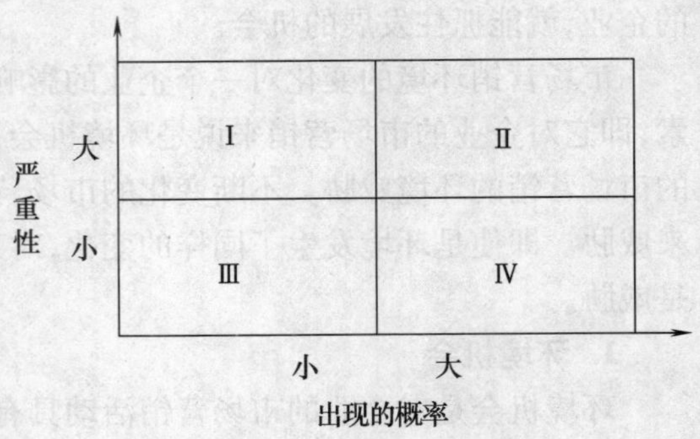

图2-2 环境威胁分析矩阵图

(1)出现的概率:同样可以构造一个矩阵,用这个矩阵的横轴表示环境威胁出现的概率,左边部分表示环境威胁出现的概率小,右边部分表示环境威胁出现的概率大。每当企业的营销环境发生变化时,决策者都要分析是否会对企业的发展造成威胁,并预测威胁出现的概率。

(2)出现的严重性:用这个矩阵的纵轴来表示可能产生的环境威胁的严重性,下边的部分表示较小,上边的部分表示较大。所谓严重性是指企业在无法预知和不采取防范措施的情况下,此环境威胁给企业带来的利益损失和其他损失程度的大小。

(3)环境威胁分类:同样通过矩阵构建,可以把环境威胁也分为四种类型:

Ⅰ:这种威胁出现的概率并不大,但是一旦出现,其后果会比较严重。所以企业绝对不可忽视此类威胁,最好的措施就是做好预防工作,谨防此类威胁发生。

Ⅱ:出现的概率和严重性都很大。这种威胁给企业造成的不利影响最大,在这种环境下要及时调整企业的经营决策和营销策略,变不利为有利。

Ⅲ:出现的概率和严重性都很小。这种威胁对企业的影响不大,企业可以不用过多地考虑这种类型的威胁,但是也应注意防范。

Ⅳ:这类威胁尽管很可能出现,但是对企业造成的影响并不严重。此类威胁虽不用重视,但也需要做好防范,以避免造成不必要的损失。

无论如何,对环境威胁的分析比对环境机会的分析更为重要。企业应该认真分析企业所面临的环境变化,及时采取各种措施使企业可能受到的环境威胁减小到最低程度。除此之外,企业通过分析当前环境的变化来分析未来环境变化的趋势。

(4)企业面临环境威胁的措施:为了应对可能面临的环境威胁,企业可以采取如下措施:

1)反抗。反抗即限制威胁的发展并扭转不利因素。

2)减轻。减轻即通过一系列策略来适应环境,以减轻环境威胁给企业带来的压力。

3)转移。转移即企业主动转移到其他机会更大、盈利更多的行业或市场。

3. 环境机会与环境威胁综合分析

企业处在多变的市场环境中,往往会同时面临机会和威胁。根据机会和威胁程度的不同,可以把企业划分成四种类型(见图2-3)。

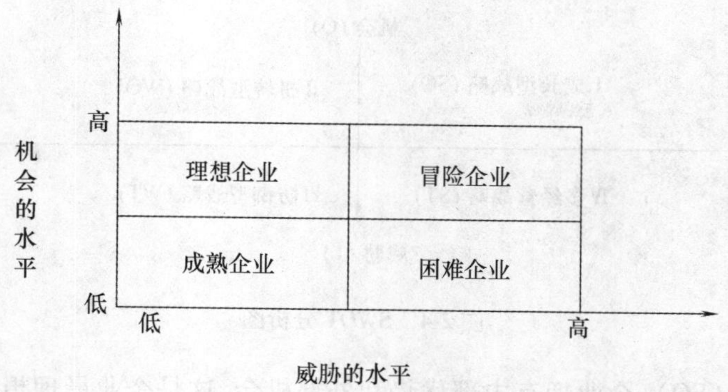

图 2-3　环境机会-威胁分析矩阵图

(1)理想企业:企业理想的环境状态是处在高机会、低威胁的环境中。在这种情况下,企业要借机大力发展,否则会丧失机会。

(2)冒险企业:企业面临高威胁的同时,也面临着高机会。在这种情况下,企业不仅要抓住机会积极发展,还应懂得如何防范威胁。在高利润与高风险并存的情况下,既不宜盲目冒进,也不应迟疑不决、坐失良机,而是要在全面分析自身的优势与劣势的基础上,力争取得突破性的发展机会。

(3)成熟企业:行业发展到一定阶段,市场也逐渐成熟。对行业中的企业而言,没有特别的机会,也不会有特别的威胁。当机会与威胁同处于较低水平时,企业可开展日常的业务,并在维持企业正常运转的基础上,为开展理想业务和冒险业务而做必要的准备。

(4)困难企业:困难企业即机会低却威胁高的企业。在这样环境下,企业或者被市场逐渐淘汰,或者转变经营思路,变环境威胁为环境机会,并寻找更好的发展空间。此时,企业的基本策略是:要么努力改变环境,减轻威胁;要么立即转移,摆脱困境。

三、SWOT 分析法

SWOT 分析法是企业在分析市场营销环境时常用的一种方法,它也是采用矩阵分析的分析方法。SWOT 分析法将企业内部的优势和劣势与外部环境机会和威胁等进行综合分析,并结合企业的经营目标对备选方案作出系统评价,最终确定出一种正确的经营战略。

SWOT 分析法的具体步骤如下:

(1)进行企业外部环境分析:列出外部环境中存在的机会(Opportunity,用“O”表示)和威胁(Threat,用“T”表示)。

(2)进行企业内部环境分析:列出企业目前所具有的优势(Strength,用“S”表示)和劣势(Weakness,用“W”表示)。

(3)把识别出的企业优势分为两组:一组与行业中存在的机会有关,另一组与存在的威胁相关;同样地,将企业的劣势按与机会和威胁的关系也分为两组。

(4)构建一个表格:把公司的优势、劣势与机会、威胁分别配对,它们是优势—机会(SO)、优势—威胁(ST)、劣势—机会(WO)和劣势—威胁(WT),分别放在每个格子里,如图 2-4 所示。

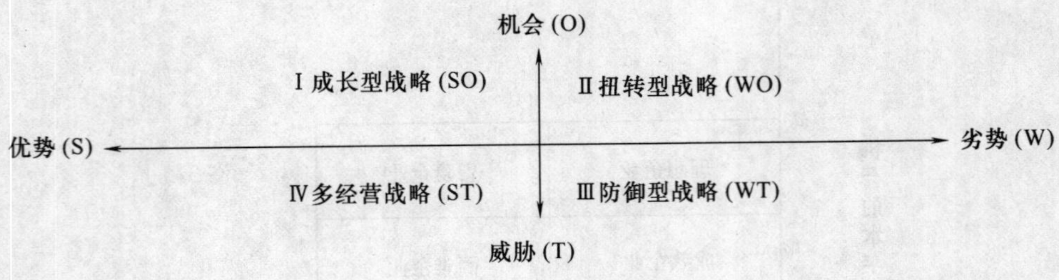

图 2-4　SWOT 分析图

Ⅰ成长型战略(SO):企业拥有内部优势和外部机会,这是企业最理想的状况。在这种情况下的企业,可采取成长型战略,包括开发市场、增加产量等。

Ⅱ扭转型战略(WO):企业虽然面临外部机会,却受到内部劣势的限制。处于这种情况下的企业,宜采用扭转型战略,要设法清除内部不利条件,或者改善和提高企业的弱势部分,甚至直接从外部获得所需要的能力,以尽快形成利用环境机会的能力。

Ⅲ防御型战略(WT):企业内部存在劣势,外部面临威胁。处于这种情况下的企业,要采用防御性战略,设法减轻内部劣势和避免外部威胁。

Ⅳ多种经营战略(ST):企业内部拥有优势,但外部面临威胁。处于这种情况下的企业,要采用多种经营战略,充分利用自身的内部优势去避免或减轻外部的威胁,其目的是尽可能将内部优势扩大到最大程度,将外部威胁降低到最小程度。

第二节　市场营销宏观环境

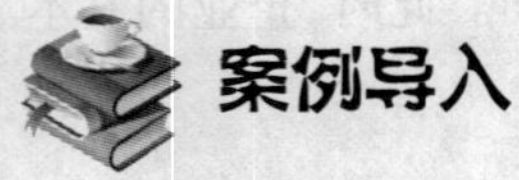

可口可乐的中国式营销

自 2001 年起,可口可乐根据中国消费者的喜好和文化背景,连续发起了一场又一场的促销活动。其长期持续的“中国式”春节营销可以说是洋品牌春节营销的经典案例。

(1)持之以恒的中国式传播:通过调查发现,身着红色小肚兜的小阿福和小阿娇是中国消费者最受欢迎的新年吉祥物之一。于是,在 2002 年、2003 年、2004 年和 2005 年的春节,可口可乐连续四年分别推出了小阿福、小阿娇拜年系列品牌活动——2002 年推出“春联篇”、2003 年推出“剪纸篇”、2004 年推出“滑雪篇”、2005 年则推出“金鸡舞新春”篇。这些具有强烈中国色彩的广告把可口可乐与春节的民俗文化(如鞭炮、春联和十二生肖等)结合起来,传递了中国人传统的春节观念——新春如意,合家团聚。特别是 2005 年,可口可乐更是成功地搭乘 2004 年雅典奥运的快车,以亚洲飞人刘翔为主角、以回家为主题,把刘翔和小阿福、小阿娇巧妙地联系在一起,传递一个更为深入人心的主题——万家团圆,实现了国际品牌与本土文化的完美结合。

(2)中国方法,国际招式:与持续的中国春节民俗特色营销相配套,可口可乐国际水准的市场推广手段则更显得精准、规范和大气,将中国式春节民俗特色营销发挥得淋漓尽致。在产品规格组合上,可口可乐根据家庭饮料消费的特点,连续数年在春节期间大规模推广其 2L 及

2.25L等符合节日家庭消费的特大容量规格产品；在产品口味组合上，可口可乐也充分发挥其产品线的优势，将可乐与雪碧、芬达等进行捆绑销售，以满足家庭不同人群、不同口味的需求；在销售情境营造上，春联、灯笼、福到等极具中国风情的饰品挂满了可口可乐的促销现场。2005年春节，在北京和上海的著名商业街，可口可乐更是用3万多个易拉罐搭建了约11米高的吉祥金鸡造景，创下了可口可乐新春造景的中国之最。伴随着高昂的吉祥金鸡，在一派红彤彤的欢乐景象中，穿着红色肚兜、手持红灯笼的小阿福、小阿娇向所有来往的宾客恭贺新春，令人印象深刻。

(3)可口可乐的创意，就像冬日里午后的阳光，总是给人温暖，温度刚刚好，力度也刚刚好。2014年，可口可乐开始推出微信广告。小彩旗在春晚舞台转个不停，可乐小编也顺势推出"今夜，忙碌暂停，快乐不停转"的微信宣传活动。可口可乐紧跟时代的潮流和年轻人的喜好，一直在不停地向前发展。

宏观环境是指在市场营销环境中，间接影响企业营销活动的外部大环境。

一、政治法律环境

政治与法律是影响企业营销活动的重要的宏观环境因素之一。政治因素像一只无形的手，调节着企业营销活动的总体方向；法律则为企业规定了基本的行为准则。政治与法律相互联系，共同对企业的市场营销活动发挥着影响和作用。

1. 政治环境因素

政治环境是指企业市场营销活动的外部政治形势和状况以及国家方针政策的变化对市场营销活动带来的或可能带来的影响。

政治形势是指企业营销活动所处的国家或地区的政治稳定状况。一个国家政治形势会给企业营销活动带来重大的影响。如果政治形势稳定、秩序正常、人民安居乐业，就会给企业带来良好的营销环境。相反，如果政治形势不稳定，生产秩序混乱，社会矛盾尖锐，不仅会影响社会经济的发展，而且对企业的营销活动也会有重大的影响。

各个国家在不同时期，会根据不同需要制定经济发展方针并颁布相应的经济政策。这些方针、政策不仅会影响本国企业的营销活动，而且还会影响外国企业在本国市场的营销活动。目前，各国政府对企业营销活动有重要影响的政策和干预措施主要包括进口限制、税收政策、价格管制和外汇管制等。

2. 法律环境因素

法律是体现统治阶级意志，由国家制定或认可的，并以国家强制力保证实施的行为规范的总和。对企业来说，法律是企业营销活动必须遵循的准则，只有依法进行各种营销活动，才能受到国家法律的有效保护。因此，企业开展市场营销活动，必须了解并遵守国家和政府颁布的法律法规。企业如果从事国际营销活动，就既要遵守本国的法律制度，还要遵守所在国的法律制度和有关的国际法、国际惯例和国际准则。

一些国家往往会利用法律对外国企业进入本国市场设定各种限制条件。例如，日本政府曾规定，任何外国公司要进入日本市场，都必须要与日本公司进行合伙经营方可批准。也有一些国家会利用法律对企业的某些行为作特殊限制，如美国的《反托拉斯法》规定：不允许公司间共同商定产品价格；一个公司的市场占有率超过20%后，就不能再合并同类企业。另外，各国法律对营销组合中的各种要素，往往有不同的规定。例如，美国曾以安全为由，限制欧洲制造商在美国销售汽车,以致于欧洲的汽车制造商不得不专门修改其产品,以符合美国法律的要求;英国也曾借口法国牛奶计量单位采用的是公制而非英制,将法国牛奶逐出本国市场;而德国以不符合噪声标准为由,将英国的割草机逐出德国市场。此外,各国法律对广告和标签等方面都有特殊的规定。比如,在标签方面,加拿大的产品标签要求用英、法两种文字标明,法国却只使用法文产品标签。在广告方面,许多国家禁止电视广告或者对广告播放时间和广告内容进行限制,而许多国家不允许做烟草和酒类广告等。这些特殊的法律规定,是企业特别是进行国际营销的企业必须要了解和遵循的。

二、经济环境

经济环境是指企业营销活动所面临的外部经济条件。经济环境直接影响顾客的需求,因此,营销者在分析目标市场时,必须注意各种经济要素的变化趋势。

1. 消费者收入

消费者收入是指消费者个人所获得的全部收入,包括消费者个人的工资、退休金、红利、租金、赠予及其他收入。消费者的购买力来自于消费者收入,但消费者并不是把全部收入都用来购买商品或服务,购买力只是其收入的一部分。因此,在谈到消费者收入这一影响因素时,要注意以下几点:

(1)国民生产总值(Gross National Product,简称GNP):它是衡量一个国家经济实力与购买力的重要指标,反映了一个国家市场规模的大小。从国民生产总值的增长幅度,可以了解一个国家经济发展的状况和速度。一般来说,工业品的营销与这个指标有关,而消费品的营销则与这个指标关系不大。国民生产总值增长得越快,社会对工业品的需求和购买力也就越大;反之,就越小。

(2)人均国民收入:这是用国民收入总量除以总人口的比值(Gross National Income,即人均GNI)。这个指标大体上反映了一个国家人民生活水平的高低,在一定程度上也决定了商品需求的构成。一般来说,人均收入增长了,对消费品的需求和购买力就大;反之就小。以机动车消费为例,根据近40年的统计,一个国家的人均国民收入达到5000美元时,机动车就可以普及。

(3)个人可支配收入(Disposable Personal Income,简称DPI):这是在个人收入中扣除税款和非税性负担后的余额,它是个人收入中可以用于消费支出或储蓄的部分。个人可支配收入构成实际购买力。

(4)个人可任意支配收入:这是在个人的可支配收入中减去用于维持个人和家庭生活不可缺少的费用(如房租、水电、食物、燃料、衣着等开支)后的剩余部分。这部分收入是消费需求变化中最活跃的因素,也是企业开展营销活动时所要考虑的主要因素。这部分收入主要用于满足人们基本生活需要之外的其他开支,一般用于耐用消费品、旅游、储蓄和其他消费等,它是影响非生活必需品销售的主要因素。

2. 消费者支出模式和消费结构的变化

随着消费者收入的变化,消费支出模式也就发生相应的变化,继而使消费结构也发生变化。西方一些经济学家常用恩格尔系数来反映这种变化。恩格尔系数表明:在一定的条件下,当家庭收入增加时,收入中用于食物开支部分的增长速度要小于用于教育、医疗、享受等其他方面开支的增长速度。食物开支占总消费量的比重越大,即恩格尔系数越高,生活水平就越低；反之，食物开支所占的比重越小，即恩格尔系数越小，生活水平就越高。根据联合国粮农组织提出的标准，恩格尔系数在59%以上为贫困；在50% ~59%为温饱；在40% ~50%为小康；在30% ~40%为富裕；低于30%为最富裕。

3. 消费者储蓄和信贷情况的变化

消费者个人收入不可能全部花掉，总有一部分以各种形式储蓄起来，这是一种推迟了的、潜在的购买力。当收入一定时，储蓄越多，现实消费量就越小，但潜在消费量就越大；反之，储蓄越少，现实消费量就越大，但潜在消费量就越小。此外，储蓄目的不同，往往影响到潜在需求量、消费模式、消费内容和消费发展方向的不同。这就要求企业营销人员在调查、了解储蓄动机与目的的基础上，制订不同的营销策略，为消费者提供有效的产品和服务。

我国居民有勤俭持家的传统，长期以来养成了储蓄的习惯。近年来，我国居民储蓄额和储蓄增长率均较大。据调查，十多年前居民储蓄的目的主要是用于供养子女和婚丧嫁娶，但从目前的发展趋势看，用于购买住房和大件用品的储蓄占整个储蓄额的比重在逐步增加。

消费信贷对购买力的影响也很大。所谓消费信贷，就是消费者凭信用先取得商品的使用权，然后按期归还贷款，以取得商品的所有权。这实际上就是消费者提前支取未来的收入，提前消费。消费信贷允许人们购买超过自己现实购买力的商品，从而创造了更多的需求；同时，消费信贷还是一种经济杠杆，它可以调节积累与消费、供给与需求之间的矛盾。当市场供大于求时，可以加大消费信贷的力度，以刺激需求；当市场供不应求时，则必须收缩消费信贷，以便抑制、减少需求。消费信贷还可以把资金投向需要发展的产业，以刺激这些产业的发展，并带动相关产业的发展。

除了上述因素直接影响企业的市场营销活动外，还有其他一些经济环境因素也对企业的营销活动产生或多或少的影响，如通货膨胀、一个国家的经济发展水平和经济体制、一个地区与行业的发展状况甚至一个地方的城市化程度等都会间接地影响企业的市场营销活动。

三、人口环境

人口是构成市场的第一因素，也是营销人员最感兴趣的环境因素之一。因为市场是由那些想购买商品同时又具有购买力的人构成的，因此人口的多少直接决定市场的潜在容量。人口越多，市场规模就越大。而人口的年龄结构、地理分布、婚姻状况、出生率、死亡率以及人口密度、人口流动性及人口的文化教育程度等人口特性等都会对市场格局产生深刻的影响，并直接影响企业的市场营销活动。

1. 人口数量与人口增长速度对企业营销活动的影响

截至2012年，全球人口总数已突破70亿，并保持着1%左右的人口增长率，预计到2040年世界人口将达到80亿。庞大的人口基数及人口的进一步增长，不仅给企业带来了市场机会，也带来了市场威胁。首先，人口数量是决定市场规模和市场潜力的一个基本要素。人口越多，如果收入水平不变，则对食物、衣着和日用品的需要量也越多，那么这类产品的市场也就越大。其次，人口的迅速增长促进了市场规模的扩大。因为人口增加，其消费需求往往也会迅速增加，那么市场的潜力也就会越大。但是，另一方面，人口的迅速增长，也会给企业的营销活动带来不利的影响。比如人口的增长可能导致人均收入的下降，从而使市场吸引力降低。

2. 人口结构对企业营销活动的影响

人口结构主要包括人口的年龄结构、性别结构、家庭结构及社会结构等。

(1)年龄结构:不同年龄段的消费者对商品的需求特点不一样。随着经济的发展和科学技术的进步,人口的年龄结构主要呈两方面变化:一方面是人口平均寿命增加,我国从2000年起进入老龄化社会,这给经营老年用品的企业带来了机会;另一方面是儿童在总人口中所占的比例下降,这也会对儿童食品、儿童用品等行业产品深刻的影响。

(2)性别结构:人口的性别不同,其市场需求也有明显的差异。通常男性的消费比较理性,而女性的消费比较感性。

(3)家庭结构:家庭是购买、消费的基本单位。家庭的数量直接影响到某些商品的需求数量。目前,世界上普遍呈现出家庭规模缩小的趋势。越是经济发达的地区,家庭规模就越小。欧美国家的户均人口在3人左右,亚非拉等发展中国家户均人口在5人左右。在我国,"四世同堂"的现象已不多见;"三位一体"的小家庭则很普遍,并逐步由城市向乡镇发展。家庭数量的剧增必然会导致对炊具、家具、家用电器和住房等需求的迅速增长。

(4)社会结构:社会结构是社会各基本组成要素按照一定的方式所构成的相对稳定和持久的网络。在社会活动中,人与自然之间、人与人之间、人与团体之间、团体与团体之间不断相互作用,形成了相对固定的各种关系,这些社会关系按照一定的方式组合起来就形成了社会结构。社会结构决定了企业营销的目标选择及长远规划。

3. 人口的地理分布及区域间流动对企业营销活动的影响

地理分布是人口在不同地区的密集程度。由于自然地理条件以及经济发展程度等多方面因素的影响,人口的分布并不均匀。从我国来看,人口主要集中在东南沿海一带,而且人口密度逐渐由东南向西北递减。另外,城市的人口比较集中,而农村人口则相对分散。人口的这种地理分布表现在市场上的影响是:人口的集中程度不同,则市场的大小不同;消费习惯不同,则市场需求特性不同。例如,南方人以大米为主食,北方人以面食为主食;江浙沪沿海一带的人喜食甜,而川湘鄂一带的人则喜辣。

随着经济的进一步发展,人口的区域流动性也越来越大。在发达国家,除了国家与国家之间、地区与地区之间、城市与城市之间的人口流动外,还有一个突出的现象就是农村人口向城市流动。在我国,人口的流动主要表现为:农村人口向城市或工矿地区流动;内地人口向沿海经济发达地区流动。对于人口流入较多的地方而言,一方面由于劳动力增多,会导致就业问题突出;另一方面,人口增多也会使当地的基本需求增加,继而给企业带来较多的营销机会。

四、社会文化环境

社会文化是指一个社会的民族特征、价值观念、生活方式、风俗习惯、伦理道德、教育水平、语言文字和社会结构的总和。它主要由两部分组成:一是全体社会成员所共有的核心文化。核心文化是双亲传给子女的信念和价值观,这种观念非常持久,且具有延续性;二是随时间变化和外界因素影响而容易改变的社会次文化或亚文化。这是有共同生活经验的人群之间形成的独特的价值系统。

人类在某种社会中生活,必然会形成某种特定的文化。生活在不同国家和地区的人群会有不同的社会文化,代表着不同的生活模式。社会文化因素通过影响消费者的思想和行为来影响企业的市场营销活动。因此,企业在进行市场营销活动时,应重视对社会文化的调查研究,并作出适宜的营销决策。

五、地理环境

地理环境包括自然资源、地形地貌和气候条件等因素。这些因素都会不同程度地影响企业的营销活动,有时还会对企业的生存和发展起决定性的作用。企业要尽量避免由地理环境带来的威胁,并最大限度地利用地理环境变化所带来的机会。

一个国家或地区的地形地貌和气候是企业开展市场营销活动所必须考虑的地理环境因素。如果从经营成本上考虑,平原地区道路平坦,运输费用比较低;而山区丘陵地带道路崎岖,运输费用自然就高。可见,气候、地形地貌不仅直接影响企业的营销活动,而且还会影响到一个地区的经济、文化和人口分布状况。因此,企业开展营销活动,必须考虑当地的气候与地形地貌,使其营销策略能适应当地的地理环境。

六、科学技术环境

进入 21 世纪,科学技术在现代生产中的主导作用愈发明显。现代科学技术已成为社会生产力中最活跃并起决定性作用的因素,它作为重要的营销环境因素,不仅直接影响企业的生产和经营,而且还与其他环境因素相互依赖、相互作用,影响着企业的营销活动。

科学技术的发明和应用,可以造就一些新的行业和新的市场,同时又使一些旧的行业与市场走向衰落。例如,复印机工业打击复写纸工业;数码成像技术导致了胶片摄影的衰落;化纤工业对传统棉纺业的冲击等。这一切无不说明:随着科学技术的进步,新行业替代和排挤旧行业将不可避免。这对新技术的拥有者来说是环境机会,但对旧行业来说却是环境威胁。

科学技术的发展,使得产品的更新换代速度加快,产品的生命周期缩短。今天,随着新原理、新工艺、新材料的不断涌现,刚才还炙手可热的技术和产品转瞬间却成为昨日黄花。在这种情况下,要求企业不断地进行技术革新,赶上技术进步的潮流。否则,企业的产品跟不上技术发展和消费需求的变化,就会被市场无情地淘汰。

第三节　市场营销微观环境

科学技术的发展,使得营销模式与途径出现创新,网络与电子商务,聊天工具的普及与发展,也大大改变了人们的消费习惯和企业营销的策略。

福特公司的营销环境

20 世纪初期,福特公司的创始人亨利·福特创建了汽车生产流水线。流水线的使用,大大提高了劳动生产率,使汽车的生产成本大幅下降,产品价格也随之大幅度降低,同时也为福特公司带来了巨大的财富和世界性的荣誉。但到了 20 世纪 20 年代后,美国的汽车市场发生了急剧的变化,人们变得挑剔起来,不再是企业生产什么,消费者就购买什么。但福特仍然坚持只生产黑色的 T 型车,从而失去了竞争优势。很快,美国汽车市场的第一把交椅转到了通用汽车公司的手中。

企业的微观营销环境主要由企业内部、供应商、营销中介、顾客、竞争者和公众等组成,企业微观环境的因素关系如图2-5所示。

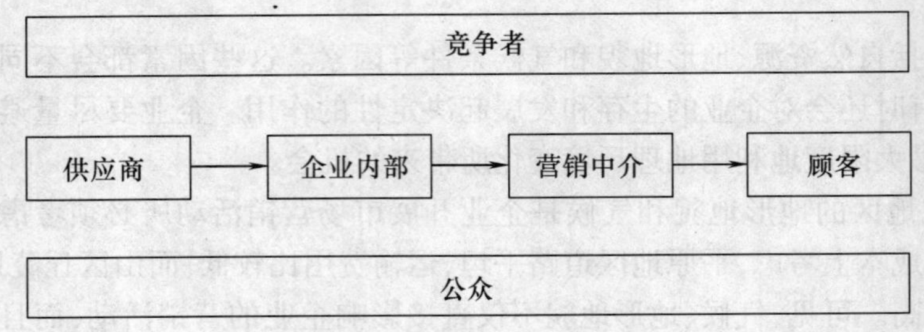

图2-5 企业微观环境的因素关系图

供应商-企业内部-营销中介-顾客这一链条构成了公司的核心营销系统。一个公司的成功,还受到另外两个群体的影响,即竞争者和公众。

一、企业内部

企业开展营销活动要充分考虑到企业内部的环境条件。企业内部环境条件包括最高管理层、市场营销部门和生产、采购、财务等其他相关部门。

企业制订营销计划、进行营销决策和开展营销活动,无一不以企业的内部环境条件为基础,无一不与企业内部各方面的工作保持着最直接的联系。企业的内部环境条件,涉及人员条件、技术条件、生产条件、资源条件、管理条件和企业文化条件等方面。这些内部环境条件共同决定着企业的综合实力,这就是企业在外部环境下的自我发展能力。从表面上看,市场营销工作是企业市场营销部门的主要职责;但从实际上看,市场营销工作的成败,从根本上来说是取决于企业内部的综合资源状况。所以企业内部环境是市场营销首要的微观环境。

二、供应商

供应商是企业营销微观环境中的重要影响因素之一。供应商是指向企业提供生产所需资源的其他企业或个人。供应商所提供的资源主要包括原材料、设备、能源、劳务和资金等。如果没有这些资源作为保障,企业就根本无法正常运转。因此,由于社会生产活动的需要,使得企业与供应商的联系更加紧密。这种联系使得企业的所有供货单位构成了对企业的制约力量并对企业的营销活动产生最直接的影响。供应商对企业营销活动的影响主要表现在以下几个方面:

1. 供货的稳定性与及时性

原材料、零部件、能源及机器设备等货源的保障,是企业营销活动顺利进行的前提。例如,粮食加工企业需要谷物等原料,还需要人力、设备、能源等其他生产要素,只有在拥有这些生产要素的前提下,企业的生产活动才能正常开展。供应量不足和不按时供应,都可能影响企业按期交货,影响企业满足市场需求。从短期来看,损失的是销售额;从长期来看,则损害企业在顾客中的信誉。因此,企业必须和它的供应商保持密切的联系,并及时了解和掌握供应商的变化,使货源的供应能得到切实的保证。

2. 供货的价格

毫无疑问,供货的价格直接影响企业的成本。如果供应商提高原材料的价格,生产企业亦被迫提高其产品价格,由此可能影响企业的销售量和利润。企业要对原材料和主要零部件的价格现状及变化趋势更要做到心中有数,这样才能在价格变化时应变自如,不至于面对突然的变化而措手不及。

3. 供货的质量

供货的质量包括两个方面:一方面是供应商所提供货物的本身的质量。如果提供的货物质量不高,或有这样那样的问题,那么企业所生产出来的产品就不可能是高质量的产品。另一方面,供货的质量还包括各种售前和售后服务质量。有的机器设备需要有良好的维修服务保障,才能表明机器的总体质量水平。例如,机器设备中的易耗部件,它的货源保证与有效更换就显得非常重要。

针对上述影响因素,企业在寻找和选择供应商时,应特别注意两点:第一,企业必须充分考虑供应商的资信状况。要选择那些有良好信用、有质量保证的供应商,并且要与主要供应商建立长期稳定的合作关系,保证供应的稳定性。第二,企业必须使自己的供应商多样化。企业过分依赖一家或少数几家供应商,受到供应变化的影响和打击的可能性就大。为了尽可能减少来自于供应商的影响和制约,企业要尽可能与多个供应商建立合作关系,以免在与单一或少数的供应商的关系发生变化时,使企业陷入困境。

三、营销中介

营销中介是指协助企业销售或配销其产品给最终购买者的企业或个人,包括中间商、第三方物流公司、营销服务机构和财务中间机构等。大多数企业的营销活动,都必须通过它们的协助才能顺利进行。例如,生产集中与消费分散的矛盾,就必须通过中间商的分销才能解决;资金周转不灵,则须求助于银行或信托公司等财务中间机构等。正因为有了营销中介所提供的服务,才使得企业的产品能够顺利到达目标顾客的手中。随着市场经济的发展,社会分工越来越细,这些中介机构的影响和作用也越来越大。因此,企业在市场营销活动中,必须重视营销中介对企业营销活动的影响,并处理好与它们的合作关系。

1. 中间商

中间商是协助企业寻找顾客或直接与顾客交易的商业性企业。中间商可分为两类:代理中间商和买卖中间商。代理中间商有代理商、经纪人和生产商代表,他们专门介绍客户或与客户磋商交易合同,但并不拥有商品的所有权;买卖中间商又称经销中间商,主要有批发商、零售商和其他再售商,他们购买商品,拥有商品所有权并再售商品。中间商对企业的产品在从生产领域流向消费领域的过程中具有极其重要的作用。中间商由于与目标顾客直接打交道,因而它的销售效率、服务质量就直接影响到企业的销售效果。因此,企业必须选择与合适的中间商建立合作关系。企业在与中间商建立合作关系后,还要随时了解和掌握其经营活动,并采取一些激励性的合作措施,推动其业务活动的开展。而一旦中间商不能履行其职责或市场环境发生重大变化时,企业应及时重新调整与中间商的关系。

2. 第三方物流公司

第三方物流公司主要是指协助厂商储存货物并把货物从产地运送到目的地的专业企业。物流公司运输的物品可以是生产出来的最终产品,也可以是原材料或零部件。一般情况下,企业只有在建立自己的销售渠道时,才会主要依靠物流公司。在委托中间商销售产品时,物流服务往往由中间商去承担。企业主要通过权衡成本、速度和安全等因素,来选择成本效益最佳的货运方式。因此,第三方物流公司的作用在于帮助企业创造时空效益。

3. 营销服务机构

营销服务机构主要有营销调研公司、广告公司、传播媒介公司和营销咨询公司等,他们帮助生产企业推出和促销其产品到适当的市场。在现代社会,大多数企业都要借助于这些服务机构来开展营销活动。例如,请广告公司制作广告,依靠传播媒介传播信息等。企业选择这些服务机构时,须对他们所提供的各方面的服务进行综合评估,并定期考核其绩效,及时更换那些不具有预期服务效果的机构。

4. 财务中间机构

财务中间机构包括银行、担保公司、保险公司和其他协助融资或保障货物的购买与销售风险的公司。在现代经济生活中,企业与金融机构有着密不可分的联系:企业间的财务往来要通过银行账户进行结算;企业财产和货物要通过保险公司承担保险等;银行的贷款利率上升或者保险公司的保险金额上升,都会使企业的营销活动受到影响;信贷来源受到限制也会使企业处于困境。诸如此类的情况都将会直接影响到企业的日常运转。因此,企业必须与财务中间机构建立密切的关系,以保证企业各项活动的顺利开展。

四、顾客

顾客是企业服务的对象,是企业营销活动的出发点和最终归宿。企业的所有营销活动都是为了满足顾客的需求。企业所面临的顾客,可以是以下的一种或几种:

1. 消费者市场

消费者市场是指由个人和家庭组成的,所购买的产品及服务是用于个人和家庭消费的顾客群体。

2. 生产者市场

生产者市场是由各种组织机构组成的顾客群体,他们购买产品与服务是为了供生产与再生产所用,并最终达到赢利或其他目的。

3. 转卖者市场

转卖者市场也称中间商市场,是指那些购买产品及服务以用于转售,并从中营利的中间顾客。

4. 政府市场

政府市场是指政府机构作为顾客,它们也购买产品及服务,并将这些产品和服务提供给公众或转让给其他需要者。

企业要准确把握目标群体的特点,了解顾客为什么选择或可能选择哪些产品和服务,了解顾客的购买方式、购买规律和购买用途,了解顾客的潜在需求,了解顾客的意见和建议等。顾客是最能够直接影响企业营销活动的最重要的微观环境因素。

五、竞争者

任何一个企业都很少能独家为某一顾客市场提供服务,在市场中往往会面临各种不同类型的竞争者,故而企业的营销活动总会受到各种竞争对手的影响。企业在市场上所面对的竞争者大体可分为以下四种类型:

1. 愿望竞争者

愿望竞争者是指提供不同产品以满足不同需求的各种竞争者。消费者的需求很多,在某一时间只能满足其中的一个或少数几个需求。消费者经过慎重考虑作出的购买选择,往往是提供不同产品或服务的企业为争取该消费者成为现实顾客而竞争的结果,这些提供不同产品或服务的企业就是愿望竞争者。

2. 类别竞争者

类别竞争者是指提供不同产品以满足同一种(或同一类型)需求的竞争者。例如,长虹公司不仅要与电视生产厂商竞争,而且还要与电影公司、VCD 制造公司等厂商竞争。所以,对长虹公司而言,后两者都是满足同一种需求的类别竞争者。

3. 形式竞争者

形式竞争者指生产同种产品但产品在型号、规格、性能及其他方面有差异的竞争者。例如,洗衣机有容量大小的差异,彩电有性能、技术上的差异等。随着科学技术的发展和消费需求的多样化,异质产品将越来越丰富,形式竞争者间的相互竞争将日趋激烈。

4. 品牌竞争者

企业把在同一行业中以相似的价格向相同的顾客提供类似产品或服务的其他企业称为品牌竞争者。

愿望竞争者和类别竞争者是不同行业的竞争者,形式竞争者和品牌竞争者属于同行业的竞争者。在充满竞争的市场中,企业要清楚谁是竞争者,是什么类型的竞争者。加强对竞争者的研究并实施相应的策略是市场营销工作的重中之重。

顾客在决定购买某件商品的决策中,究竟考虑些什么呢?假定一个人劳累之后需要休息一下,这个人会问:“我现在要做些什么呢?”他的脑海可能会闪现社交活动、体育运动和吃些东西的念头,这些被称为愿望竞争因素。假如这个人很想解决饥饿感,那么问题就成为:“我要吃些什么呢?”各种食品就会出现在心里,如炸薯片、糖果、小吃糕点、软饮料、水果等。这些能表示满足同一需要的不同的基本方式,可称之为类别竞争因素。这时,如果他(她)决定吃糖果,那么又会问:“我要什么样的糖果呢?”于是就会想起各种糖果来,如巧克力、甘草糖和水果糖,这些糖果都是满足吃糖欲望的不同形式,这些称为产品形式竞争因素。最后,消费者认为他要吃巧克力,这样又会面对几种品牌的选择:如德芙、雀巢等品牌,这些称为品牌竞争因素。

六、公众

公众是指对企业实现营销目标有实际或潜在影响的任何团体或个人。公众不是公司的目标顾客,但公众会影响公司的营销活动。公众对企业的态度,会帮助或妨碍企业营销活动的正常开展。公众主要分为以下几种:

1. 金融公众

金融公众指那些影响企业取得资金能力的机构,包括银行、投资公司、证券公司和保险公司等。

2. 媒介公众

媒介公众指那些联系企业和外界的大众媒介,包括报纸、杂志、网站、电视台和电台等。企业要积极与媒介公众建立良好的合作关系,这对企业树立良好的社会形象有举足轻重的作用。

3. 政府公众

政府公众是指与企业经营活动有关的政府机构，是包括行业主管部门、工商、税务、物价、商品检验检疫以及其他相关部门在内的有关政府机构。

4. 群众团体公众

群众团体公众是指包括消费者组织、环境保护组织及其他对企业有影响力的群众团体组织。

5. 地方公众

地方公众主要指企业所在地的居民组织和团体组织。他们对企业的态度会影响企业的营销活动。

6. 一般公众

一般公众是指那些并不购买企业产品、但有能力影响消费者态度的人。

7. 内部公众

内部公众是指企业的全体员工。处理好内部公众的关系是搞好外部公众关系的前提。

公众对企业的生存和发展有着巨大的影响，公众可能有增强企业实现其目标的能力，也可能会妨碍企业实现其目标。由于公众对企业的命运存在着巨大的影响，精明的企业往往会主动采取措施，妥善处理与公众之间的关系。如今，很多企业都建立了专职的公共关系部门，这些部门负责收集与企业有关的公众意见和态度并发布和沟通有关信息。

本章小结

本章从市场营销环境的特点和分类入手，介绍了如何运用矩阵分析法和SWOT分析法来对企业所面临的环境机会与环境威胁进行分析，最后从宏观环境和微观环境两个方面阐述了影响营销活动的具体因素。

综合训练

1. 名词解释

环境机会、环境威胁、供应商、中间商、竞争者

2. 知识理解

(1)如何使用矩阵分析法分析一个企业的环境机会与环境威胁？

(2)影响市场营销活动的宏观环境因素都有哪些？其中的经济因素是如何影响营销活动的？

(3)竞争者有几种类型？

3. 内容深化

(1)用SWOT分析法分析企业的营销环境。

(2)影响市场营销活动的微观环境因素都有哪些？这些微观环境因素会怎样影响市场营销活动？

实践活动

以5～6人为一个小组，准备成立一家个体小店，分析并记录小店的性质、行业、主营产品、开店选址等详细信息。分析此店在经营过程中可能受到的宏观环境和微观环境的影响因素并分别列出。用 SWOT 分析法再次分析营销环境，最后写出环境分析报告。报告可参照如下格式：

关于在×××开设××××门店的环境分析报告

一、宏观环境影响因素

1.

2.

3.

4.

5.

二、微观环境影响因素

1. 企业内部

2. 供应商

3. 竞争者状况

三、SWOT 矩阵分析

四、结论

案例分析

红叶超市的购物环境

红叶超市的营业面积约 260m^2，位于居民区的主要街道上，附近已有许多商场和超市。目前，红叶超市的营业额和营业利润虽然还过得去，但与同等规模的超市相比，还是很不理想。通过调查得知，顾客认为红叶超市的店面拥挤杂乱，商品质量差、档次低。听到这种反映，红叶超市的经理感到十分诧异，因为红叶超市的顾客并没有其他超市多，每每看到别的超市人头攒动而本店冷冷清清，怎么会拥挤呢？本店的商品都是货真价实的，与别的超市相同，怎么说质量差、档次低呢？经过对购物环境的分析，这才发现了真实原因。原来，红叶超市为了充分利用商场的空间，摆放了过多的货架，导致过道太狭窄，每到购物高峰时就会十分拥挤，导致顾客不愿入内，或者即使入内了也不易找到所需的商品，往往是草草转一圈就很快离去。还有，红叶超市的灯光暗淡、货架陈旧，墙壁和屋顶多年没有装修，优质的商品放在这种环境中也会显得质量差、档次低。

为了提高竞争力，红叶超市的经理痛下决心，拿出一笔资金对超市的购物环境进行了彻底的改造：对商店的地板、墙壁、照明和屋顶都进行了装修；减少了柜台的数量，加宽了走道；科学合理地摆放柜台和商品，以方便顾客找到商品。整修一新开业后，立刻见到了效果——第一周的销售额和利润比去年同期增加了 70%。可是第二周的销售额和利润又不断下降，半个月后降到了以往的水平，一个月后低于以往的水平。为什么出现这种情况呢？经观察发现，有些老顾客不来购物了，增加了一些新顾客，但是新增的顾客没有流失的老顾客多。对部分顾客的调查表明，顾客认为购物环境是比原先好了，商品档次也提高了，但是商品摆放依然不太合理，同时商品价格也提高了。别的商店更便宜些，一批老顾客就到别处购买了。听到这种反映，红叶超市的经理再次感到诧异，因为红叶超市装修后商品的价格并未提高，只是调整了商品结构，减少了部分微利商品，增加了正常利润商品和厚利商品，其价格与其他超市相同。他该怎么解决这新出现的问题呢？

思考题

(1)红叶超市原先的购物环境中哪些因素不利于吸引顾客的注意？

(2)红叶超市原先的购物环境导致顾客对其所售商品有怎样的感知？装修后的购物环境导致顾客对红叶超市有怎样的认知？

(3)红叶超市应当怎样改造和安排购物环境才能引起消费者的注意，并诱导消费者的认知朝着经营者所希望的方向发展？

(4)请你根据案例介绍的红叶超市的环境，为超市经理提供一些合理的营销建议。

第三章 市场细分及目标市场选择

学习目标

(1)了解市场细分的概念和标准。

(2)掌握市场细分与目标市场选择的基本方法。

(3)掌握产品定位的主要策略。

案例提示

中国移动的市场之争

中国移动作为国内专注于提供移动通信服务的公司,在20世纪90年代曾成功推出了“全球通”和“神州行”两大子品牌,一举成为中国移动通信领域的市场霸主。但随着联通和电信的反击及3G业务的普及,中国移动始终面临着极大的竞争压力。在提升老客户对品牌的忠诚度的同时,吸引到更多的新客户成为中国移动突围的关键。

作为移动通信市场的霸主,中国移动当时的问题在于旗下的“全球通”和“神州行”品牌还缺少足够的市场细分度,目标客户群体的分类覆盖依然粗放。为此,在21世纪初,中国移动推出了“动感地带”这一新的子品牌。“动感地带”的推出,在维持了“全球通”定位在商务人士、“神州行”定位在大众百姓这一细分市场的同时,锁住了追赶时尚潮流的、具有消费潜力的年轻一代。几年过后,动感地带迅速积累了超过千万的用户,成为中国移动最大的业务增长点。

中国移动凭借其成功的市场细分战略,继续巩固了其市场霸主地位,并将移动通信市场的竞争带入到一个新的领域。

内容导入

1. 请想想,对中国移动推出的三大子品牌,不同客户群的需求重点会有哪些呢?

2. 请说说,中国移动推出“动感地带”的意义是什么?“动感地带”是如何受到年轻一代追捧的?

第一节 市 场 细 分

案例导入

奶酪产品市场细分

中国的奶酪市场相对来说是比较小的，而且其中80%是销往快餐店、饭店等食品企业，只有20%是通过零售渠道销售的。在这个领域中，真正的竞争对手数量十分有限而且相对实力较弱。在这样一个非常不成熟的市场中，A企业的市场表现在过去几年中却一直保持着快速的增长。A企业十分看好中国的经济发展和奶酪市场发展的机会，因此他们计划通过零售渠道大幅度提升市场占有率。

为了配合这一快速发展战略的实施，A企业需要进一步明确其主要目标市场，确定最重要的目标市场特征以及该目标市场对产品和品牌的需求特点。

本次市场细分的重点是，确定哪个群体是现有的主要市场，还有哪些市场是非常有潜力的或可能性的市场。A企业本次研究的重点侧重于消费者心理的挖掘，及使用习惯和消费利益的分析，于是将研究地点选在中国奶制品市场规模相对较大的两个城市——北京和上海，研究方法则选择了消费者座谈会法。研究人员在每个城市召开了八场座谈会，其中四场为奶酪的实际消费者，四场为奶酪的潜在消费者。研究人员把实际消费者和潜在消费者都分别分成相同的四个组别，它们是：6～12岁的儿童及其母亲组、13～19岁的青少年组（女性占2/3）、20～28岁的未婚白领组（女性占2/3）和29～45岁且有1岁以上子女的母亲组。这样的消费者代表了不同的消费群体，也是此次市场细分的结果。座谈结果显示，这些不同的细分市场果然有不同的消费习惯和消费心理。此次调查为企业发展战略的制订提供了科学有效的依据。

一、市场细分的概念

市场细分（Market Segmentation）是指依据消费者的需要和欲望、购买行为和购买习惯等方面的差异，把消费者总体市场划分为若干消费者群的市场分类过程。每一个消费者群就是一个细分市场，每一个细分市场都是具有类似需求倾向的消费者构成的群体。

二、市场细分产生的原因

1. 生产力的发展

随着生产力的发展，社会化大生产的水平越来越高，在消费需求得到进一步满足的情况下，市场形态由“卖方市场”逐渐转为“买方市场”，那些缺少个性化的产品的销售越来越难，企业需要对市场进行细分。

2. 消费需求的变化

随着收入水平的提高，消费者的消费需求产生了明显变化，消费需求的分散度越来越高，企业需要对市场进行细分。

3. 生产方式的改进

生产方式的改进为企业的市场细分提供了新的解决方法。企业通过不同的生产方式、以不同的产品和服务来更好地满足消费者的需要。

4. 市场竞争的需要

随着市场竞争的日益激烈,单纯的价格战往往实现不了企业竞争的目标,甚至导致竞争企业的两败俱伤。因此,不少企业开始关注不同消费者的特殊需求,着力挖掘消费者潜在的但尚未满足的需求,寻找新的市场机会。

三、市场细分的程序

1. 调查阶段

企业首先要确定粗略的市场范围,然后根据企业的目标和企业所拥有的资源状况,决定进入哪个行业的局部市场。企业所选择的市场范围要与企业的资源、能力相适应,这实际上是企业要从整体市场中划出一个局部市场来,并对选择的局部市场做出客观的评价。企业要对所确定的市场范围进行调查,以取得与细分标准有关的数据和资料。

2. 分析阶段

在调查的基础上,将市场范围内所有潜在消费者的所有需求根据适当的标准分类列示并进行分析。

3. 细分阶段

细分阶段要求对消费者的各种需求进行归类,将具有共同消费需求的消费者归为一类,即形成一个细分市场。然后对初步确定的细分市场进行筛选,确定进入那些最能发挥企业优势的、潜力较大的市场。企业要充分了解进入市场的潜在规模和竞争情况,预估营业收入和费用成本以估算出潜在的利润额,并把这些数据作为最后确定目标市场和制订营销方案的分析依据。企业根据细分结果并结合企业的实际情况,选择一个或几个细分市场作为目标市场,然后有针对性地进行市场定位、产品开发、渠道选择、价格确定和开展相应的促销活动等。

四、市场细分的依据

1. 地理细分

地理细分是以消费者所在的不同地理区位为依据对市场加以细分,是大多数企业采取的主要细分标准之一。这是因为,相对于其他因素而言,地理因素表现得较为稳定,也较容易分析。地理细分一般可以按照国家、地区、城市、农村、气候、地形等特点来进行细分。由于受同一地理环境、气候条件、社会风俗等因素的影响,同一地区内的消费者的消费需求具有一定的相似性,不同地区的消费者的消费需求则可能存在明显的差异。这种细分方式在判断普遍的购买趋势和确定特定产品的购买方是有用的。但是,地理环境是一种静态因素,处在同一地理区位的消费者仍然会存在一定的差异。因此,企业还可以根据其他因素来进一步细分市场。

2. 人口细分

人口细分也是市场细分的主要标准之一,它与消费需求有着密切联系。人口因素包括年龄、性别、职业、收入、教育程度、家庭结构、家庭生命周期、国籍、民族、宗教和社会阶层等。例如,化妆品和服装市场多是按性别来分类,汽车市场则是按人们的收入来分类。不同教育程度和不同职业的消费者的审美观、价值观通常会不同,其消费需求差异通常也会不同。人口细分标准分类及其营销要点详见表3-1。

表3-1 人口细分标准分类及其营销要点表

分类标准	主要变量	营销要点
性别	男性、女性	了解性别构成及消费需求特点
年龄	婴儿、儿童、少年、青年、成年、老年	掌握年龄结构及各年龄段的消费特征
收入	高收入、中等收入和低收入者	掌握不同收入层次的消费特征和购买行为
家庭生命周期	单身阶段、备婚阶段、新婚阶段、育儿阶段、空巢阶段、寡鳏阶段	研究各家庭处在哪一阶段、不同阶段消费需求的数量和结构
职业	工人、农民、军人、学生、干部、职员	了解不同职业的消费差异
文化程度	文盲、小学、中学、大学等	了解不同文化层次人群购买种类、行为、习惯及结构
民族	汉族、满族、回族、蒙古族等	了解不同民族的文化、宗教、风俗及不同的消费习惯

例如：按照家庭生命周期细分，一个未婚的人在首次装修房屋时，可能购买便宜的家具和家电。一个单身且住在家里的年轻人更愿意为运动、娱乐设备、个人服饰等多花钱。

3. 心理细分

在地理环境和人口状态相同的条件下，消费者之间同样会存在着不同的消费习惯和特点，这往往是不同的消费心理所导致的。尤其是在比较富裕的社会中，顾客购物已不限于满足基本生活需要，因而消费心理对市场需求的影响更大。所以，消费心理也就成为市场细分的又一重要标准。

4. 生活方式

生活方式是人们对消费、工作和娱乐的特定习惯，即个体每天如何生活。由于人们生活方式不同，消费倾向及需求的商品也不一样。例如，1/4的美国人和欧洲人偏好于网络、有线电视、广播、杂志和报纸等。他们会花大量时间看电视和听广播，于是这些媒体成为接近他们的有效渠道。目前我国青少年使用手机接收信息的比例逐渐高于电视和计算机，网络发展在快速地改变着人们的生活方式。

5. 性格细分

不同性格的人，购买行为的差异往往很大。性格外向的人经常出现情感型购买，喜欢炫丽夺目的购物环境；性格内向的人则注重实用类商品并倾向于理智型购买；独立性较强的人受外界的刺激和影响较小；而依赖性较强的人，则经常受外界影响。不少企业常使用性格变量来细分市场，给自己的产品赋予品牌个性，以适合特定消费者的个性。不同性格消费者的消费需求特点见表3-2。

表3-2 不同性格消费者的消费需求特点

性格	消费需求特点
习惯型	偏爱、信任某些熟悉的品牌，购买时注意力集中，定向性强，反复购买
理智型	不易受广告等外界因素影响，购物时头脑冷静，注重对商品的了解和比较
冲动型	容易受商品外形、包装或促销的刺激而购买，对商品评价以直观为主，购买前并没有明确目标
想象型	感情丰富，善于联想，重视商品造型、包装及命名，以自己的丰富想象去联想产品的意义
时髦型	易受相关群体、流行时尚的影响，以标新立异、赶时髦为荣，购物注重引人注意，以显示身份和个性
节俭型	对商品价格敏感，力求以较少的钱买较多的商品，购物时精打细算、讨价还价

6. 品牌忠诚度

品牌忠诚度是指消费者对某一品牌有偏向性的购买行为。消费者的品牌忠诚度也可以作为细分市场的依据，因为消费者对某一品牌忠诚度的形成，在很大程度上是由其自身决定而不是由产品来决定的。例如：星巴克除了通过目录销售各种异国风味的咖啡外，还出售装饰有精美标志的咖啡壶、汤勺和其他产品。原来这个公司的营销人员发现，喜欢该公司咖啡的顾客也会购买相关产品。

企业根据这一细分方式，可采取不同的营销对策，详见表3-3。

表3-3 顾客忠诚度细分及其营销对策

忠诚程度类型	购买特征	营销对策
专一品牌忠诚者	始终购买同一品牌	用俱乐部或会员制等办法留住老顾客
几种品牌忠诚者	同时喜欢几种品牌，交替购买	分析竞争者及其营销策略
转移忠诚者	不固定忠于某一品牌，一段时间忠于A品牌，一段时间忠于B品牌	了解营销工作的弱点
犹豫不定者	从来不忠于任何品牌	使用有力的促销和服务升级手段吸引他们

7. 行为细分

行为细分是根据消费者对一件产品的了解程度、购买态度、使用反馈等，将他们划分成不同的群体。购买时机、购买习惯、产品使用频率、品牌忠诚度、购买态度等都是消费行为的衡量指标。如新学期开学前文具用品热销，春节前食品销售达到高峰，重阳节前各类保健食品断货。又如购买地点习惯，一般日用品人们愿意去超市、便利店购买，高档商品则去大店名店挑选，现在又兴起去网店购买日用品的风潮。这就为各类零售企业的市场定位提供了依据。以星巴克的顾客为例，他们并不仅仅在寻求一杯咖啡，而是为了寻求一种快乐和休闲经历，为此他们愿意多付钱。

按消费者进入市场的程度，可将一种产品的消费者细分为经常购买者、初次购买者、潜在购买者等不同群体。而按消费者购买产品的数量来分，可将消费者细分为大量用户、中量用户、少量用户三个消费群体。根据消费者对品牌的偏好状况，还可将消费者划分为单一品牌忠诚者、几种品牌忠诚者或无品牌偏好者。

友情提示

购买习惯：即使在地理环境、人口状态等条件相同的情况下，由于购买习惯不同，仍可以细分出不同的消费群体。例如购买时间习惯标准，就是根据消费者产生需要购买或使用产品的时间来细分市场的。

第二节 目标市场选择及其营销策略

屈臣氏的目标市场选择

屈臣氏目前是亚洲地区最具规模的个人护理用品连锁店，也是全球最大的保健及美容产品零售商和香水及化妆品零售商之一。屈臣氏在“个人立体养护和护理用品”领域,不仅聚集了众多世界顶级品牌,而且还自己开发生产了600余种自有产品。截至2014年,屈臣氏在亚洲以及欧洲的24个市场共经营着11400多间零售店铺,每周为全球超过4000万顾客提供个人护理用品服务。

屈臣氏成立于1828年,原是广州的一个小药房,通过十多年的发展,在1841年把业务拓展到香港,到了二十世纪初,屈臣氏已经在中国香港、中国内地与菲律宾奠定了雄厚的业务根基,旗下有一百多家零售店与药房。屈臣氏经过一百年多的沉淀后于1981年被华人首富李嘉诚名下的和记黄埔收购。自从成了“李首富”的囊中物后,通过李氏团队的出神入化的打造,屈臣氏变成了全球领先的个人护理用品、美容、护肤商业业态的巨擘!

1989年4月,屈臣氏在北京开设内地第一家门店。此后的16年间,屈臣氏一直是“闲庭信步”般的发展模式。但是从2005年起,却“大步流星”似地向前迈进:屈臣氏用了16年的时间才在中国内地建立了100家分店,到2014年12月2日在天津举办庆祝其第2000家店铺的开业庆典,实现了跨越式发展。同时,屈臣氏还与北京同仁堂合作,提供传统的中药产品,加快本土化进程。

屈臣氏在调研中发现,亚洲女性会用更多的时间进行逛街购物,她们愿意投入大量时间去寻找更便宜或是更好的产品。这与西方国家的消费习惯明显不同。中国内地的女性平均在每个店里逗留的时间是20分钟,而欧洲女性只有5分钟左右。这种差异,让屈臣氏最终将中国大陆的主要目标市场锁定在18~40岁、月收入在2500元以上的时尚女性。屈臣氏认为这个年龄段的女性消费者是最富有挑战精神的。她们喜欢用最好的产品,寻求新奇体验,追求时尚,愿意在朋友面前展示自我。她们更愿意用金钱为自己带来大的变化,愿意进行各种新的尝试。而之所以更关注40岁以下的消费者,是因为年龄更长一些的女性大多早已经有了自己固定的品牌和生活方式了。

事实证明,屈臣氏在过去五年对于市场的判断是准确的,在广州和上海,即使不是周末时间,也能看到屈臣氏门店内充斥着努力“淘宝”、购买“美丽”的年轻女性。为了牢牢抓住18~40岁这个客户群体,屈臣氏在选址方面也颇为讲究。最繁华的地段是屈臣氏的首选,例如有大量客流的街道或是大型商场、机场、车站,白领集中的写字楼等地方也是考虑对象。

在北京,屈臣氏的顾客更多的是年轻时尚的白领,尽管这里的一些洗面奶及个人护理用品价格很便宜,可是这些白领进屈臣氏店消费并不认为身份掉价,但到别的商业网点一看,同样年龄段的顾客了了无几。这就充分地说明了屈臣氏目标顾客群定位准确。

屈臣氏以“个人护理专家”为市场定位,围绕“健康、美丽、快乐”的积极理念,通过为消费者提供别出心裁的产品、优雅的购物环境和专业的产品信息等服务来传达积极美好的生活理念,旨在协助热爱生活、注重品质的人们塑造自己内在美与外在美的和谐统一。

屈臣氏作为“个人护理专家”,为女性消费者营造了一个精致、优雅、自由、专业的购物天堂,从其精准的目标消费群定位、细致的营销手段以及一系列针对目标市场的策略中,我们不得不被其敏锐的经营思维和对待消费者用心良苦的态度所打动和折服。

一、目标市场的概念

目标市场是指企业在市场细分的基础上,为满足消费者现实或潜在的需求,依据企业自身的条件而选定或开拓的市场。目标市场与市场细分既有联系又有区别。市场细分是按照消费者需求与消费者行为的差异性划分消费者群体的过程；目标市场则是企业根据外部条件和内部条件选择一个或两个以上作为营销决策的对象，目标市场是在市场细分的基础上确定的，是对细分市场选择的结果。

企业要有效地选择目标市场就应对不同的细分市场进行评价。目标市场选择是指企业通过对不同细分市场进行评价和分析后的选择。细分市场主要依据三个方面：细分市场的规模与发展前景，细分市场结构的吸引力和企业的目标与资源。

二、目标市场选择策略

1. 无差异营销策略

无差异营销策略是指企业以一种产品或一种市场营销组合，试图在整个市场上吸引尽可能多的消费者的策略。这个策略以整个市场作为销售对象，着眼于消费者消费需求的同质性，对消费需求的异质性则忽略不计。该策略的优点是大批量地生产、储运和销售，故而生产成本低，能节约市场调研、促销和广告等费用，有利于以廉价争取更多的消费者。但缺点是不能满足不同消费者之间的差异需求与偏好，难以适应市场需要的发展变化，而且极易造成市场过度竞争和市场饱和。例如，美国汽车行业长期以来重视生产大排量汽车，导致大排量汽车市场的竞争异常激烈。由于对小排量汽车的市场潜力估计不足，以至于在 20 世纪 70 年代的能源危机中，日本产小排量汽车乘虚而入，使美国汽车的市场占有率大大降低。采用此战略最成功的企业是可口可乐公司，它在早期时，只生产一种瓶装、一种口味，试图给所有人喝的饮料，曾经长期统治世界饮料市场。

2. 差别营销策略

差别营销是指企业推出多种产品、采用不同的市场营销组合，以满足各个细分市场的不同需求的策略。差别营销能较好地满足不同消费者群体的需求与偏好，能适应市场需求的变化，有利于增强企业的市场竞争力。但是，多品种、少批量的生产，容易导致生产成本增加和销售费用增加。产品的差异化过大，反倒不如集中于几款受大众欢迎的产品。例如，手表厂生产多种款式和型号的手表投放市场，以满足各种不同类型的消费者需求，这就是差异性市场营销。再如，汽车公司根据消费者不同的收入和偏好，设计生产了普通轿车、赛车、豪华车、越野车、微型车等，以满足不同的市场需求。

3. 集中营销策略

集中营销策略是指企业集中力量推出一种或少数几种产品的市场营销组合手段，对一个或少数几个子市场给予满足的策略。经营对象集中，有利于深入了解目标市场的需求和爱好。有针对性地创造出产品特色，易在某个特定市场取得有利地位，并在较小的细分市场上占有较大的市场占有率。

三、选择目标市场策略应考虑的因素

企业目标市场策略的选择，取决于企业的资源状况、产品特点、市场特点、产品生命周期、竞争对手的营销策略以及市场供求状况等因素。选择适合于本企业的目标市场营销策略，是一项复杂的、动态变化的、有高度艺术性的工作。

1. 企业资源

企业资源主要指企业的人力、物力、财力和技术状况。企业实力雄厚，供应能力强，可采用无差异营销策略和差别营销策略。如果企业实力有限,无法覆盖整个市场,则应采用集中营销策略。

2. 产品特点

对于同质性的产品,如面粉、食盐、大米等,他们的差异性较小,产品的竞争主要表现在价格上,这种情况下可以采取无差别营销策略。对于差异性较大的产品,如家用电器、服装等,适宜采用差别营销和集中营销策略。

3. 产品生命周期

产品生命周期是指产品从投入市场到退出市场的全过程。如果在市场上推出的是新产品,由于竞争者少,可采取无差别营销策略。当市场进入成熟阶段后,就应改为差别营销策略,以开拓新的市场;或者实行集中营销策略,以保持原有市场,延长产品的生命周期。

4. 市场特点

如果消费者对产品的市场需求比较接近,偏好相似,每次购买的数量也大致相同,对销售方式也无特别要求,就可以采用无差别营销策略;反之,市场需求的差别很大,就应采用差别营销或集中营销策略。

5. 竞争状况

如果竞争对手实行无差别营销策略,企业一般可采用差别营销策略与之相抗衡。如果竞争对手已采取差别营销策略,企业就应当采用更为有效的市场细分,实行差别营销或集中营销策略去占领需求尚未得到满足的细分市场。

第三节　产品定位策略

宜家在中国

在欧美等发达地区,宜家把自己定位成面向大众的家居用品提供商。因为其物美价廉、款式新、服务好等特点,受到广大中低收入家庭的欢迎。但到了中国之后,市场定位做了一定的调整,因为:中国市场虽然广泛,但普遍消费水平低,原有的低价家具生产厂家竞争激烈且接近饱和,市场上的国外高价家具也很少有人问津。于是宜家把目光投向了大城市中相对比较富裕的阶层。

宜家在中国的市场定位是"想买高档货,而又付不起高价的白领"。这种定位十分巧妙精准,获得了比较好的效果,原因在于:(1)宜家作为全球品牌满足了中国白领人群的消费心理;(2)宜家卖场的各个角落和经营理念上都充满了异国文化;(3)宜家家居有顾客自行拼装(DIY)、免费赠送宣传画册、自由选购等特点。以上这些已经吸引了不少知识分子、白领阶层的眼球,加上较出色的产品质量,让宜家在吸引更多新顾客的同时,稳定了自己固定的回头客群体。宜家的产品定位及品牌推广在中国如此成功,以至于很多中国白领们把"喝星巴克咖啡,用宜家家居"作为一种潮流时尚。

一、产品定位的概念

产品定位又叫市场定位,是指企业根据所选定目标市场的竞争状况和自身条件,确定企业和产品在目标市场上特色、形象和地位的过程。通过市场定位，树立产品在消费者心目中的形象。

二、产品定位策略

1. 差异性定位策略

(1)产品实体差异化：产品实体差异化包括产品特色、产品质量、产品式样等方面的差异。产品特色是指产品的功能、技术含量、包装和服务等，如牙膏的防蛀和增白。产品质量是指产品的使用效果、耐用性能和可靠程度等。例如，福特汽车更平稳、操作更容易、速度更快，强调的就是质量。"永不磨损的依波手表"强调的也是质量。产品式样是指产品特有的样式、风格以及对产品的展示方法。

(2)服务差异化：当产品本身与竞争产品陷入同质化时，竞争制胜的关键往往取决于服务。

知识链接

服务差异化包括送货、安装、用户培训、咨询、维修等方面。送货必须准时、安全，这似乎已成为一个常识，但在实际活动中真正坚持做到这一点的企业并不多，而购买者往往选择那些能准时送货的供应商，并希望获得良好的售后服务。

不同行业的服务有不同的内容，也有不同的重点。因此，企业应首先对服务事项进行排列，进而确定重点项目。以零售业为例，典型零售服务事项的一般内容见表3-4。在确定了服务事项后，根据顾客的需求、企业自身特点以及竞争对手策略，来确定服务差异性定位。

表3-4　典型零售服务事项的一般内容

售前服务	售后服务	附加服务	售前服务	售后服务	附加服务
承接电话订货	送货	支票付款	试衣间	换货	内部装潢
接受邮购订单	常规包装	一般性解答	营业时间	整修	赊购
广告	礼品包装	免费停车	时装展览	安装	休息室
橱窗展览	调试	餐厅	折价以旧换新	货到付款	代客照顾小孩
内部展览	退货	修理			

(3)形象差异化：即使产品实体和服务都与竞争企业十分相似，顾客依然可能接受一种企业产品形象的差异化。

2. 重新定位策略

(1)因产品变化而重新定位：因产品进行了改良或产品开发了新用途，为改变顾客心目中原有的产品形象而采取的再次定位。

(2)因市场需求变化而重新定位：随着时代及社会条件的变化以及顾客需求的变化，产品定位也需要重新考虑。例如，人们生活富裕了，要养生和减肥，因而希望食品中糖分尽量少些。因此，目前市场上出现了大量的低糖和无糖食品。

(3)因扩展市场而重新定位：市场定位常因竞争双方状态、市场扩张等因素的变化而变化。美国约翰逊公司生产的一种洗发剂，由于不含碱性，也不会刺激皮肤和眼睛，最初定位在

“婴幼儿的洗发剂”。后来，随着美国人口出生率的降低，婴幼儿用品市场日趋萎缩，该公司改变定位，强调这种洗发剂能使头发柔软，富有光泽，没有刺激性。

(4)比附定位策略：比附定位是处于市场第二位、第三位产品使用的一种定位方法。当市场竞争对手已稳坐头把交椅时，与其撞得头破血流，不如把自己产品比附于领先者，以守为攻。

本章小结

本章通过介绍市场细分的概念，让大家了解市场细分的方法；通过市场细分依据的详细描述，使大家能够按不同的目标进行市场细分并利用一定的策略选择目标市场；最后向大家详细介绍了产品的定位策略。

综合训练

1. 名词解释

市场细分、目标市场、无差异营销策略、差别营销策略、集中营销策略、产品定位

2. 知识理解

(1)如何理解目标市场选择策略？

(2)如何理解市场细分的各种依据？

3. 内容深化

(1)如何更好地实施产品的定位策略？

(2)市场细分的概念及其产生的原因是什么？

实践活动

以5~6人为一个小组，选择一类产品(比如食品、服装等)，通过调研和讨论，找出市场细分的方法和结果，再举几个此行业的企业的实例，说明其目标市场的选择及产品定位的实际做法。

案例分析

“汇源”的市场细分之路

在碳酸饮料横行的20世纪90年代初期，汇源公司就开始专注于各种果蔬汁饮料市场的开发。“汇源”果汁充分满足了当时人们对于营养健康的需求，并凭借其100%纯果汁、专业化的大品牌战略和令人眼花缭乱的新产品开发速度，在短短几年内就跃升为中国饮料工业十强企业，其销售收入、市场占有率、利润率等指标均在同行业中名列前茅，从而成为果汁饮料市场当之无愧的领跑者。其产品线也先后从鲜桃汁、鲜橙汁、猕猴桃汁和苹果汁扩展到野酸枣汁、野山楂汁、果肉型鲜桃汁、葡萄汁、木瓜汁、蓝莓汁和酸梅汤等，并推出了多种形式的包装。应该说，这种对果汁饮料市场进行广度市场细分的做法是汇源公司能得以在果汁饮料市场竞争初期取得领导地位的关键因素。

但当1999年统一集团涉足橙汁产品后，一切就发生了变化。在2001年，统一仅“鲜橙多”一项产品的销售收入就近10亿。在第四季度，其销量已超过“汇源”。巨大的市场潜力和统一“鲜橙多”的成功吸引了众多国内外饮料企业的加入。可口可乐、百事可乐、康师傅、娃哈哈、农夫山泉和健力宝等纷纷杀入果汁饮料市场，一时间群雄并起，硝烟弥漫。根据统计显示："汇源"的销量排在"鲜橙多"之后，除了西北区外，华东、华南、华中等六大区都被"鲜橙多"和康师傅的"每日C"抢得领先地位。此外，可口可乐的"酷儿"也表现优异。显然，"汇源"的处境已是大大不利。

以统一"鲜橙多"为例，其通过深度市场细分的方法，选择了追求健康、美丽、个性的年轻时尚女性作为目标市场，首先选择的是500ml、300ml等包装精致适合随身携带的PET瓶，而卖点则直接指向消费者的心理需求"统一鲜橙多，多喝多漂亮"。其所有的广告、公关活动及推广宣传也都围绕这一主题展开，如在一些城市开展的"统一鲜橙多TV-GIRL选拔赛"、"统一鲜橙多阳光女孩"及"阳光频率统一鲜橙多闪亮DJ大挑战"等，无一不是直接针对以上群体，从而极大地提高了产品在主要消费人群中的知名度与美誉度。再看可口可乐专门针对儿童市场推出的果汁饮料"酷儿"，"酷儿"卡通形象的打造再次验证了可口可乐公司对品牌运作的专业性，相信没有哪一个儿童能抗拒"扮酷"的魔力，年轻的父母也对小"酷儿"的可爱形象大加赞赏。而"汇源"果汁饮料从市场开拓初期的"营养、健康"诉求到后来仍然沿袭原有的功能性诉求，其包装也仍以家庭装的为主，缺乏明显个性特征针对目标群体市场。只是运用广度市场细分的方法区分出"喝木瓜汁的人群"、"喝野酸枣汁的人群"、"喝野山楂汁的人群"、"喝果肉型鲜桃汁的人群"、"喝葡萄汁的人群"和"喝蓝莓汁的人群"等类别，这在激烈的果汁市场竞争中已不再具有细分价值。即使其在后期推出了500ml的PET瓶装的"真"系列橙汁和卡通造型瓶装系列，但也仅是简单的包装模仿，形似而神不似。

至此，在这场果汁饮料市场大战中，"汇源"领导地位如此轻易被动摇的真正原因也显而易见。汇源与统一、可口可乐公司相比较，他们之间的市场细分的差异才是导致市场格局发生变化的关键因素。汇源公司是从企业自身的角度出发，以静态的广度市场细分方法来看待和经营果汁饮料市场；而统一、可口可乐等公司却是从消费者的角度出发，以动态市场细分的原则（随着市场竞争结构的变化而调整其市场细分的重心）来切入和经营市场。同样是进行市场细分，但在市场的导入期、成长期、成熟期和衰退期，不同的生命周期却有不同的表现和结果。

思考题

（1）汇源公司在市场的细分过程中存在哪些问题？

（2）汇源公司在目标市场的选择过程中遇到了哪些问题？

第四章　市场竞争

学习目标

(1)掌握市场竞争的类型。

(2)了解竞争者的特点,明确如何确定竞争对象和竞争战略。

(3)理解竞争者地位的分析思路,了解市场领导者、市场挑战者、市场跟随者及市场补缺者的战略。

案例提示

加多宝王老吉之争却伤害了和其正

2012 年开始一直延续到 2013 年的凉茶大战让我们看到了市场竞争的残酷性,加多宝和王老吉的凉茶市场竞争演化为全方位的“整合营销竞争”,双方不分场合、不分时机、不讲策略、直来直去地“死掐”成为整个市场竞争中二虎相争的典型。

想当初,两家“卿卿我我”之时还算相安无事,谁知很快翻脸不认人,直接打到法院,最后国企广药集团顺利胜出。于是人们开始想象加多宝和王老吉在市场竞争中如何玩。接下来,就上演了虚假广告事件、业务员打架斗殴事件、抢占媒体资源大战、雅安地震捐款事件等,都成为各个时期财经类媒体的头条。凉茶似乎就成了加多宝和王老吉之间的游戏。通过市场观察,我们发现,两家虽然争得不可开交,但却未到“你死我活”的状态,其中加多宝通过近几年的市场运作积累了大量的资金和资源,而广药集团也是阔绰无比。于是有两种声音出现了:有人支持加多宝,说再也不喝王老吉,有人支持王老吉,言称再也不喝加多宝,两家通过电视广告、事件频出、网络媒体、地面攻势等营销传播手段都相应获得了各自的利益。然而,这场备受瞩目的竞争却因为眼球效应的缘故,把凉茶第三品牌以下的品牌给忽略了,包括和其正在内的凉茶品牌不但没有在这二虎相争中渔利,还大大减少了市场曝光度和知名度。在消费者心中,似乎凉茶只有王老吉和加多宝,忽略了其他品牌。本来在正常情况下,和其正会通过其营销传播运作获得一定的关注度,没想到与王老吉和加多宝相比,无论在传播力度上,还是在传播内容的受关注度上,都远远不够,显然,二虎相争给和其正造成了负面的影响。

内容导入

1. 请想想,市场上的同行业竞争者之间可能会在哪几个方面展开竞争?
2. 请说说,“商场如战场”这句话该怎么理解呢?

第一节 市场竞争

案例导入

止痛药另辟蹊径

某制药企业的一款中药止痛药产品准备进入市场。该药对于各种原因引起的疼痛都有一定的治疗作用。但市场上各种止痛药的品种已经非常多了，该药如何进行合理定位才能在市场中分得一杯羹呢？经过周密的市场调查，该企业发现：中国每年有新发恶性肿瘤患者160万，其中51%～61%的患者都会出现疼痛症状。再结合本产品对晚期癌症所致疼痛有明显抑制作用这一特点，最终决定在产品的竞争策略中，将对其他疼痛的治疗作用都淡化，而只是突出治疗恶性肿瘤疼痛这一点进行宣传。最终，该策略取得了极大的成功，上市的第一年销售额就突破了1亿元。

此案例说明：要想参与竞争，应当突出其竞争优势，集中优势兵力作战才是比较明智的做法。

企业参与市场竞争，总是面临着来自不同方面的威胁力量，能战胜和有效回避这些竞争威胁，就能够取得市场竞争的胜利。要战胜对手，就需要了解对手，而进行行业分析是了解对手的一种有效方法。

一、同行业企业

同行业企业往往是现实中最危险的竞争对手。同行业企业为了自身利益的需要往往会施展各种竞争手段。同行业企业间的这种竞争，如果能提高行业的总体利润，提高行业地位的稳定性，那么这种竞争是积极的；如果这种竞争降低了行业的平均利润率，引起了行业的波动，就成了消极的因素。

同行业间的竞争威胁最大，因此同行业竞争是竞争战略中首先要考虑的因素。一般来讲，有五种基本竞争形式：

1. 份额竞争

这种竞争在成熟行业中表现突出。当市场需求缓慢、需求增长率不断下降时，企业为保持已有的利润率和维持投资效益，只有通过扩大市场份额来达到目的。所以，份额竞争与资源争夺战会异常激烈。

2. 均势竞争

如果行业里的所有竞争者力量均衡，任何一个企业均无明显优势可言，就把这种行业称为均势竞争行业。只有那些在均势竞争中拥有或采用了新产品、新技术的企业，才更容易生存和发展。

3. 差别竞争

同行业企业间经常使用差别化的竞争手段。若产品可以差别化，则实行产品差别竞争；若产品难以实现差别化，则实行营销差别竞争，如通过提高品牌知名度、降价和提高服务水平等方式来争取顾客。

4. 规模竞争

在同质化比较强的行业里，规模扩张是企业降低成本最有效的手段。各个企业不断追加投资、扩大规模,使得市场上的产品供应量越来越大,这种供过于求的结果使得产品价格不断下降,当价格降到一定程度时,该行业的平均投资回报率也会很快降低。

5. 多元化竞争

如果企业对所处行业的发展预期是悲观的,则企业会转移部分资源进入另一行业,这样就导致了行业中的企业存在多元化经营的现象。这种行业就称为多元化竞争行业。

二、行业加入者

行业加入者也称为潜在的竞争对手。一个行业中有了新的加入者,不仅意味着产能的增加,还意味着价格的降低、边际收入的下降,甚至会导致整个行业平均利润率的下降。对于潜在的行业加入者而言,有八种主要影响因素决定着其进入的难易程度。

1. 规模经济

规模经济是指在一定时间内产品单位成本随着总产量的增加而减少,即成本随企业生产规模扩大而减小。当某一行业中的现存企业达到一定的规模经济时,会使潜在的新加入者很难具有竞争力。

2. 产品差别

如果这一行业中已有一些企业,其产品差异化水平和品牌的忠诚度都很高,这将会提高这一行业的进入壁垒。

3. 资金需求

某些行业属资本密集型行业,如医药、化工和冶金等行业。巨额资本需求构成了对行业中新加入者的严重障碍。

4. 转移成本

转移成本是指购买者放弃原来的供应商而选择新的供应商时所需耗费的成本,包括再培训费用、辅助设备成本等。转移成本是新加入者给消费者带来的潜在成本,是新加入者获取成功的一个主要障碍。

5. 分销渠道

如果分销渠道已饱和,或者找不到合适的分销渠道,则新加入者还需要自建分销渠道,这也会导致进入成本的增加。

6. 政府政策

很多垄断行业,如公用事业、电信等,都禁止竞争性企业的进入,这也给新加入者造成了进入障碍。

7. 成本优势

行业中的现存企业若已建立了与企业规模无关的成本优势,例如容易获得原材料、能获得政府补贴等,也给新加入者的进入造成障碍。

8. 竞争者的反应

新加入者若能预计到它的加入会招致行业中现存企业的强烈反应,使预期收益大打折扣的话,它就会谨慎考虑是否加入该行业。

三、替代产品生产者

替代产品的出现将会影响到整个行业。如果市场上有了可得到的替代品,那么行业里的产品价格就不得不作出调整。生产替代品的企业本身就给行业带来威胁，替代竞争的压力越大，对行业的威胁越大。决定替代竞争压力大小的因素主要有：

(1)替代品的盈利能力。

(2)替代品生产企业的经营策略。

(3)购买者的转换成本。

四、购买者讨价还价的能力

购买者对企业形成的威胁主要是其讨价还价的能力，即购买者讨价还价的意愿是强烈的以及能购买到低价产品的能力。购买者讨价还价能力的强弱，主要有以下影响因素：

(1)品牌选择余地：很显然，市场上的品牌越多，购买者挑选的余地越大，则其讨价还价能力越高；反之，讨价还价能力越低。

(2)购买数额：购买大批量产品的购买者会吸引更多的企业来竞争这笔交易，使购买者挑选机会增多，况且购买大批量产品的购买者本身也是愿意多花些精力来寻求"合理价格"的，其讨价还价的能力就比购买小批量产品的购买者大。

(3)购买成本：购买者为了降低购买成本，愿意在多家销售者之间选择，这样其讨价还价的能力也增强了。

(4)产品售价：产品售价越高，购买者就会认为其降价的可能性越大，因而也愿意寻找一家降价最多的企业。购买者会在多家企业之间作出选择，这样也增加了其讨价还价的能力。

(5)产品同质性：对于购买者而言，产品的质量性能越一致，就越能提高其讨价还价的能力。此时，他只需去寻找最低的价格，而不用过多地去关心产品质量。

(6)对质量的关注程度：对于关注产品质量的购买者，产品价格是次要的。购买者宁愿出高价购买质量好的产品，这种情况下其讨价还价的能力会相对降低。

(7)对产品的理解程度：当购买者所面对的产品，其有关技术指标很难理解或掌握时，购买者很难进行准确的价值估计，因此其讨价还价的能力会相对较弱。

(8)收集处理市场信息的能力：购买者若能比较容易地收集相关市场信息，并能正确地分析这些信息，进而对市场情况了解透彻，那么购买者的讨价还价能力会加强。若购买者收集与分析信息有难度，则其讨价还价的能力会减弱。

五、供应商讨价还价的能力

供应商影响一个行业的主要方式是提高价格或降低所提供产品或服务的质量。决定供应商影响力的因素有：

(1)供应商所在行业的集中化程度。

(2)供应商产品的标准化程度。

(3)供应商所提供的产品结构在企业整体产品成本中的比例。

(4)供应商提供的产品对企业生产流程的重要性。

(5)供应商提供产品的成本与企业自己生产的成本之间的比较。

(6)供应商提供的产品对企业产品质量的影响。

(7)企业原材料采购的转换成本。

(8)供应商寻找新用户的可能性。

第二节 分析竞争者

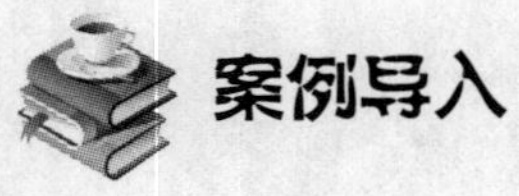

案例导入

吉列剃须刀的竞争之路

行业竞争结构会随着时间的推移而变化。例如,吉列公司发明了安全剃须刀,由于掌握独有的生产技术并享有专利保护,独家供应市场,这时的市场结构是完全垄断的。随着专利保护权限过期和生产技术的普及,其他公司受高额利润吸引,纷纷进入这一市场与吉列公司竞争。不同品牌产品的功能大体相同,但是质量、样式、效果、价格等有些差别,形成垄断竞争的市场格局。当产品的生命周期进入成熟期,市场需求的增长速度减缓时,一些销售量小、产品成本高、未形成规模效益、品牌知名度低的企业被淘汰;销售量大、产品成本低、具有规模效益、品牌知名度高的少数大企业迅速占有大部分市场份额,并且力图突出特色,如吉列公司先后向市场推出蓝色刀片、带两个刀片的安全剃刀等产品,市场结构逐步形成差别寡头垄断。随着生产技术的进一步提高,各垄断企业的产品在质量、性能和效果方面的差距逐渐缩小乃至消失,顾客也把不同品牌的安全剃刀看作是同质产品,行业结构就变成完全寡头垄断。由于垄断企业之间的相互牵制,谁也不敢降低产品价格,谁也不能通过提高产品价格而获取超额利润。为了夺取竞争优势,各垄断企业又下大力气开发新产品。例如,吉列公司投入巨资研制、生产和销售传感剃须刀,它带有安全传感元件,两个安装在弹簧上的刀片可以根据脸型自由运动,并根据使用者的用力大小而自动调节与脸部的接触度,就像汽车安装了弹簧和减震装置,新刀片比传统剃刀刮须更彻底、使用更舒适。这种新型剃须刀与竞争品牌拉开了差距,并通过大量的广告宣传被广大顾客所接受,扩大了市场份额,市场结构又循环到差别寡头垄断或完全垄断。

企业要在竞争激烈的环境中取胜,必须有效地分析竞争者,包括竞争者是谁,他们的战略和目标是什么,他们的优势与劣势是什么,他们的反应和模式是什么,以及应当攻击谁、回避谁等。

一、识别竞争者

企业的竞争者一般是指那些与本企业提供类似的产品和服务,并具有相似的目标顾客和相似价格的企业。例如,可口可乐公司把百事可乐公司作为主要竞争者;通用汽车公司把福特汽车公司作为主要竞争者。

识别竞争者似乎是一件很容易的事,但是,企业的现实和潜在竞争者的范围是极其广泛的,如果不能正确地识别,就会患上“竞争者近视征”。从现代市场经济的实践看,一个企业更可能被潜在竞争者,而不是当前的主要竞争者打败。在营销微观环境因素的竞争者因素中已经学习过四种类型的竞争者,要识别企业的竞争者还可以从以下几个方面进行思考:

1. 从行业的角度识别竞争者

(1)影响同行业竞争的因素主要包括以下三个方面。

1)卖方密度,是指同一行业或同类产品生产经营者的数目,直接影响企业市场份额的大小和竞争的激烈程度。

2)产品差异,是指不同企业生产同类产品的差异程度,这种差异使产品互相有所区别。

3)进入难度,是指企业试图进入某行业时所遇困难的程度。

(2)决定行业结构的主要因素主要包括以下三个方面。

1)销售商数量及产品差异程度。销售商的数量决定了竞争的差异程度,见表4-1。

表4-1　依据销售商的数量及产品差异程度对行业结构的划分

	一个销售商	少数销售商	许多销售商
无差别产品	完全垄断	完全寡头垄断	完全竞争
有差别产品		不完全寡头垄断	垄断竞争

①完全垄断是指在一定地理范围内某一行业且只有一家公司供应产品或服务。

②寡头垄断是指某一行业内少数几家大公司提供的产品或服务占据绝大部分市场并相互竞争,可分为完全寡头垄断和不完全寡头垄断。

完全寡头垄断也称为无差别寡头垄断,是指某一行业内少数几家大公司提供的产品或服务占据绝大部分并且顾客认为各公司产品没有差别,对不同品牌无特殊偏好。寡头企业之间的相互牵制导致每一企业只能按照行业的现行价格水平定价,不能随意变动,竞争的主要手段是改进管理、降低成本、增加服务。

不完全寡头垄断也称为差别寡头垄断,是指某一行业内少数几家大公司提供的产品或服务占据绝大部分且顾客认为各公司的产品存在差异,对某些品牌形成特殊偏好,其他品牌不能替代。顾客愿意以高于同类产品的价格购买自己所喜爱的品牌,寡头垄断企业对自己经营的受顾客喜爱的名牌产品具有垄断性,可以制定较高的价格以增加赢利。竞争的焦点不是价格,而是产品特色。

③完全竞争是指某一行业内有许多卖主且相互之间的产品没有差别。完全竞争大多存在于均质产品市场,如农产品、水泥等。买卖双方都只能按照供求关系确定的现行市场价格来买卖商品,都是“价格的接受者”而不是“价格的决定者”。企业竞争战略的焦点是降低成本,增加服务并争取扩大与竞争品牌的差别。

④垄断竞争是指某一行业内有许多卖主且相互之间的产品有差别,顾客对某些品牌有特殊偏好,不同的卖主以产品的差异性吸引顾客,开展竞争。企业竞争的焦点是扩大本企业品牌与竞争品牌的差异,突出特色。对于客观上不易造成差别的同质产品或不易用客观或主观手段检测的产品,企业可以运用有效的营销手段如款式、商标、包装、价格和广告等在购买者中造成本品牌与竞争品牌的心理差别,强化特色,夺取竞争优势。

2)进入与流动障碍。主要的障碍有缺乏足够的资本、未实现规模经济、无专利和许可证、无场地、原料供应不充分、难以找到愿意合作的分销商和产品的市场信誉不易建立等。其中一些障碍是行业本身固有的,另外一些障碍是先期进入并已垄断市场的企业单独或联合设置,以维护其市场地位和利益。某个行业的进入与流动障碍高,先期进入的企业就能够获取高于正常水平的利润率,其他企业只能望洋兴叹;某个行业的进入与流动障碍低,其他企业就会纷纷进入,使该行业的平均利润率降低。

3)退出与收缩障碍。如果某个行业利润水平低下甚至亏损,已进入的企业会主动退出,并将人力、物力和财力转向更有吸引力的行业,但是退出一个行业也会遇到退出障碍,例如对顾客、债权人或雇员法律和道义上的义务,政策限制,专业化或设备陈旧导致资产利用价值低,未发现更好的市场机会,高度的纵向一体化,感情障碍以及全球经营等。

2. 从业务范围的角度识别竞争者

每个企业都要根据内外条件确定自身的业务范围,并结合以下五方面导向识别竞争者。

(1)产品导向与识别竞争者:产品导向是指企业业务范围限定为经营某种定型产品,在不从事或很少从事产品更新的前提下设法寻找和扩大该产品的市场。实行产品导向的企业仅仅把生产同一品种或规格产品的企业视为竞争对手。当原有产品供过于求而企业又无力开发新产品时,主要营销战略是市场渗透和市场开发。此类竞争者适用于市场产品供不应求,现有产品不愁销路或者企业实力薄弱,无力从事产品更新等情况。

(2)技术导向与识别竞争者:技术导向是指企业业务范围限定为经营用现有设备或技术生产出来的产品。技术导向是把所有使用同一技术、生产同类产品的企业视为竞争对手。其营销战略主要是产品改革或一体化发展。此类竞争者适用于某具体的产品已供过于求,但不同花色的同类产品仍然有良好前景。

(3)需求导向与识别竞争者:需求导向是指企业业务范围确定为满足顾客的某一需求,并运用可能互不相关的多种技术生产出分属不同大类的产品去满足这一需求。实行需求导向的企业把满足顾客同一需求的企业都视为竞争者,而不论它们采用何种技术、提供何种产品。其战略是新产品开发,进入与现有产品和技术无关但满足顾客同一需要的行业,即多元化。此类竞争者适用于商品供过于求,企业具有强大的投资能力、运用多种不同技术的能力和经营促销各类产品的能力。

(4)顾客导向与识别竞争者:顾客导向是指企业业务范围确定为满足某一群体的需要。其优点是能够充分利用企业在原顾客群体的信誉、业务关系或渠道销售其他类型的产品,减少进入市场的障碍,增加企业销售和利润总额。其缺点是要求企业有充足的资金和运用多种技术的能力,并且新增业务若未能获得顾客信任和满意将损害原有产品的声誉和销售。此类竞争者适用于企业在某类顾客群体中享有声誉和销售网络等优势并且能够转移到公司的新增业务上。换句话说,该顾客群体出于对公司的信任和好感而乐于购买公司增加经营的与原产品生产技术上有关或无关的其他产品,公司也能够利用原有的销售渠道促销新产品。

(5)多元导向与识别竞争者:多元导向是指企业通过对各类产品市场需求趋势和获利状况的动态分析确定业务范围,新发展的业务可能与原有产品、技术、需要和顾客群体都没有关系。其优点是可以最大限度地发掘和抓住市场机会,撇开原有产品、技术、需要和顾客群体对企业业务发展的束缚。其缺点是新增业务若未能获得市场认可将损害原成名产品的声誉等。此类竞争者适用于有雄厚的实力、敏锐的市场洞察力和强大的跨行业经营能力的企业。

二、判定竞争者的战略和目标

1. 判定竞争者的战略

公司最直接的竞争者是那些处于同一行业、同一战略群体的公司。企业通常需要对竞争者所属的战略群体作出判断。战略群体是指在某特定行业内推行相同战略的一组公司。判定竞争者的战略应注意以下问题:

(1)同一战略群体内的竞争最为激烈。

(2)不同战略群体之间存在现实或潜在的竞争。

(3)不同战略群体的进入与流动障碍不同。

2. 判定竞争者的目标

识别出主要竞争者后，还需进一步判断每一个竞争者在市场上追求的目标是什么，每一个竞争者的行为推动力是什么，竞争者是否有进入新的细分市场或开发新产品的意图。通常认为所有竞争者都是最大限度地追求利润并相应地选择其行动，每一个竞争者并不是追求单一的目标，而是目标的组合，但侧重点有所不同。

三、评估竞争者的实力和反应

1. 评估竞争者的优势与劣势

评估竞争者的优势和劣势是竞争者分析的重要内容。知己知彼才能百战百胜。对竞争者的评估可分三步进行：

(1)收集信息：收集竞争者业务上最新的关键数据，主要有销量、市场份额、产品质量、企业信誉、成本、利润、生产技术、人员素质、财务实力、投资回报率、新投资、设备利用率等。收集信息的方法是查找公开资料或通过市场调研获取第一手资料。

(2)分析评价：根据所得资料对竞争者的优势与劣势进行综合分析。

(3)优胜基准：找出竞争者在管理和营销方面做得最好的方面作为基准，然后加以模仿、组合和改进，力争超过竞争者。例如，福特汽车的总裁曾指示设计师，根据顾客认为最重要的400个特征组合，设计和改进汽车的各个部分，如外形、内饰、发动机等，造出了当时最先进、最受顾客欢迎的新型汽车。

知识链接

行业目录、年报、手册和其他出版物都是获得数据的重要途径。然而，如果一个公司希望去和一个刚上市的新产品竞争，那么，这些获取信息的途径是远远不够的。专家指出，采用如下8种技能能使一个公司保持竞争优势：

(1)密切注视你所在行业的一些小公司及相关行业。许多真正的革新常来自于规模小且不起眼的公司。

(2)追踪专利权的运用。专利运用的信息可从各种网络或光盘数据库中获得。

(3)追寻行业专家的工作变化或其他活动。思考以下问题的答案：竞争对手最近招聘了哪些人？新雇员有何新的论文或有何新的发言？行业专家对竞争对手有何价值？如果竞争对手得到了这个专家，是否会影响你所在公司的竞争地位？

(4)了解新的特许经营协议。这些协议可以提供一些新产品在何时、何地、怎么销售的有用信息。

(5)监视商业合同或商业联盟的缔结。

(6)找出一些有助于竞争且能降低成本的商业活动。如果一家与你竞争的保险公司购买了一批台式或便携式打印机，那么它将意味着什么？很有可能是该保险公司要求其理赔员在处理每件理赔条件时节省时间。

(7)追踪价格的变化。如果奢侈的物品变得足够便宜以至于大众都能消费时，它们将取代一些价格昂贵的物品。

(8)了解一些能改变商业环境的社会变化、消费者的品位和偏好的变化。例如通过对时尚变化的预测，一些制鞋公司将生产出各种新型的运动鞋。

2. 评估竞争者的反应模式

在了解竞争者的目标及其优势、劣势的基础上，需要进一步判断竞争者对企业策略可能作出的反应模式。竞争者的反应模式不仅要受其目标、优势劣势的制约，还会受到企业文化、企业价值观、营销观念等因素的影响。竞争中常见的反应类型有以下四种。

(1)从容型竞争者：这是指对某些特定的攻击行为没有迅速反应或强烈反应的竞争者。可能的原因是：认为顾客忠诚度高，不会转移购买；认为该行为不会产生大的效果；缺乏作出反应所必需的资金条件等。

(2)选择型竞争者：这是指只对某些类型的攻击作出反应，而对其他类型的攻击无动于衷的竞争者。例如，对降价行为作出针锋相对的回击，而对增加广告费用则不做反应。了解竞争者会在哪些方面做出反应，有利于企业选择最为可行的攻击对象和攻击策略。

(3)凶狠型竞争者：这是指对所有的攻击行为都做出迅速且强烈的反应的竞争者。这类竞争者意在警告其他企业最好停止任何攻击。

(4)随机型竞争者：这是指对竞争攻击的反应具有随机性的竞争者，其有无反应和反应的强弱无法根据其以往的情况加以预测。

第三节　设计竞争策略

案例导入

马云、马化腾谈微信和来往的竞争

“任何一个领域都必须至少要有两个竞争者。”阿里巴巴董事局主席马云在复旦大学参加互联网金融论坛暨众安保险启动仪式上表示，“如果移动通信领域只有一家，就会落后。也许我们成不了大器，至少也要让微信不断创新，让用户可以慢慢地交费，让用户有更好的体验，也是蛮好玩儿的事情。”

马云说：“我们始终在问自己，为什么是我们？我们很幸运，但幸运不会永远眷顾我们。同样的，微信业务为什么一定要是腾讯做呢？淘宝出了之后，腾讯也做过拍拍，他们也在挑战。”他说，只有互相挑战，社会才会进步。

“其实马云讲得非常好，我也很认同。”腾讯董事会主席兼CEO马化腾回应道，“在互联网行业十几年，竞争无处不在，最怕的就是内部产生惰性。”马化腾指出，欢迎竞争，竞争能促进用户体验，也能促进整个行业的进步。“而且我相信，最终大家一定会找到各自不同的位置，当年QQ、旺旺竞争的结果也是各自找到了自己的位置。”

“我认为竞争也是一种差异化的竞争，我相信市场很大，不会出现大家所说的硝烟弥漫的竞争。每一块领域都有很多垂直细分的业务，大家要结合自己的优势去找准自己的位置。”马化腾说。

2013年7月20日，阿里巴巴宣布正式推出社交平台来往(laiwang.com)，来往iOS客户端正式上线。功能类似于微信，特色功能是“扎堆”，人们被自己朋友在讨论的有趣的话题吸引，然后加入讨论，参与的人数像滚雪球一样越滚越大，话题也被越来越多的朋友看到。

根据某产品的市场占有率，可以将其划分为领先者、挑战者、追随者和补缺者四种类型（见表4-2）。

表 4-2 行业市场竞争者地位类型

领先者	挑战者	追随者	补缺者
40%	30%	20%	10%

一、市场领先者竞争策略

市场领先者是某一品牌产品在某行业市场占有最大份额，并且经常在价格变动、新产品导入、分销的覆盖面及促销的力度上领先于其他企业。同时，领先者又是竞争对手的众矢之的，竞争者或向其挑战，或模仿，或避免与之竞争。领先者品牌要继续保持其第一名的位置，必须采取有效的行动。

1. 维护高质量形象

产品质量指产品满足人们需要的效用程度，即产品功能、耐用性等。产品质量是赢得消费者的根本，是争取订单的王牌，是企业的生命线。

案例穿插

海尔集团重视检验对商品质量的保证作用，不仅成立了国家级专业的质量检测中心，还实行特色质量检验。

例如为了检测冰箱排水口是否畅通，海尔给冰箱打吊瓶；为了解决冰箱因四周空间小而影响散热效果的问题，海尔人又发明了“盖棉被”试验法；为了避免遗漏在衣物中的硬币损坏洗衣机，海尔又多了一项“吃钢镚”检测法：向洗衣机内投入各种硬币，看洗衣机的排水泵在吃了钢镚儿的情况下能否正常运转；为了提高产品的耐用性，海尔笔记本电脑都要摇“屏”晃“脑”20000次，即将笔记本电脑按10次/分钟的频率摇晃显示屏，每进行1000次；为了检测冰箱的防锈能力，海尔将组装后的整机产品每隔6小时喷洒一次盐水，连续喷洒10天；为了确保冰箱保温层遇冷不开裂、遇热不变形，海尔设计了冰火检验法：将冰箱箱体置于特制的试验箱中，使其不断处于进行-30℃~60℃的冷热变化的环境，这样累计循环100次后毫发无损，才算过关。

在海尔集团，这样的特色试验还有很多，目的就是保证商品的高品质。正是凭借这些独特而又苛刻的检验标准和检验方法，海尔集团的产品才赢得了国内外消费者的信任。

2. 扩大市场需求总量

当一种产品的市场需求量扩大时，收益最大的往往是处于领先的企业，所以促进产品总需求量的不断增长，扩大整个市场容量，是领导企业维持竞争优势的积极措施。它一般通过寻找新用户、开辟商品新用途和刺激使用者增加使用量来扩展整个市场。

（1）寻找新用户：每类产品都有其潜在购买者，这些潜在购买者或者根本不知道有这类产品，或者因为价格不合理或缺少某些性能而未曾购买。作为市场领先者，应千方百计寻找新用户，如香水制造商可以说服不使用香水的女性使用香水，或者说服男性使用香水，或者把香水销到其他地区去。

案例穿插

强生公司生产的婴儿洗发水是这一市场的领先品牌。当出生率逐渐下降时，该公司对未来的销售业绩忧心忡忡。强生公司的营销人员注意到家庭成员中的其他成员偶尔也会使用婴儿洗发水，于是决定向成人展开广告活动。在很短的时间内，强生公司的洗发水产品继续巩固了其细分市场的领先者地位。

(2)开辟新用途：不少产品的用途不仅仅是一种，当新的用途被发现且又被顾客认同，这一市场会因此而扩大。

案例穿插

杜邦公司的尼龙最初是用作降落伞的合成纤维，当它变成一个成熟期的产品时，某些新用途又被发现了。先被用作妇女丝袜的纤维，然后作为男女衬衫的主要原料；再后，它又被用于制作汽车轮胎、沙发椅套和地毯。每一种新用途都使尼龙进入新的生命周期。

(3)增加使用频率：扩大市场需求总量的第三个策略是说服消费者更多地使用该产品，增加使用的频率。

3. 保护市场份额

市场领先者在拓展市场的同时，还必须不断地保护现有的市场占有率。领先者保护市场占有率一般有两种途径：进攻与防守。市场领先者保护阵地最好的途径是进攻，即不断创新。在新产品设计、顾客服务、分销效率及降低成本等方面领先同行，不断增加竞争优势。

案例穿插

曾经在美国的彩色胶卷市场中，柯达一直是市场领先者。可是当富士进入美国市场时，它以高质量并比柯达低10%的价格，成为1984年洛杉矶夏季奥运会指定胶卷，很快便取得了8%的市场份额，直接威胁了柯达的市场地位。于是，柯达彩卷开始反击了。针对富士的低价，柯达进行了一系列的产品改进。同时，柯达加大了广告和促销的力度，花了1000万美元获得1988年汉城(现称首尔)奥运会指定胶卷和1992年巴塞罗那奥运会指定胶卷。在巩固美国市场后，柯达又进入日本市场，它买下了日本的经销商并建立了自己的分销网络，投资了一个新技术中心，加大了促销和公共宣传活动。这不仅获得了巨大的利润，而且牵制了富士胶卷在美国市场的发展速度。

防守策略主要有以下六种：

(1)阵地防守，即在其领域周围构筑堡垒。

(2)侧翼防守，即特别注意其薄弱侧翼的防守，因为竞争者通常会攻击对手的弱点。

(3)先发防守，即在未受到对手攻击之前，就采取攻击行动，先发制人。

(4)反击防守，当市场领先者遭受攻击时采取反击行为。

(5)机动防守，不仅要保住目前的市场地位，而且要伸展到作为未来需要防守的新市场。

(6)收缩防守，放弃较弱的领域，集中一定资源于较强的领域。

4. 扩大市场份额

市场领先者可以通过进一步增加市场份额而提高其利润水平。在许多行业里，市场占有率的一个百分点就价值几千万美元，如咖啡市场份额的一个百分点价值4 800万美元，而软饮料则为1.2亿美元。由此可见，公司的利润与市场占有率成正比，相对市场占有率高的产业，一般而言有较高的投资回报率。但企业不能指望市场占有率的增加能自动改善企业的获利能力，高市场占有率带来高利润的条件是：单位成本随市场占有率的增加而降低，以及改善产品质量的成本要低于价格的提高所带来的差额利润。

案例穿插

柯达公司在进入日本市场5年后，其年销量额比进入的当年上升了6倍。这样的成绩来之不易，毕竟它是在与日本富士公司和柯尼卡公司的竞争下取得的。柯达公司在日本腾飞的奥秘主要在于：

(1)多方投资。柯达公司日本分公司始终关注与自己业务有关的本土企业，多方向这类企业投资，或合资、或收购，并充分利用自己的技术和财力优势，扩大自己的影响。例如，它买下了启农工业公司20%的股票，这家公司主要生产20mm小型照相机及影片摄影镜头等，但它的知名度不高。收购后，柯达公司随即允许该公司在产品上贴上自己的商标出售，这对双方都很有利；同时，柯达公司还从该公司取得了大量的生产技术。

(2)利用日本的销售渠道。柯达公司日本分公司的经理阿勃特·塞梅认为，美国公司仅靠自己，在人地两生的日本市场是很难打开销路的，必须借助日本公司的力量。于是，柯达公司在进入日本市场起初就把销售业务包给了一家大阪的大型商业公司，销售业务开展十分顺利；然后，它们又千方百计地与该公司合资经营，使得柯达公司的销售工作有了较好的保证。

(3)广泛地进行促销活动。当富士公司和柯尼卡公司正致力于海外扩张时，柯达公司却在日本进行促销活动。促销的措施之一是增加广告投放，柯达公司花了相当于它们两家公司广告费之和的两倍，在日本各地大做广告。仅在各大城市竖立巨型霓虹灯广告牌一项就花费了约100万美元，其中在札幌和北海道的两座霓虹灯广告牌是日本最高的。促销的另外一个措施是广告赞助，无论是对相扑比赛还是柔道、网球等比赛，柯达公司都慷慨解囊。值得一提的是，1988年汉城（现称首尔）奥运会时，柯达公司赞助了日本体育代表团，并以此赢得了日本人的广泛好感。从此，柯达品牌在日本几乎家喻户晓。

二、市场挑战者竞争策略

市场挑战者不仅仅攻击市场领先者，也攻击其他竞争者以获取更多的市场占有率。市场挑战者的策略有以下内容：

1. 正面进攻

正面进攻是集中全力向对手的优势发动进攻。这一策略打击的不是竞争者的弱点，而是其最强的地方，胜负则决定于双方的优势及实力大小和耐力。但如果市场挑战者的资源比竞争对手少，正面攻击无异于自杀。

2. 侧翼攻击

侧翼攻击就是集中优势力量攻击对手的弱点。一般来说，市场领先者往往是最强大的，但最强大的也难免有薄弱的环节，因此，它的弱点往往是敌方进攻的首要目标。侧翼进攻一般可以从几个战略角度进行，核心是“细分市场转移”，如地理细分，即进攻领先者忽略的区域。IBM公司的竞争者往往选择较小规模的城市建立分销机构，因为IBM公司对这些地方不太重视。

3. 包围进攻

包围进攻是同时针对几个方面的进攻，让竞争者必须同时保卫它的前方、边线和后方。当挑战者具有较优势的资源而且相信包围进攻策略能迅速和完全突破竞争者所占有的市场时，该策略就更有用了。

4. 迂回攻击

迂回攻击是一种避免直接和竞争者冲突的竞争策略。挑战者尽量避开对手，而瞄准竞争程度较小的市场。迂回攻击有三种方法：发展多样化的不相关产品，开拓新的区域市场以及开发新技术以取代现有产品。

5. 游击战

游击战适用于那些规模较小的挑战者，它们发动小型间歇性的攻击，去骚扰竞争者，并希望在市场上长久地立足。常见的方法是有选择的减价和密集的促销轰炸等。

三、市场追随者的竞争策略

大多数公司喜欢追随而不是向市场领先者挑战，这是因为市场领先者对挑战者的挑衅行为往往不会善罢甘休，在领先者的反击下，挑战者往往损失惨重。追随者一般不需要投入大量的人力、财力和物力，也可获得一定的利润。例如，索尼公司开发新产品，并在市场营销方面花费巨大的开支，赢得了市场领先者的地位。而某些公司则很少创新，它仿制索尼公司的产品，然后用低价销售，也可以获得相当的利润。追随者有以下三种策略可供选择：

1. 紧密追随策略

这种策略是在各个细分市场和市场营销组合方面，尽可能仿效领先者。这种跟随者有时好像是挑战者，但它不从根本上侵犯到领先者的地位，就不会发生直接冲突，有时甚至被看成是寄生者。

2. 距离追随策略

这种追随是在主要方面，比如在目标市场、产品创新、价格水平和分销渠道等方面追随领先者，但仍与领先者保持若干差异。这种追随者可通过兼并小企业而使自己发展壮大。

3. 选择追随策略

这种追随策略在某些方面紧跟领先者，而在另一些方面又自行其是。也就是说，它不是盲目追随，而是择优追随，在追随的同时还要发挥自己的独创性，但不直接竞争。

四、市场补缺者的竞争策略

市场补缺者，是专注服务于市场某些细小部分，而不与主要的企业竞争，只是通过专业化经营来占据有利的市场位置的企业。这些企业往往是行业中的小企业，它们不是追求整个市场或较大的细分市场，而是以细分市场里的空缺位置为目标。

一个理想的市场空缺位置具有下列特征：有足够的市场容量，利润有增长的潜力，对主要竞争者不具有吸引力，能有效地服务于市场，企业现有的信誉足以对抗竞争者。

市场补缺者有以下几种方案可供选择：

(1)最终用户专业化。专门致力于为某些最终用户服务,因为这些用户往往被大企业忽略。

(2)垂直层面专业化。专门致力于分销渠道中的某些层面。

(3)地理区域专业化。专为某特定区域顾客服务。

(4)产品或产品线专业化。只生产一大类产品或一条产品线,例如美国绿箭公司专门生产木糖醇口香糖这一种产品。

(5)质量价格专业化。专门提供某种质量和价格的产品。

本章小结

本章首先阐述了影响竞争能力的关键因素,然后根据企业在市场上的竞争地位,把企业分为市场领先者、市场挑战者、市场追随者和市场补缺者。处于不同位置的竞争者,采取的竞争策略各有侧重点。

综合训练

1. 名词解释

替代产品、市场领导者、市场挑战者、市场追随者、市场补缺者

2. 知识理解

(1)影响行业竞争的因素有哪些?

(2)哪些角色可以成为行业的竞争者?

3. 内容深化

(1)怎样理解市场领先者、市场挑战者、市场追随者和市场补缺者在市场竞争中的地位和各自的策略重点?

(2)怎样根据销售商的数量来判断市场竞争类型?

实践活动

以5~6人为一个小组,通过搜集资料或实际调查列出某一个行业的所有竞争者,分析其竞争角色与竞争策略,给出合理化建议。

案例分析

欧莱雅集团的竞争之路

一、企业背景

法国欧莱雅集团是财富杂志评选的世界500强企业之一,由发明世界上第一种合成染发剂的法国化学家欧仁·舒莱尔创立于1907年。历经近100多年的努力,欧莱雅从一个小型家庭企业跃居为世界化妆品行业的领头羊。欧莱雅集团的业务遍及150多个国家和地区,在全球拥有283家子公司,100多个代理商以及5万多名员工、42家工厂和500多个优质品牌,产品系列包括护肤防晒、护发染发、彩妆、香水、卫浴、药房专销化妆品和皮肤科疾病辅疗护肤品等。

1996年,欧莱雅正式进军中国市场;1997年2月,欧莱雅正式在上海设立中国总部。目前，欧莱雅集团在中国拥有几千名员工，业务范围遍布北京、上海、广州、成都等400多个城市。

二、市场竞争状况

目前欧莱雅集团在中国的主要竞争对手也是国际名牌化妆品，主要有雅芳、雅诗兰黛、倩碧、玉兰油、SKII、露华侬、圣罗兰、克里斯汀·迪奥、旁氏、凡士林、克莱伦丝、妮维雅、威娜、花牌、资生堂等。这些品牌在国内都具有极高的知名度、美誉度和超群的市场表现，如日本的资生堂具有140多年的悠久历史，又深谙中国人的美容习性及文化传统，在国内拥有一批忠实的消费者，对任何的化妆品公司而言，日本资生堂绝对是一个难以跨越的对手；虽然欧莱雅集团的美宝莲是世界领先的王牌彩妆品牌，但是同处美国的露华侬就是其可怕的竞争对手之一，露华侬旗下唇膏有157种色调，仅粉红色系就有41种之多；在护肤品方面，欧莱雅集团号称拥有60年的专业护肤经验，但同样面临着巨大的竞争，如P&G公司的玉兰油在国内的市场占有率就达到10.9%。因此，在国内欧莱雅集团旗下的各种品牌无一不是遭到各世界级品牌的攻击和挑战，竞争极为激烈。

除了世界品牌在国内的混战外，欧莱雅集团还面临着国内本土品牌的袭击和进攻。化妆品市场的巨大利润，吸引了国内一拨一拨的掘金者顽强地杀入，希望能够分得一杯羹。国产品牌实施薄利多销，控制中低档市场，使得国内市场呈现各踞一方的局面。虽然欧莱雅集团旗下的各种品牌已经几乎覆盖了全部的空间，但是国内的大宝、小护士、羽西、上海家化依然占有不少的护肤市场份额，此外，经过与外资品牌的多年较量，国产品牌在市场营销能力上已经与国外品牌不相上下甚至更胜一筹，形成了自己的品牌价值，他们虎视眈眈，伺机抢占地盘，令各大品牌防不胜防，头痛不已。

所以，目前国内的化妆品市场可以说是处于战国时代，群雄逐鹿，市场竞争异常的惨烈，不时有品牌从市场上消失或者被其他公司吞并。为此，各化妆品公司无不如履薄冰，小心翼翼。

三、欧莱雅集团的竞争策略

面对中国化妆品市场的激烈竞争，欧莱雅集团丝毫不敢大意。为了尽可能地争取最大的市场份额，欧莱雅集团一方面在产品设计方面苦下工夫，保持了欧莱雅集团产品高质、独特、领先、丰富的文化内涵。高质是世界名牌化妆品的心脏，独特是世界名牌化妆品的大脑，领先是世界名牌化妆品的性格，丰富是世界名牌化妆品的气质。

欧莱雅集团为了抢夺中国化妆品市场，主要采取了以下营销竞争策略。

(1)市场定位策略：由于欧莱雅集团属于世界高端化妆品集团，所以它引入中国后的品牌定位为中高档，主要分为大众品牌和高档品牌。

(2)细分市场策略：首先，从产品的使用对象进行细分，有普通消费者使用的化妆品和专业人士使用的化妆品。专业人士使用的化妆品主要是指美容美发等专业经营场所使用的产品。第二，按照化妆品的品种进行细分，有彩妆、护肤、染发护发等。第三，按照地区细分。由于地区气候、习俗、文化等方面的差异，人们对化妆品的偏好具有明显的差异。所以欧莱雅集团敏锐地意识到了这一点，按照地区特点推出不同的主打产品。

(3)品牌策略：为了充分满足欧莱雅集团在中国市场的竞争布局，欧莱雅集团引进了十个主要品牌，分布于不同的市场，使得集团的竞争策略能够顺利地实施。所以，精确的品牌布局是欧莱雅集团最为关键的策略。对品牌的延展性、内涵性、兼容性作出了精确的定位和培养，是欧莱雅集团品牌在中国取得成功的又一秘诀。

(4)广告与公共沟通策略：欧莱雅针对每一品牌的不同定位和内涵，有区别地进行专项宣传，聘请一线明星做代言人，以达到最佳的效果。在这个基础上，欧莱雅和国际组织共同设立“欧莱雅-联合国教科文组织世界杰出女科学家成就奖”和“联合国教科文组织-欧莱雅世界青年女科学家奖学金”。这些奖项每年评选一次，极大地提高了公司的社会地位和公信力。通过积极使用公共沟通策略，欧莱雅集团成功地让其各种产品每天24小时尽可能地出现在人们的视野中，无形中让消费者不断地认识或加深了对欧莱雅集团各个品牌的印象和好感。

从以上欧莱雅集团的竞争策略中，我们看到作为一家国际大型综合化妆品公司，欧莱雅集团非常熟悉市场的禀性，从品牌设计、品牌引进和管理、市场定位和细分、市场分额的抢占和防御、直接营销手段和间接公共沟通策略、体验营销和渠道管理到人才管理、产品研发等，无不展现出了欧莱雅集团应对各种市场营销竞争的得心应手。

思考题

1. 欧莱雅集团是如何将品牌策略和促销策略与市场定位相结合的？
2. 通过这个案例请你分析欧莱雅集团采取的是哪种竞争策略？
3. 结合案例谈一谈企业该如何进行差异化竞争。

第五章　消费者需求及购买行为分析

学习目标

(1)掌握消费者具体购买的心理动机。
(2)了解影响消费者购买行为的主要因素。
(3)认识消费者购买行为的不同类型。

案例提示

豆浆的变身术

一碗豆浆、两根炸油条,这是许多中国人长期以来习惯的早餐食谱。从历史来看,豆浆在中国已有两千多年的历史。与可乐和牛奶相比,它浑身上下冒着“土气”,喝它的人也多是中国的平民百姓。

但是现在,豆浆也打进了美国、加拿大、澳大利亚等国家的超市,常与可乐、七喜以及各种牛奶等国际品牌并列排放,显得有形有派。当然,它改了名,叫维他奶。豆浆改名为维他奶,是香港一家有60多年历史的豆制品公司的创意。为了将街坊饮品变成一种国际饮品,顺应不断变化的社会价值观和现代人的生活观念,该公司特意为其选择了“维他奶”这个名字。“维他”来自拉丁文的“Vita”和英文的“Vitamin”,其意为生命、营养和活力等;而舍“浆”取“奶”,则来自英语Soybean milk(豆奶)的概念。

从豆浆更名为维他奶,并跻身成为国际饮品的案例揭示了这样一个道理:同一种产品,即使其物质产品的内容、性能毫无改变,在不同的时代或社会,也能以不同的产品形象出现,从而找到更好的市场定位。这是因为,在不同的时代或社会,人们的价值观和生活观念是变化的,因而消费需求也在不断变化。企业应该以消费者的消费需求为重点,了解和掌握消费需求的变化,顺应消费者的消费愿望,从而获得消费者的认可,为产品赢得市场地位。

内容导入

1. 请想想,消费者的需求会对企业生产与营销有什么影响?
2. 请说说,消费者的购买行为可能出于哪些购买动机?

第一节 消费者市场需求

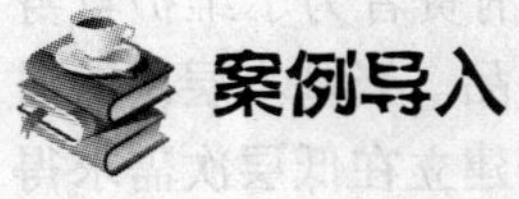

案例导入

老太太与小贩

老太太离开家门，拎着篮子去楼下的菜市场买水果。

她来到第一个小贩的水果摊前，问道："这李子怎么样？""我的李子又大又甜，特别好吃。"小贩答。

老太太摇了摇头，向另外一个小贩走去，问到："你的李子好吃吗？""我这里有好多种李子，有大的，有小的，有国产的，还有进口的。您要什么样的李子？""我要买酸一点儿的。""我这篮李子又酸又大，咬一口就流口水，您要多少？""来一斤吧。"

老太太买完水果，继续在市场里面逛。这时她又看到一个小贩的摊上也有李子，又大又圆，非常抢眼，便问水果摊后的小贩："你的李子多少钱一斤？""老太太，您好。您问哪种李子？""我要酸一点儿的。""其他人买李子都要又大又甜的，您为什么要酸的李子呢？""我儿媳妇怀孕了，想吃酸的。""老太太，您对儿媳妇真体贴，她想吃酸的，证明她一定能给你生个大胖孙子。您要多少？""我再来一斤吧。"老太太被小贩说得很高兴，便又买了一斤李子。小贩一边称李子，一边问老太太："您知道孕妇最需要什么营养吗？""不知道。""孕妇特别需要补充维生素。您知道什么水果含维生素最丰富吗？""不清楚。""猕猴桃有多种维生素，特别适合孕妇。您要给您儿媳妇天天吃猕猴桃，她一高兴，说不定能一下生出一对双胞胎。""是吗？好，那我就再来一斤猕猴桃。""您人真好，谁摊上您这样的婆婆，一定有福气。"小贩开始给老太太称猕猴桃，嘴里也不闲着。"我每天都在这摆摊，水果都是当天从批发市场找新鲜的批发来的，您媳妇要是吃好了，您再来。""行。"老太太被小贩夸得高兴，提了水果，一边付账一边应承着。

三个小贩都向老太太兜售自己的李子，他们都围绕老太太的需求进行销售，但销售结果完全不同，为什么呢？因为他们对老太太的需求的了解程度不同，第一个小贩没有卖出去，原因是他围绕着自己的产品销售，而没有围绕客户的需求进行销售，结果没有卖出去。第二个小贩挖掘出一些客户需求，卖出了李子。第三个小贩知道老太太买李子的动机是为了怀孕的儿媳妇，不仅卖出了李子，还卖出了猕猴桃。

老太太去买李子是为了给儿媳妇吃，俗话说："酸儿辣女"，就是希望儿媳妇能平安地生出一个健康的孙子来。所以老太太采购的动机一方面是为了给儿媳妇补充营养，另一方面也借机与儿媳妇处好关系，购买李子只是达到自己目的的手段。如果老太太能够找到更好的方法实现这个目的，她当然会考虑。第三个小贩挖掘到老太太的需求后，提出了新的提议，猕猴桃含更多的维生素，也许能让儿媳妇生出双胞胎，这就更加吸引住了老太太，因此小贩就卖出了更多的产品。

一、消费者市场需求及其特征

消费者市场需求是消费者在一定的社会经济条件下，为了自身的生存与发展而对商品或服务的需求和欲望。消费者市场的购买者是广大的个人及家庭，他们分布广而且分散，需求的

差异性较大,需求的产品数量多,品种、规格复杂,由此决定了消费者市场需求具有以下鲜明的特征:

1. 层次性

消费者市场需求具有明显的层次性,是由低级向高级逐步发展的。消费者为了维护自身及其家庭的生存发展,首先会产生最基本的需求,如购买和使用生活必需品。当基本层次的需求得到满足后,就会产生更高层次的需求。所以,消费者高层次的需求是建立在低层次需求得到满足的基础上的。

2. 无限性

消费者要生存和发展,就需要用于吃、穿、住、用等的消费资料。随着社会生产的发展和人们生活水平的提高,其需求和欲望也在不断增长和提高。正是这种需求的无限性,不断地为社会生产和科学技术的发展提供新的目标和动力,而社会生产和科学技术的发展又不断地为满足人们的需求和欲望提供物质条件。

3. 多样性

消费者对衣食住行方面的需求要得到满足,除此之外,对知识、尊重、社交等方面的需求也需要得到满足。正是因为消费者的需求的多样性,才产生了社会的各行各业,并为这些行业的生存和发展提供了广阔的市场机会。

4. 差异性

消费者之间的需求存在着差异性;一是因为不同的消费者有不同的需求,如由于年龄、性别、职业、受教育程度和爱好等的不同,其需求不尽相同;二是因为同一个消费者在不同地点、时间、心情和收入条件下,其需求也不同。

5. 弹性

消费者受内因和外因的影响,其消费需求会经常变化,因此说消费需求有一定的弹性。内因主要是指消费者本身的需求和欲望的迫切程度和货币的支付能力等因素;而外因是指商品市场供应、广告宣传、销售服务和相关群体等因素。内因和外因都会促进或抑制消费者的消费需求。不同的商品由于对消费者的生活影响程度不同,其需求弹性的大小也不一样。一般来说,消费者对生活必需品的消费需求受内外因的影响较小,因而其弹性较小;而对于非生活必需品,如高档商品,消费者的消费需求受内外因的影响较大,因而其弹性也就越大。

6. 可诱导性

消费者需求可以在外界因素的影响下发生改变,即在外界因素的影响下,改变消费者对商品的态度、需求和购买行为。由于消费者需求具有可诱导性,因而企业的宣传及促销活动才能够起到刺激消费者、引导消费者的作用。

二、消费者市场的特点

消费者市场又称生活资料市场,是指个人或家庭为满足生活需求而购买或租用商品的市场。消费者市场是市场体系的基础,是起决定作用的市场。消费者市场是现代市场营销理论的主要研究对象。成功的市场营销者是那些能够有效地开发对消费者有价值的产品,并运用富有吸引力和说服力的方法将产品有效地呈现给消费者的企业和个人。因而,研究影响消费者购买行为的主要因素和消费者的购买决策过程,对于开展有效的市场营销活动至关重要。

与生产者市场相比,消费者市场具有以下特点:

(1)从交易的商品看,由于它是供人们消费的最终产品,而购买者往往是个人或家庭,因而它更多地受到消费者个人因素(诸如文化修养、欣赏习惯、收入水平等)的影响。商品的款式多样、品种复杂,商品的生命周期较短,商品的替代品较多,因而商品的价格需求弹性也较大,即价格变动对商品需求量的影响较大。

(2)从交易的规模和方式看,消费者市场的购买者众多,市场较为分散,成交次数频繁,但每次交易数量较小。因此绝大部分商品都是通过中间商来销售产品,以方便消费者购买。

(3)从购买行为看,消费者的购买行为在很大程度上具有可诱导性。一是因为消费者在决定实施购买行为时往往具有自发性和感情冲动性;二是因为消费品市场的购买者大多缺乏专业的商品知识和市场知识,其购买行为属非专业性购买,他们对产品的选择往往受广告、宣传的影响较大。由于消费者购买行为的可诱导性,所以企业应注意加大商品的宣传和广告力度,以引导消费。这样的作用在于一方面当好消费者的参谋,另一方面也能有效地引导消费者的购买行为。

(4)从市场动态看,由于受消费需求复杂、供求关系频繁,加之随着城乡间往来、地区间往来的日益频繁,以及旅游事业的发展、国际交往的增多和人口的流动性增大等因素的影响,购买力的流动性也随之加强。因此,企业要密切注意市场动态,提供适销对路的产品,同时要注意增设购物网点和在交通枢纽地区创设规模较大的配送中心,以适应流动购买力的需求的变化。

三、消费者市场的购买对象

消费者进入市场,其购买对象是多种多样的。如果以一定的标准对消费者的购买对象进行分类,则可以分为以下不同的类型。

1. 按照消费者的购买习惯分类

以消费者的购买习惯为分类标准,消费者的购买对象一般分为三类:便利品、选购品和特殊品。

(1)便利品:又称日用品,是指消费者日常生活必需且需要重复购买的商品,如粮食、饮料、肥皂和洗衣粉等。消费者在购买这类商品时,一般不愿花较多的时间去比较不同产品的价格和质量,愿意接受其他任何替代品。因此,便利品的生产者,应注意分销的广泛性和经销网点的合理分布,以便消费者能及时地就近购买。

(2)选购品:是指价格比便利品要贵,消费者购买时愿花较多时间对众多品牌和规格进行比较之后才决定购买的商品,如服装等。消费者在购买前,对这类商品的了解不多,因而在决定购买前总是要对同一类型的产品从价格、款式、质量等各方面进行比较。选购品的生产者应将销售网点设在人流较多的商业区,并将同类产品的销售点相对集中,以方便消费者进行比较和选择。

(3)特殊品:是指消费者对其有特殊偏好并愿意花较多时间去了解的商品,如大家电和化妆品等。消费者在购买前对这些商品已经有了一定的认识,偏爱特定的品牌,不愿接受替代品。为此,企业应注意争创名牌产品,以赢得消费者的青睐;还要加强广告宣传,以扩大本企业产品的知名度;此外,更要切实做好售后服务工作。

2. 按照商品的耐用程度和使用频率分类

以商品的耐用程度和使用频率为分类标准,消费者的购买对象可分为耐用品和非耐用品。

(1)耐用品:是指能多次使用且寿命较长的商品,如电视机、电冰箱、音响和计算机等。消费者购买这类商品时,决策较为慎重。生产这类商品的企业,要注重技术创新,提高产品质量;同时要做好售后服务,满足消费者的售后服务需求。

(2)非耐用品:是指使用次数较少且消费者需经常购买的商品,如食品、文化娱乐用品等。生产这类产品的企业,除应保证产品质量外,还要特别注意销售网点的设置,以方便消费者的购买。

第二节 消费者购买动机

案例导入

宝洁公司产品的多样化

宝洁公司(P&G)是全球500强企业之一,在中国日化市场占据了半壁江山。该公司的消费者购买行为分析和全面营销策略令人赞叹。宝洁公司的多品牌战略始终从功能和广告等方面入手,形成每个品牌鲜明的个性。

从功能方面而言,以洗衣粉产品为例:有些消费者认为洗涤和漂洗能力最重要;有些消费者认为使织物柔软的能力最重要;也有消费者希望洗衣粉具有气味芬芳、碱性温和的特性。于是宝洁就将洗衣粉市场划分为九个细分市场,设计了九种不同的品牌以满足不同层次、不同偏好的消费者的各类需求,从而培养消费者对本企业某个品牌的偏好,提高其品牌忠诚度。

从广告方面而言:香皂产品主要强调其较好的抑菌效果;而洗衣粉产品则对精明的家庭主妇使出了价平质优的杀手锏。洗发产品的广告更是各具特色:"海飞丝"的广告策略是全明星阵容,为的是吸引追星族;"沙宣"选用的是很酷的金发美女,强调有型、个性,吸引的是追求时尚的另类青少年;"飘柔"是顺滑;"海飞丝"是去屑;"潘婷"是营养;"伊卡露"是染发护理。利用不同诉求的品牌来构筑一条完整的美发护发染发的产品线。

一、消费者购买动机概念

动机是指引起和维持个体活动的动因,是人们因为某种需要而产生的具有明确目标指向和即时实现愿望的欲念。消费者购买动机是消费者发生购买行为的原动力,反映了消费者生理上和心理上的需要。

二、消费者购买动机的种类

一个人的动机是很多的,从商业的角度看,可以分为生理动机和心理动机两大类:

1. 生理动机

生理动机是指由于生理本能的需要而产生的购买动机。由于这些动机多是建立在生理需要的基础上,因而具有明显、稳定、简单、重复和个体差异小等特点,因此,生理动机是基本的、低层次的购买动机。

2. 心理动机

心理动机是指消费者由于心理需要而产生的购买动机,是人们通过复杂的心理过程而形成的动机。较之生理动机，心理动机更为复杂多变，因而难以掌握。心理动机可分成三类：

(1)感情动机：是指顾客希望商品能符合自己感情和精神上的需要，是出于感情和精神需要上的购买动机，如友谊、愉快、好胜、好奇、爱美和地位感等。

知识链接

如果对感情动机加以细分，还可以分为情绪动机和情感动机。

① 情绪动机：由购买者的喜、怒、哀、乐、欲、爱、恶、恨等情绪引起的购买动机，其特点是具有冲动性和不稳定性。例如，家长们为了宠爱子女而毫无节制地购买玩具、为庆祝自己的晋升而购买纪念品等。这种购买动机，一般具有冲动性、随机性和不稳定性的特点。它可以促使消费者购买行为积极，也可以促使其消极。

② 情感动机：是在道德感、集体感、理想和美感等人类高级情感引导下产生的购买动机，它反映着人们的社会关系和社会生活状态，对购买行为产生直接重要的影响，如亲朋好友为了友谊而购买礼品、女士为了增加美丽而购买各种化妆品等。

(2)理智动机：是指消费者从自己的经济状况出发，在对企业和商品已进行客观认识的基础上，经过分析、比较和深思熟虑后而形成的购买动机。持有理智购买动机的顾客，在购买决策上多持慎重态度，往往不受环境气氛的影响；注重商品的质量，讲求实效，对商品的选择保持高度的理智。此类顾客在购买中表现为以下特点：求实、求廉和求保障。特别是在购买高档耐用消费品的问题上更是表现如此。

(3)偏爱动机：这是消费者基于自己的经验和习惯而产生的购买动机，由于他们长期使用某种商品、某种品牌或习惯到某些商店购物，因而对特定的商品、品牌和商店产生特殊的信任和偏好，从而引起重复购买的动机。它具有明确的经常性和习惯性等特点。因此，对企业而言，进行市场营销活动的一个重要方面就是要树立以消费者为中心的营销观念和信誉第一的意识，千方百计为消费者提供优质、名牌的商品及良好的服务；要在广大消费者心中树立起良好的企业形象，激发消费者的重复购买行为，以扩大商品的销售。

从购买动机到购买行为的发生，往往是多种因素综合作用的结果，仅仅出于一个动机而进行购买活动的情况是少见的。例如，人们到商店选购服装，多数是用几个标准进行衡量：既要质地优良，又要款式新颖，还要价格便宜。求美、求好、求廉和求实等几种动机集合在一起，影响着消费者的购买决策，从而对企业的销售市场产生影响。因此，企业应从多方面来研究消费者的购买动机，制订适宜的营销策略，以唤起消费者的需求欲望，促使其采取购买行动。

三、马斯洛的需求层次理论

心理学家们一直在致力于分析人类行为的动机理论，其中最著名的莫过于美国的亚伯拉罕·马斯洛(A. H. Maslow)的需求层次理论，这个理论对消费者的购买行为分析有一定的参考价值，说明了需求的层次性。根据马斯洛需求层次理论可以把需求分为以下五个层次，如图5-1所示。

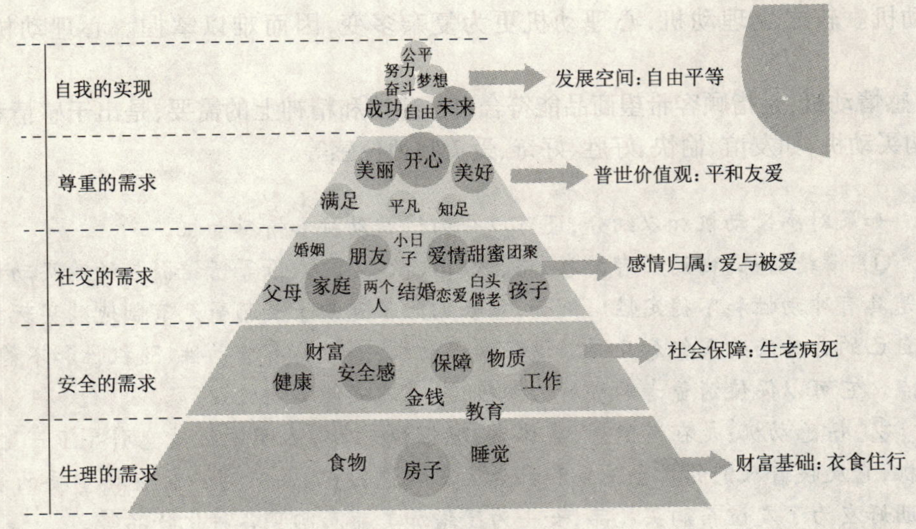

图 5-1　马斯洛需求层次

(1)生理的需求：即最基本的需求，包括寻求食物充饥和获得衣物御寒等最基本的需求。在这类需求没有得到满足时，人不会祈求更高的需求。比如，在某些饥饿地区的人们，很少有人会对金银珠宝、人寿保险、艺术表演感兴趣，因为对他们而言，只有吃饱肚子而不至于饿死才是最重要的。

(2)安全的需求：当温饱问题解决了以后，安全会成为人们所关心的首要问题，人们不再会不顾一切地去寻求基本生活资料，此时重要的需求是为了保障人身安全和生活稳定。最通常的表现为追求健康、保险、生活安定的需求。

(3)社交的需求：即爱和归属感的需求。这是指生活已经有了充分保障的人，会把社交作为重要的追求目标，以满足其社会归属感。此外，社会需求还包括希望被相关群体所接纳、给予和接受爱与友谊等方面的需求。

(4)尊重的需求：包括威望、成就、尊严等方面的需求。对尊重有需求的人会十分重视他人对自己的尊重，重视自己在社会上的身份和地位等。

(5)自我实现的需求：追求自我价值的实现是最高层次的需求。人们会在各种需求得到基本满足的前提下，努力按自己的意愿去做一些能体现自我价值的事情，并从中寻求一种满足感。

马斯洛需求层次理论是企业分析市场和研究市场的重要的理论依据，当分析顾客购买某种商品的动机时就应当弄清楚，他是为了满足自己的某种需要，还是为了满足其他的某种需要。对于不同的需要，营销的策略和方法也是不同的。

第三节　消费者购买行为

案例导入

消费心理是消费者在满足消费需要活动中的思想意识，它支配着消费者的购买行为。人进入老年后，由于生理的变化，必然引起心理上的变化。研究老年人的心理特征，有助于了解老年消费者的消费心理,为企业的营销决策提供依据。

某服装企业在为老年人提供服装时采用了以下八个营销措施:

(1)在广告宣传策略上,着重宣传产品的大方实用、易洗易脱、轻便、舒适。

(2)在媒体的选择上,主要是电视和报纸杂志。

(3)在信息沟通的方式和方法上主要是介绍、提示、理性说服,而尽量避免炫耀、夸张的广告,不邀请名人明星。

(4)在促销手段上,主要是价格折扣、展销会。

(5)在销售现场,厂商派出促销人员,为老年消费者提供热情周到的服务,为他们详细介绍商品的特点和用途,若有需要,可送货上门。

(6)在销售渠道的选择上,厂商主要选择大商场,靠近居民区,并设立了老年专柜或老年店中店。

(7)在产品的款式、价格、面料的选择上分别采用了以庄重、淡雅、民族性为主,以中低档价格为主,以轻薄、柔软为主,适当地配以福、寿等喜庆寓意的图案。

(8)在老年顾客的接待上,厂家再三要求销售人员在接待过程中要从容自然,以介绍质量可靠、方便健康、经济实用为主,在介绍品牌、包装时注意顾客的神色、身体语言,适可而止,不强行推销。

经过这八个方面的努力,该企业生产的老年服装很快被老年消费者所接受,销售量急剧上升,企业得到了很好的经济效益。

一、消费者行为模式

随着市场规模的日益扩大,营销决策者已经不可能随时随地与最终消费者直接接触。因此,企业需要进行市场调查研究,以了解市场和消费者的购买行为。

要实现企业的市场预期,就必须研究影响消费者购买行为的因素,才能有的放矢地开展市场活动。影响消费者购买行为的因素可以归纳为5W1H:购买者是谁,Who;购买什么,What;为什么购买,Why;什么时候购买,When;何地购买,Where;怎样购买,How。

如果对上述问题有了正确的分析,那么关于市场需求的分析也就有了坚实的基础。与此同时,企业也可以通过营销活动去主动地影响消费者的购买行为。一般而言,企业市场营销刺激与消费者反应之间关系的模式如图5-2所示。

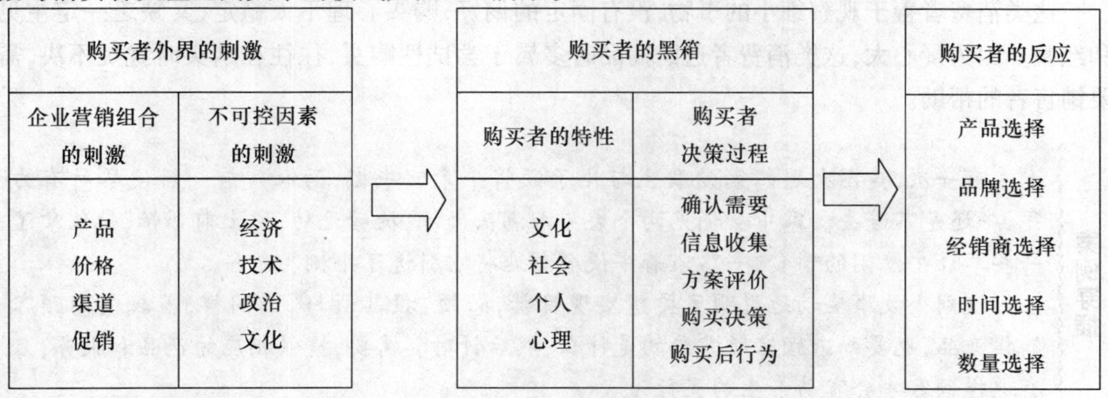

图5-2　消费者购买模式

知识链接

外界对购买者的刺激有两类：一类是企业营销组合刺激，包括4P：产品、价格、渠道和促销；另一类是企业不可控因素的刺激，包括经济、技术、政治和文化。这些外界刺激因素进入“购买者的黑箱”（即消费者心理过程），产生了一系列看得见的购买者反应，如产品选择、品牌选择、经销商选择、购买时间和购买数量选择等。

二、消费者购买行为的类型

消费者的购买行为可以按消费者的性格特点分为以下六种类型：

1. 习惯型

这类消费者因以往的购买经验和习惯而对某些企业、商店以及产品品牌产生偏好，并形成某种定势而产生习惯性的购买行为。这种购买行为最为简单，当需求产生时，消费者的目的性很强，不受其他因素的影响。

2. 理智型

这类消费者购买商品前已经过周密的分析与思考，因此购买时情绪冷静慎重，善于控制自己的行为，不受商品包装、广告和宣传的影响，自始至终由理智支配行动，感情色彩较少。

3. 价格型

这类消费者对商品价格的敏感度高，常以价格高低作为选购标准。此类型又分两种情况：一类是廉价型，以选择低价格商品为主要特征；另一类是高价型，以选择质优高价格商品为主要特征。

4. 冲动型

这类消费者情绪波动较大，对外界刺激敏感，易受现场情景的刺激而购买。选择商品时往往考虑不周到，喜欢从个人兴趣出发，不大注重商品的效用、性能，很容易受广告和其他促销方式的影响，买后常常感到后悔。

5. 感情型

这类消费者具有丰富的想象力，购买行为大多属于情感的反应，很注重商品的造型和色彩，以是否符合自己的想象与感情需要而产生购买行为。

6. 疑虑型

这类消费者善于观察细小的事物，没有固定的偏好，购买心理不太稳定，又缺乏一定主见和经验。因为疑心大，这类消费者选购商品时多属于尝试性购买，往往在购买时犹疑不决，需要销售者的帮助。

案例穿插

有一次，美国大思想家爱默生与儿子欲将牛牵回牛棚，两人一前一后使尽所有力气，牛还是不进去。家中女佣见两个大男人满头大汗，徒劳无功，便上前帮忙，她仅拿了一些草让牛悠闲的嚼食，一路喂着牛便顺利地将它引进了牛棚。

这则小故事生动地说明了要想实现目标，必须“投其所好”。同样，当我们向顾客销售产品，也要知道顾客所需要的是什么，然后针对其需要，提供相应的产品和服务，只有这样顾客才会容易产生购买行为。

三、影响购买行为的主要因素

消费者购买行为在众多内外因素的影响下会发生很大的变化，这些影响消费者购买行为的主要因素包括文化、社会和消费者个人因素等。

1. 文化因素

（1）文化与亚文化：广义的文化是指人类在社会实践的历史过程中创造的社会物质财富和社会精神财富的总和。狭义的文化是指社会的意识形态以及与之相适应的制度和结构，包括语言、文学、艺术、教育、科学以及共同遵循的信仰、态度、习惯、准则和规范等各方面。文化作为一种社会氛围和意识形态，无时无刻在影响着人们的思想和行为。而亚文化是指存在于每一种社会和文化内部的次文化。它也表现为较小社会群体所具有的特色文化，即表现具有自己的语言、信念、态度和生活方式。例如，中国是一个统一的多民族国家，除了占人口90%以上的汉族以外，还有50多个兄弟民族。由于自然环境和社会环境的差异，不同的民族形成不同的亚文化群，从而在饮食、服饰、建筑、宗教信仰等方面都会表示出明显的不同。

（2）社会阶层：由于人们因经济条件、教育程度、职业类型以及社交范围等方面的差异而形成的不同的社会群体，并因其社会地位的不同而形成明显的等级差别，每一阶层的成员都有类似的行为、兴趣和价值观。社会阶层对人们行为产生影响的心理基础在于人们的等级观和身份观，等级观和身份观又会转化为更具有行为指导意义的价值观、消费观和审美观，最后直接影响人们的消费特征与购买行为。例如，高级饭店接待的是高阶层消费者，而露天集市的大排档的接待对象则是中、低层消费者。

2. 社会因素

社会因素包括消费者的群体因素、家庭因素。企业在进行营销策划时应考虑这些对消费者有着深刻影响的因素。

（1）相关群体：通常把对人们的行为经常发生影响的社会群体称作相关群体。相关群体一般可以分为三种类型：

1）家庭成员、同事和邻居等。他们与购买者关系密切，在很大程度上影响购买者的购买行为。

2）各种行业协会、专业性协会和社团组织等。他们也在一定程度上影响购买者购买行为。

3）崇拜性群体。即消费者推崇的人，如社会名流、影视明星、体育明星等。他们虽然和消费者没有直接关系，可是他们的爱好、衣着和行为举止等，常会成为消费者在不同程度上效仿的对象。

（2）家庭：家庭作为一个主要的相关群体，对消费者购买行为的影响是至关重要的。家庭对购买行为的影响主要取决于家庭的规模、家庭生命周期、家庭的购买决策等方面。

不同的家庭成员对购买商品的实际影响力是有差异的，因此，企业需要研究家庭成员不同的特点，了解家庭各成员对购买决策影响力的差异。

1）"家庭权威中心点"的差异。社会学家们把现实社会中的家庭分成四种不同的类型：一是"各自作主型"，即每个家庭成员都有权相对独立地作出有关自己的购买决策；二是"丈夫支配型"，即家庭购买的最终决策权掌握在丈夫手中；三是"妻子支配型"，即家庭最终决策权掌握在妻子手中；四是“调和型”，大部分购买决策由家庭各成员共同协商作出。

2)家庭成员的文化与社会阶层的差异。一个家庭社会地位或主要成员的职业不同，家庭成员的分工不同，形成的自我观念就不同，这也会影响不同家庭成员在购买决策中的作用。据国外的调查结果表明，文化水平比较低的“蓝领”工人家庭，一般日常生活用品的购买决策权由家庭主妇掌握，购买耐用消费品的决策往往以丈夫为主；而在社会地位比较高的科学家和教授家庭里，贵重商品的购买决策往往由家庭主妇作出，而日常生活用品的购买，普通家庭成员就能够决定。根据我国城市家庭与农村家庭的调查，也能得出大致相同的结果。

(3)家庭生命周期的差异。这是指一个家庭从产生到消亡的整个过程，在家庭生命周期的不同阶段，家庭对商品的兴趣和需求会有明显的差别。根据家庭成员的数量和年龄结构的变化状况，市场营销学者将家庭生命周期大体分为八个阶段，见表5-1。

表5-1　家庭生命周期特点表

阶　段	阶段名称	各生命周期阶段的特点
阶段一	未婚阶段	年轻、单身，几乎没有经济负担，收入主要花费在食品、书籍、时装、社交和娱乐等消费上
阶段二	准备建立家庭阶段	处于这一阶段的消费者为了构筑新的小家庭，需要购置房屋、汽车、成套家具、耐用消费品、高级时装、各种结婚用品以及装修新房等，因此这个阶段成为家庭生命周期中一个消费相对集中的阶段
阶段三	新婚夫妇阶段	年轻、没有子女，这一阶段家庭将继续添置一些应购未购的生活用品。如果经济条件允许，娱乐方面的花费可能增多
阶段四	“满巢”Ⅰ阶段	年轻夫妇，有6岁以下的幼儿。有孩子的家庭才是完整的家庭，故称“满巢”。孩子出生后，家庭消费有了新的重点，因此，此阶段家庭会在哺育婴儿的相关消费上有比较大的投入
阶段五	“满巢”Ⅱ阶段	年轻夫妇，有6岁以上的孩子。家庭的主要消费是孩子的教育费用，据调查，这是中国家庭消费排列第一的重要投入
阶段六	“满巢”Ⅲ阶段	中年夫妇，有18岁以上尚未独立生活的子女的家庭。此时子女已经长大成人，但仍同父母住在一起。此阶段家庭消费的主要特点是父母不再将全部消费放在子女身上，也开始注重本身的消费；子女随着年龄的增大，在消费方面的自主权开始增加；有些子女参加了工作，有一定的经济来源，消费的独立性会显得更为明显
阶段七	“空巢”阶段	年纪较大的夫妇，与子女已分居。由于经济负担减轻，保健、旅游将成为家庭消费的重点
阶段八	独居阶段	老年、单身人士。这个阶段最需要的消费是医疗保健、生活服务和老年社交活动

3. 消费者个人因素

(1)年龄与性别：此因素具有较大的共性特征，是消费者最为基本的个人因素。例如，少年儿童具有较强的好奇心，购买目标明确且购买迅速；青年人追求时尚，喜欢突出个性，对新产品、新样式感兴趣，肯付高价购买名牌，注重感情消费；中年顾客注重传统，购买商品实用性强；老年人一般比较稳健，不会轻易冲动，但相对也比较保守，往往习惯购买较成熟的产品。男女之间在购买内容和购买方式上的差异也特别明显。例如，女性重视商品的外观，具有较强的情感购买，注重商品的实用性和具体利益，购买时一般比男性挑剔细心，选择性强；而大多数男士则嫌麻烦，不挑不选，买了就走。了解不同年龄层次和不同性别消费者的购买特征，才能对不同的商品和顾客制订准确的营销方案。

(2)职业与教育：职业是社会阶层因素划分中普遍使用的一个变量，不同程度教育的人会产生不同的消费行为，由于职业和教育在一定程度上反映出一个人的知识层次、专业特长和收入水平，因此可以根据所从事职业大体确定人们的生活方式和消费倾向。

(3)心理因素：心理因素指消费者由于心理的原因而影响其购买决定及购买行为的因素。

1)消费者个性。个性是指对人们的行为方式稳定持久地发挥作用的个人素质特征。人的个性在不同场合下通过自己的行为表现出来，因此它是消费者行为研究的重要内容。消费者的个性可以从能力、气质和性格三方面进行分析。

① 能力是指人能够顺利地完成某种活动并直接影响活动效率所必须具备的个性心理特征。消费者在购买活动中需要具有相应的能力，如观察能力、记忆能力、想象能力、思维能力和注意能力等。也需要一些特殊能力，如组织能力、鉴赏能力和商品选购能力等。

② 气质是指人的典型、稳定的心理特征，是影响人的心理活动和行为的一个动力因素。心理学家巴普洛夫认为人的气质有多血质、胆汁质、粘液质和忧郁质等四种类型。

③ 性格是指一个人比较稳定的对现实的态度和习惯化的行为方式。性格与气质是互相渗透的、互相作用的。

2)感知。感知是人们的一种基本心理现象，是人们对外界刺激产生反应的首要过程。

①感觉是人对客观事物个别属性的反映。如苹果有漂亮的颜色、醉人的香气、香甜的滋味、圆润的外形等，这是作用于人的五官产生的感觉。高级的心理现象如思维、知觉、情感和意志等均是在感觉的基础上进行的。

②知觉是人对客观事物各个部分和属性的整体反映，是消费者在感觉的基础上对商品总体特性的反应。人们不会去注意没有感知的事物，更不可能去购买没有感知的商品。只有觉察和注意到某一商品存在，并与自身需要相联系，购买决策才有可能产生。

③感知是一种人的内外因素共同作用的过程，是对外来刺激有选择地反映和组织加工的过程。人们在感知事物时还会运用过去积累的知识和经验去解释和运用，人的知识和经验越丰富，对事物的感知就越深刻完整。

本章小结

本章通过介绍消费者具体的购买心理，使得大家通过了解消费者心理，继而对其动机有所了解。本章详细讲述了影响消费者购买行为的影响因素；它们分别是文化因素、社会因素和消费者个人因素。

综合训练

1. 名词解释

相关群体、消费者行为、感知、亚文化、购买者的黑箱

2. 知识理解

(1)如何理解购买者动机?

(2)5个"W"和1个"H"具体指什么?

(3)简述影响消费者行为的内在因素的主要内容。

3. 内容深化

(1)消费者购买行为的首要决定因素是什么?

(2)解释影响消费者行为的社会因素。

(3)消费者购买行为主要有哪几种类型?

实践活动

以5~6人为一个小组,通过市场调查,讨论消费者从消费传统饮料转向消费运动饮料(如佳得乐、脉动等)、夏季饮料(冰红茶、冰绿茶等)甚至依云矿泉水等饮料的现象。这一趋势反应什么问题?说出你们的理由。

案例分析

她们为什么不购买速溶咖啡?

当方便快捷的速溶咖啡进入美国市场时,美国的家庭主妇并不买账。厂商曾对美国家庭主妇进行过调查,询问其不购买速溶咖啡的原因。绝大多数家庭主妇回答是不喜欢速溶咖啡的口味。为了了解她们的口味偏好,厂商对部分家庭主妇进行了一次测试:请主妇们品尝没有标志的研磨咖啡与速溶咖啡,比较哪种咖啡的口味好。结果,许多家庭主妇根本分不出两种咖啡的区别。这说明她们拒绝购买的原因并不在口味上,而是在她们没有说出的隐性动机上(隐性动机是指消费者不愿意说出的购物动机。通常有两种情况,一是消费者自己知道,但是由于某种原因不愿意说出;另一种是消费者自己也没有意识到,当然也就更说不出来了。后一种情况往往是由于消费者潜意识造成的)。于是厂商又做了一个"购物单"法调查:假设两张家庭主妇购买了8种商品的购物单,前7种商品完全一样,只是购买的第8种商品不一样:一位家庭主妇购买了研磨咖啡,另一位则购买了速溶咖啡。再请被测试的家庭主妇描绘对两位购买者的形象。购买研磨咖啡的主妇被测试者描绘成是一位责任感强的贤妻良母;而购买速溶咖啡的则是缺乏家庭责任感、不会持家的懒婆娘。找到阻止家庭主妇购买速溶咖啡的埋藏在心灵深处的潜意识后,厂商重新设计了广告主题:购买速溶咖啡的家庭主妇是善于持家的贤妻良母,使用速溶咖啡提高了操持家务的效率,她们腾出更多的时间相夫教子。这一广告改变了速溶咖啡购买者的形象,速溶咖啡很快成为美国市场上的畅销品。

思考题

(1)美国消费者购买咖啡的行为揭示了什么市场特征?

(2)你认为是消费者引领市场还是经营者引领市场,为什么?

(3)消费者需求与消费者购买行为之间的连接点在哪里?

第六章 市场调查

学习目标

(1)理解市场调查的含义。

(2)了解市场调查常用的方法及其优缺点。

(3)掌握市场调查的主要内容。

(4)掌握市场调查的设计与实施。

案例提示

肯德基进入中国市场

1986年暑假,我们一行三人来到北京北海公园。这天,骄阳似火,几乎将北京城烤焦。在北海公园的树荫下,我们休息了片刻。不一会儿,一位文静、清秀的姑娘微笑着朝我们走来,"今天好热,女士们想喝点什么,吃点什么?""谢谢!"我们几乎同时回答。那位姑娘紧接着说:"我是北京商学院的学生,暑假被美国肯德基公司聘为临时职员,公司为了征求中国顾客对肯德基的意见,在公园里设置了免费品尝点,还准备了免费饮料。"她指着公园东南边的小餐厅,"各位能否帮助我的工作?谢谢。"我们随着姑娘走进餐厅,一位男士请我们入座,并在每个人面前摆放好纸巾,随之送上苏打饼干和白开水,片刻又送上油亮嫩黄的炸鸡块。品尝之后,一位女士开始发问:您觉得这块鸡肉做得老了还是嫩了?是否酥软?鸡块的水分多了还是少了?胡椒味是重了还是轻了?这块鸡卖5元是贵了还是贱了?……其询问的项目十分详细,令人赞叹。为了使气氛轻松愉快,她随便聊起北京的天气和名胜古迹。尔后,谈话很自然地提起:"您认为快餐点设在北京哪里最好?向您这样的经济状况的人每周愿意光顾几次?您是否愿意带全家人一起来?……"最后她询问了我们的个人相关资料。整个询问过程还不到20分钟,那位女士几乎收集到了我们能够给予的全部信息。临行前,引我们入座的那位男士又给我们每人赠送了一袋热腾腾的炸鸡:"带给您的家人品尝,谢谢您的帮助。"我们看到纸袋上的"肯德基KFC"字样分外醒目。

肯德基于1987年进入具有悠久饮食文化的古都北京,从而开始了它在这个拥有世界最多人口的国家的发展史。肯德基在了解市场方面进行了深入细致的市场调查,在这个基础上,以准确选址、优质的产品和服务以及先进的管理获得了成功。

内容导入

1. 请想想，市场调查能让我们掌握哪些方面的信息？
2. 请说说，如果去调查消费者是否喜爱一种产品，怎样的问法是最巧妙的？

第一节　市场调查概述

案例导入

鞋子的市场

在美国，有一家鞋子制造厂为了扩大市场，派了一名市场经理到非洲的一个孤岛上去调查市场。这名市场经理到达后，发现当地人都没有穿鞋子的习惯。回到旅馆，他马上拍发电报告诉老板："这里的居民从不穿鞋，所以没有市场"。当老板接到电报后，思索良久，便吩咐另一名市场经理再去调查。当这名市场经理见到当地人没穿任何鞋子的时候，激动万分，马上回到旅馆电告老板说："此岛居民无鞋穿，市场潜力巨大，快寄一万双鞋子过来"。公司采纳了后者的意见，取得了巨大的成功。

同样的境况，却有不同的观点与结论。它告诉我们，市场调查受很多的变数的影响，不同的视角往往会得出不同的结论。成功企业之所以能成功，有一点是不可缺少的，那就是进行准确全面的市场调查。只有有了准确全面的市场调查，企业才能就此推出符合市场需要的产品，并取得市场的成功。

一、市场调查的含义

市场调查是伴随着市场的产生而产生、随着市场的发展而发展的一种调查活动，是运用科学的方法，对与市场有关的一系列资料、情报、信息进行有目的的搜集、筛选、分类和分析，来了解市场变化的现状和趋势，从而实现进入市场、占有市场并取得预期效果的目标。市场调查的意义在于：①它是企业开展经营活动的前提，为企业经营决策提供依据；②有助于企业开拓市场，开发新产品；③有利于企业在竞争中占据有利的地位；④能促进企业经营管理的改善。

市场调查与市场预测是统一的，它们与经营决策和计划实施等环节有着十分密切的联系。市场调查和市场预测通常是基础性、前提性和先导性的经营管理活动。

二、市场调查的功能

市场调查具有十分重要的功能，它对企业经营管理的成败往往具有较大的影响。它的功能主要集中在以下几个方面：

(1)准确、及时、全面地了解市场上与本企业的经营管理有关的各种信息，是企业对市场环境、需求、风险和利润空间等重要问题进行分析决策的信息资源保证。

(2)与经营管理有关的知识和信息是分散的，需要经营管理者悉心加以了解、学习和把握。市场调查是学习知识、提高能力的重要途径。换言之，市场是隐含了诸多重要知识信息的学校,市场调查是必要的学习环节。

(3)市场调查对于企业经营管理过程中决策的成败具有重要影响。企业决策者尽管是理性人,对于一般的知识、技术等可能掌握得比较系统,但是对于现实的、具体的信息仍要进行持续的跟踪和关注,这是作出正确判断和决定的一个必要条件。

(4)市场调查能够影响企业的决策和行动,是必要的纠错、修正和调整机制。市场调查可以为企业避免或减少不必要的经济损失。

三、市场调查的任务

市场调查的任务是把市场上与企业经营有关的、特别是与产品销售有关的各种情况转化成明确的信息。既包括定性类的、概况类的、趋势类的信息,也包括定量类的信息。市场调查的具体任务包括以下几个方面:

(1)准确、全面地形成市场概况性的、趋势类的信息。通常包括:有关商品的供给、需求的总体情况、形势和趋势;消费者的偏好和消费意愿;有关商品在技术、功能、服务和价格上的共性问题等。当然,这种信息的形成与定量性的调查分析,往往是在同一个过程中完成的,因为一般性的结论往往需要具体的数据予以支持。

(2)分别对有关商品的现实和潜在的销售量、需求量、销售费用以及价格状况等一切能够量化处理的情况转化成量化的信息,并作初步的整理分析。

(3)对于商品的流通渠道、流通环节、各方参与者的利益以及困难和风险等问题,形成清晰的图示或文字信息。

四、市场调查的分类

1. 按照调查方法分类

(1)全面调查:对调查范围内的所有调查单位、调查项目进行全面的、无例外的调查,通常有定期统计报表制度和普查。全面调查所耗费的经济、时间成本较高,例如,我国的人口普查属于全面调查。

(2)重点调查:在调查范围内,选择部分调查对象或者调查项目作为重点对象、项目来进行的调查。例如,针对消费者的市场调查、针对某项产品或服务的专项调查。

(3)典型调查:在调查范围内,选择具有代表性、典型性的部分作为调查对象、项目而进行的调查。

(4)抽样调查:在调查范围内,随机地选择部分调查对象作为样本来进行的调查。抽样调查是消费者市场调查最普遍的方法,抽样调查最大的缺点是如果样本选择不合适,将会给调查结果带来较大的偏差。

2. 按照调查范围分类

(1)狭义市场调查:狭义市场调查是指对市场的消费情况,包括生产性消费和生活性消费的需求及销售情况的调查。主要内容是市场的销售量、需求量、占有率和消费者偏好等相关信息。既包括某一时点的信息,也包括一定期间的动态变化情况。

(2)广义市场调查:广义市场调查不仅包括上述消费和销售情况的调查,还包括产品情况(商品的使用价值和消费功能)的调查分析。产品调查有利于生产者更好地针对消费者的需要而改进产品的设计和生产,促进新产品的研发和推广。

五、市场调查的方法

市场调查的方法多种多样,其理论依据和方法论基础是实证性研究方法。市场调查必须根据市场调查的目的、调查项目的内容和调查对象特点,选取不同的调查方法。调查方法选择运用得是否合理,对调查结果影响甚大。如果调查方法运用适当,其结果的可信度(信度)和有效性(效度)就高;反之,则其信度和效度则低。

友情提示

文献检索调查:不受时间的限制,一般是以文字、图表等书面形式表现。但随着时间的推移和市场环境的变化,资料易产生不准确性。

任何调查方法都必须解决信息资料的真实性、代表性和广泛性等问题。实地调查获得的信息资料,通常称之为直接资料或第一手资料,但是其范围较窄、成本较高。通过文献检索所获得的信息资料,通常称之为间接资料或第二手资料。因此,实地调查和文献检索是调查方法的两大类,其调查的具体方法有以下5种:

1. 访问法

访问法又称询问法,是实地调查、获得第一手资料的方法。调查者通过面谈、电话或按事先拟好的调查问卷,通过访谈、询问等方式向被调查者了解并收集市场信息的一种调查方法。利用访问法不仅可以了解消费者的消费需求、消费心理和消费习惯等情况,而且还可以对产品的质量、价格、性能和技术服务等方面进行了解,并以此为基础,对市场进行分析。

访问法按接触方式的不同,又分为面谈调查、电话调查、信函调查和留置调查等,这几种方法的特点见表6-1。

表6-1 访问法几种调查方式比较表

调查方式名称	调 查 方 法	优 点	缺 点
面谈调查	调查人员通过面对面地询问和观察被调查者以获取信息资料的方法,它通常采用个人面谈、小组面谈和集体面谈等多种形式	方便、灵活;被调查者可以充分发表意见,有利于沟通;能控制问题的次序;可获得较多的资料	成本高、时间长;拒访率高;调查的范围有限;被调查者容易受调查人员的诱导、影响
电话调查	通过电话向被调查者询问有关问题以获取信息资料的调查方法	获取信息资料的速度快、费用低;容易控制,调查范围较广;被调查者不易受调查者在场的心理压力,自由回答问题	无法展示产品;通话时间不宜过长,不能调查较复杂的问题;被调查者只限于能通电话的地点和时机
信函调查	将设计好的调查问卷寄给事先选好的被调查者,要求被调查者根据调查问卷填写后再寄回的一种调查方法	调查成本低;调查区域广泛;被调查者可以从容自由地回答问卷	回收率偏低;花费时间较长;易出现回答不合要求的情况

（续）

调查方式名称	调 查 方 法	优　　点	缺　　点
留置调查	将调查问卷当面交给受访者，说明填写要求，并留下问卷，让受访者自行填写，由调查人员按时收回的一种市场调查方法	调查问卷回收率高；受访者可以当面了解填写问卷的要求，澄清疑问，避免由于误解提问内容而产生误差；填写问卷时间充裕，便于思考回忆；受访者意见不受调查人员的影响	调查地域范围有限；调查费用较高；不利于对调查人员的管理监督

2. 观察法

观察法是由调查人员通过观察被调查者的活动、行为和特点等，并记录其有关情况来取得第一手资料的调查方法。利用这种方法进行调查，调查人员和被调查者没有直接接触，调查人员只是通过观察被调查者的行为态度和表现来了解情况。

观察法的优点是简单易行、比较灵活；被调查者行为表现自然，可以比较客观地、真实地收集第一手资料。某些调查结果是采用询问法无法得到的，只能通过观察法得到。

观察法的缺点是费用支出较大；所需时间相对较长；不能了解被调查者的内在因素；受时间、空间因素的限制，只适用于小范围的调查。

3. 实验法

实验法是指从影响调查问题的许多因素中选出一至两个因素，将它们置于一定条件下进行小规模的实验，然后对实验结果作出对比分析，以获取第一手资料信息的调查方式。实验法的主要特点是：运用自然科学中的实验求证方法，把调查对象置于非自然状态即给定状态下开展市场调查。实验法可提高调查的精确度。

实验法的优点是获得的资料较为客观、具体，能直接、真实地反映情况；方法比较科学。

实验法的缺点是实验结果不易比较、限制性比较大；花费的时间比较长、费用高。

4. 网络法

网络法是通过互联网、计算机通讯和数字交互式媒体，按照事先已知的被调查者的联系方式发出问卷并收集信息，以获得第一手资料信息的调查方法。网络调查发源于20世纪90年代，具有自愿性、定向性、及时性、互动性、经济性和匿名性等特点。

网络法的优点是组织简单、费用低廉、客观性好、不受时间与地域限制和速度快等。

网络法的缺点是网民的代表性存在不准确性、网络的安全性不容忽视以及受访对象难以限制等。

网络法是一种新的调查方法，它的出现是对传统调查方法的一个补充。在互联网高速发展的时代，网络调查将会得到更广泛的应用。

5. 文献检索法

文献检索法是指对纸介质和电子介质的文字、图表等资料信息进行检索、选择和分析的资料获取方法。文献检索法所获得的资料信息是第二手的资料信息。

文献检索法是市场调查的基本方法之一。因为大量的资料信息存在于各种出版物和互联网网站中。国家机关、研究机构、国际组织和重要企业所发布的与市场有关的信息，均在其正式出版物和网站中发表,例如,国家统计局、世界银行的有关报告、年鉴等。权威机构所发布的信息,对于信息资料的获得者来说虽然是第二手的资料信息,但这些信息资料具有较高的可靠性,通常作为决策依据。

文献检索法极大地扩展了市场调查的范围,提高了市场调查的信度和效度。虽然获得的是第二手的资料,但是,它具有许多第一手资料所不具备的优点。但是,文献调查法应当注意资料信息的真实性、权威性和时效性。

第二节　市场调查的内容

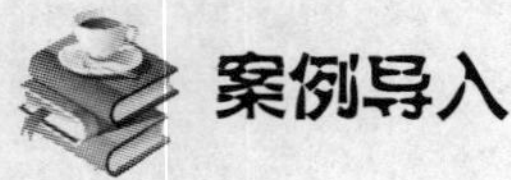

案例导入

柯达的市场调查内容

柯达公司极为重视并擅长做市场调查。它每推出一项新产品,都要经过多次的市场调查后才作出开发决定。1982年,柯达推出的碟式相机就是一例。

在正式推出这款相机的五六年前,柯达公司的市场开拓部就提出了研发碟式相机的产品意向。而且这个意向本身就来自于市场调查:顾客认为最理想的相机该是什么样子的;重量与尺寸要怎样的比例才合适;什么类型的胶卷好用等。在此基础上,公司设计出理想的模型,并写出报告,送到其他相关部门从成本、技术条件、设备配套等方面征询意见,看是否值得生产。要是有问题,就退回重议和修正,直到造出样机。样机完成后再进行第二次市场调查,看看与消费者的要求还有什么差距,然后根据他们的意见进行改进。改进完成后,新的样机将再次投入市场让消费者试用。在此过程中重新收集消费者的反馈信息,并就此制订出相应的推销和宣传策略。要是产品得到了大多数消费者的欢迎,就会申请投入生产。一般来说,类似这样的调查和反馈信息过程需要耗时2~3年。

试制品出来后,还会有进一步的调查:产品的优缺点、产品的适用人群、产品的价位、产品的销量等。这些都得到完美解决后,产品才最后敲定价位,并正式进行大规模生产。

市场调查的内容比较广泛,企业所面对的问题不同,调查的内容也有所不同。一般来说,市场调查的内容主要涉及以下五个方面,而企业进行市场调查都是有针对性的,一般选择一个或少数几个专项的内容。

一、市场环境调查

企业的任何活动都离不开其所处的外部环境,这些外部环境是客观存在并对企业的营销活动提供机遇或者产生威胁。因此企业应该对其所处的外部环境进行深入细致的了解,抓住市场机遇,避开市场威胁。市场基本环境调查主要包括以下几个内容:

1. 政治环境

政治环境是指企业面临的外部政治形势、状况和制度。政治环境分为国内政治环境和国际政治环境:国内政治环境主要是指社会政局是否稳定,有无战乱和恐怖活动等;国际政治环境主要是指该国的外交关系和国际经济贸易方面的情况等。

2. 法律环境

企业在市场经营活动中,必须遵守各项法律、法令、法规和条例等,也必须遵守风俗习惯和社会公共道德，必须遵守所在国的法律法规和宗教信仰。因此，系统、深入地调查，熟悉并服从法律，是市场调查活动中一项比较重要的内容。

3. 经济环境

经济环境是指企业所面临的社会经济条件及其运行状况和发展趋势，也包括产业结构、交通运输状况和资源状况等。它对市场活动有着直接的影响。经济环境调查具体包括对社会购买力水平、消费者收支状况、居民储蓄和信贷等情况及其变化的调查。

4. 人口环境

人口的数量决定消费需求的总量，特别是生活资料的消费需求的总量。我国人口较多，巨大的市场规模对企业具有极强的吸引力。

5. 社会文化环境

每一个国家或地区都有自己的文化传统、思想意识、风俗习惯、思维方式、宗教信仰和价值观等，这些因素构成了该国家或地区的文化环境并直接影响人们的生活思维方式和消费习惯。对于市场营销人员来说，营销活动只有适应当地的社会文化环境，其产品才能得到当地消费者的认可和接受。

6. 自然地理环境

一个国家和地区的自然地理条件是影响市场的重要环境因素，它与企业的经营活动密切相关。自然地理环境主要包括自然资源、气候和地理环境。

二、市场需求调查

市场是企业营销活动的出发点和归宿点，市场需求调查是市场调查中最基本的内容，它包括消费需求量、购买力、消费结构和消费动机等内容的调查。

1. 消费需求量调查

人口数量是计算消费需求量时必须考虑的因素。一般来说人口数量越多，市场规模就越大，对产品的需求量也必然会增加。在调查人口数量的同时，还要调查人口数量的变化、人口老龄化趋势、家庭结构的变化趋势和人口流动趋势等。

2. 购买力调查

购买力是指购买欲望和支付能力的结合，它的高低直接影响市场需求量的大小。决定购买力的主要因素是货币收入的来源、数量、需求支出方向以及储蓄状况等。

3. 消费结构调查

消费结构调查即调查消费者将其货币收入用于不同项目支出的比例，它决定了消费者的消费倾向。

4. 购买动机调查

购买动机是指为满足一定的需要，而引起人们购买行为的愿望和意念。消费者的购买动机分为习惯性购买动机、理智型购买动机、价格型购买动机、冲动型购买动机、感情型购买动机和经济型购买动机等多种类型。

三、市场供给调查

企业在生产过程中除了要掌握市场需求情况外，还必须了解整个市场的供给状况。

1. 商品供给来源的调查

市场中商品的供给有着不同的来源,除了对全部供给来源进行调查外,还要进一步了解影响供给来源的各种因素。

2. 商品供给能力的调查

商品供给能力的调查主要包括企业商品供给能力、企业设备供给能力、企业员工工作能力等方面的调查。

3. 商品供给范围的调查

商品供给范围实际上就是企业营销的目标市场。在一定时期内目标市场是确定的,但是随着市场环境和消费者需求的变化,企业的目标市场也会发生相应的变化,因此,及时调查企业产品的供给范围,对调整营销策略有着至关重要的作用。

四、市场营销活动调查

市场营销活动调查是企业调查活动中的重要内容,它包括产品调查、价格调查、渠道调查和促销调查等。市场营销活动调查是制订市场营销基本策略的前提和保证,所需调查的内容会在后面的章节中详细介绍。

五、竞争环境的调查

任何产品在市场上都会遭遇到竞争,这种竞争既有来自于同行业的竞争、新加入者的竞争、替代品的竞争、供应商讨价还价的竞争,还有购买者讨价还价的竞争等。因此需要调查分析竞争对手的优势和劣势、竞争对手的市场份额、竞争对手的竞争程度以及竞争对手的营销战略与策略等。

第三节 市场调查的设计与实施

案例导入

肯德基的选址调查

肯德基非常重视对快餐店选址,其选址决策一般是实行两级审批制,需要通过两级委员会的同意:一个是地方公司,另一个是总部。其选址成功率几乎是百分之百,正确的选址是肯德基的核心竞争优势之一。

肯德基的选址通常按以下几个步骤进行:

1. 商圈的划分与选择

(1)划分商圈:肯德基如果计划进入某城市,就会先通过有关部门或专业调查公司收集这个城市的资料并开始规划商圈。商圈规划采取的是记分法,例如:这个地区有一个大型商场,商场营业额在1000万元算1分,5000万元算5分;有1条公交线路加多少分,有1条地铁线路加多少分等。这些分值标准是多年数据积累和总结下来的一个较为准确的经验值。

通过打分把商圈分成好几大类,以北京为例,有市级商业型(如西单、王府井等)、区级商业型,定点(目标)消费型、还有社区型、社区商务两用型和旅游型等等。

(2)选择商圈:即确定目前重点在哪个商圈开店,主要目标是哪些。在商圈选择的标准上,一方面要考虑快餐店自身的市场定位,另一方面要考虑商圈的稳定度和成熟度。快餐店的市场定位不同,吸引的顾客群不一样,商圈的选择也就不一样。

商圈的成熟度和稳定度非常重要。比如,规划部门说要建设某条路,在什么地方设立商业机构,将来这里有可能成为成熟商圈,但肯德基一定要等到商圈成熟和稳定后才进入。例如,尽管某家店3年以后效益可能会很好,但对现今没有帮助,这3年难道要亏损?肯德基投入一家店要花费好几百万元,当然不会冒这种风险。肯德基一向遵从稳健的原则,保证开一家成功一家。

2. 聚客点的测算与选择

(1)要确定这个商圈内,最主要的聚客点在哪里:经验表明:“一步差三市”。开店地址差一步就有可能差三成的买卖。这跟人流动线(人流活动的线路)有关,可能有人走到这里,该拐弯,则这个地方就是客人到不了的地方,差不了一个小胡同,但生意差很多。这些在选址时都要考虑进去。

人流动线是怎么样的?在这个区域里,人从地铁出来后是往哪个方向走等等?这些都需要派人去掐表和测量,有一套完整的数据之后才能作为选址依据。

肯德基的选址人员将采集来的人流数据输入到专用的计算机软件后就可以测算出在此地的投资额超过多少,这家店就不能开。

(2)选址时一定要考虑人流的主要动线会不会被竞争对手截住:人流是有一个主要动线的,如果竞争对手的聚客点比肯德基的选址更好,那就需要慎重考虑。例如,北京的北太平庄路口已有一家肯德基店,如果往西一百米,其竞争者再开一家西式快餐店就可能受其影响了,因为主要客流是从东边过来的,再在西边开,大量客流就被肯德基截住了,开店效益肯定不会好。

(3)聚客点选择影响商圈选择:聚客点的选择也影响到商圈的选择。因为一个商圈有没有主要聚客点是这个商圈是否成熟的重要标志。

为了规划好商圈,肯德基的开发部门投入了巨大的付出。以北京肯德基公司为例,其开发部人员常年跑遍北京的各个角落,对这个日新月异的城市了如指掌。经常发生这种情况,北京肯德基公司接到某顾客电话,建议肯德基在他所在地点开店,开发人员一听地址就能随口说出当地的商业环境特征以及是否适合开店等。在北京,肯德基已经在根据自己的调查所划分出的商圈成功开出了400多家快餐店。

问卷设计是一个把相对复杂的、模糊的调查信息转化成若干个具体的、便于测量的问题的过程。也就是说,对于相对复杂的调查信息要尽可能分解成为若干个简单的问题;对于比较模糊的调查信息要尽可能赋予相对明确的测量要素作为度量指标。问卷设计得好,可以在调查活动中将被调查者的有关反馈得以充分体现,从而确保调查结果具有较高的信度和效度。可以说,问卷设计技术是调研人员必须掌握的基本技能。

一、问卷设计

问卷是指调查者根据调查目的与要求,设计出由一系列问题、备选答案及说明等要素组成的、向被调查者收集资料的一种工具。

1. 问卷设计的原则

在设计调查问卷时，首先要根据调查目的，正确地确定调查主体和调查项目，问卷设计遵循以下原则：

(1)密切联系：调查问卷中的每一个问题必须要和调查主题密切相关，不能包含可有可无的问题或者被调查者无法回答或者不愿意回答的问题。密切联系包括直接的、正面的联系，也包括间接的、迂回的联系。

(2)最大程度的可接受性：调查问卷的设计既要符合调查者的需要，也要让被调查者容易接受，这样才能实现调查目的。因为被调查者对于问卷调查的接受、配合程度，是问卷调查能否成功的关键。因此，在设计调查问卷的时候，从问题编排到文字表述都要考虑能否最大限度地获得被调查者的接受。

(3)严谨的逻辑性：在设计调查问卷时，要注意调查问卷中问题的排列顺序。可以设计若干个问题组群，同类问题放在一起，形成一个问题组群。在整个问卷中，针对简单主题的问题组群放在前面。在同一个问题组群中，比较直观的、容易回答的问题放在前面，相对抽象、复杂的问题放在后面。这些方法可以提高被调查者回答问题的效率。做到由简入繁、由浅入深，层次分明、相互对应，并能够使问卷具有较强的逻辑性。

(4)简明性：简明性包括两方面的意思。一是问题和答案的表述要简明扼要、通俗易懂、清晰完整，不存在歧义；二是调查内容要简单明了，问卷中的问题不能过多，否则，所要花费的调查时间过长，也会引起被调查者的反感，影响调查效果。一般来说，回答问题的时间应该控制在半小时以内。

2. 问卷设计的程序

(1)明确调查对象的类型、范围和特点：不同的调查对象具有不同的特点，问卷必须针对具体调查对象的特点进行设计，这样才能够保证问卷的合理性。

(2)拟定调查内容提纲：根据调查目的和调查主题，拟订出调查内容提纲。注意提纲的完整性，不能遗漏与调查有关的重要问题。

(3)确定观察点：根据调查对象的主题，确定被调查者项目作为观测点。被调查者的项目或者问题，要与调查的主题密切相关，数量适当，逻辑性强。

(4)确定命题方式：根据不同的问题，确定不同的命题方式。有的是问答式问题，有的是选择题形式，有的是自由表达式。形成问卷的初稿后，要召集多数研究人员进行反复的讨论和修正。

(5)实验性调查：将设计好的调查问卷初稿在小范围内进行实验性调查，以便发现问题。如果发现问题要及时修改。

(6)问卷定稿：修改定稿并印刷调查问卷。

3. 问卷的结构

(1)问卷的开头：问卷的开头有问候语、填表说明、问卷编号、被调查者的基本情况等。

(2)问卷的正文：问卷的正文是问题或者问题组群以及备选答案等。

(3)问卷的结尾：问卷的结尾有答谢或者简单说明。

4. 问题和答案的设计方法

调查问卷的设计主要是问题和答案的设计。问题分为封闭式问题和开放式问题两类，其问题的设计方法分别为：

(1)开放性问题设计法:开放式问题的答案,不限于问卷中所列举的几项,还可能是其他的选择。例如,对于个人或者家庭收入情况的询问,在选项中,可以设计 A 数额到 B 数额,B 数额到 C 数额的若干区间,还需要有上下不封顶的选项,或者由被访问者自由填写。设计开放性问题,需要注意给出答案的开放空间。

(2)封闭性问题设计法:封闭式问题的答案是若干个内容确定的选项,可以是两项选择式、多项选择式、排序选择式、意见程度选择式等这些选项已经穷尽列举了所有的可能情况。例如,对于性别、年龄、学历等情况的测量就可以采用封闭性的问题设计法。

二、市场调查报告

市场调查报告是按照指定的调查方案,通过实地调查、检索文献等方法,收集资料并对资料进行统计分析,再进行归纳整理所形成的调查结果。

1. 市场调查报告的类型及其要求

(1)一般性调查报告:一般性调查报告是指对市场的一般性状况、普遍性问题进行调查研究后所形成的调查报告。

对于一般性调查报告,要求其内容简明,对调查方法、资料分析整理过程、资料目录等作简单说明,结论和建议可适当多一些。

(2)专题性调查报告:针对市场状况中的某一问题或某些方面进行专题性的调查研究所形成的报告。

对于专题性调查报告,要求详细明确,中心突出。针对相应的问题,应当尽可能通过调查,准确、深入、详尽地发现问题和分析问题,并提出具有可操作性的意见和建议。

2. 市场调查报告的格式

(1)扉页(封皮):内容包括调查报告的标题、调查人姓名、指导者姓名(如果有的话)、所属单位、报告日期等。

(2)序言:简单说明调查的由来和委托调查的原因,它包括调查的目的、调查对象的概况、市场规模、主要用户的情况、产品的市场占有率和主要竞争者的情况说明等(以市场调查报告为例)。

(3)正文:正文是调查报告的主要部分,它包括调查的对象、内容、范围,调查方法,调查步骤,调查所获得的定性、定量结果(定性类的结果是指对象的性质、状态、功能等情况的概括性、一般性的描述、陈述;定量类的结果主要指数据、模型等),分析说明,意见和建议,调查的缺陷或不足之处等。

(4)附件:附件部分收录的是用来论证、说明或进一步阐述正文的有关的资料。

本章小结

本章首先介绍了市场调查的概念和市场调查的方法与技巧,接下来介绍了市场调查的主要内容,阐明了市场调查的各种方法的基本特征;最后介绍了市场调查的设计与实施。

综合训练

1. 名词解释

市场调查、询问法、观察法、实验法、网络法、市场基本环境、市场需求调查、市场供给调查、市场需求调查

2. 知识理解

(1)如何理解市场调查的概念、方法、内容和设计与实施?

(2)什么是市场调查?为什么要开展市场调查?

(3)市场调查的主要内容有哪些?

3. 内容深化

(1)结合生活中的实际案例,说一说怎样才能做好市场调查?

(2)市场调查的方法有哪些?各有什么优缺点?

实践活动

以5~6人为一个小组,针对市场中某一种商品或某一项内容,用问卷调查法设计进行市场调查,然后进行总结与分析。例如,自行设计一份比较完整的关于学生对手机或某个生活用品需求情况的调查问卷,组织实际调查并对调查结果进行分析讨论。

案例分析

北京市女性休闲娱乐市场调查研究

一、调查目的

北京某公司欲成立一家高档、精品、健康的“女子俱乐部”以进入北京市的女性休闲娱乐市场,该公司委托我们就北京市女性休闲娱乐市场的现状,以及成立该“女子俱乐部”的市场可行性作出调查研究,并提出目标市场和战略定位等建议。

二、调查项目

此次调查研究的项目主要包括以下几点:

(1)了解北京市女性休闲、娱乐、交际市场的现状和特点。

(2)了解北京市女性休闲、娱乐、交际的需求结构。

(3)了解北京市女性休闲、娱乐、交际的消费特点、消费习惯和消费支出结构。

(4)了解影响北京女性休闲、娱乐、交际需求及消费行为的因素。

(5)了解北京市女性对成立女子俱乐部的看法以及对该种俱乐部的态度。

(6)了解北京市经营休闲娱乐企业的现状、经营方法以及经营中存在的问题。

(7)找到女性休闲娱乐市场中的市场机会以及进入该市场的策略。

三、调查内容

根据该公司的委托要求,我们在设计调查问卷与调查的整个过程中,所关注的调查内容主要包括:

1. 市场需求的基本状况

(1)目标消费者的基本情况,包括年龄分布、受教育情况、收入水平、所处的家庭生命周期、所从事的职业等。

(2)北京市女性休闲娱乐市场的消费行为与消费结构，包括消费频率、消费支出结构、最喜欢的休闲娱乐项目等。

(3)影响女性休闲娱乐消费行为的其他主要因素，包括价格、品牌、交通、宣传、服务内容与服务质量等。

2. 北京市经营休闲娱乐企业的背景信息

(1)北京市经营休闲娱乐企业的现状，包括数量、类型、档次定位、地理分布等。

(2)现有休闲娱乐企业经营成功的经验和方法。

(3)北京市休闲娱乐企业在经营中面临的一些问题。

(4)制约经营休闲娱乐企业发展的因素。

四、调查时间

调查时间从2015年9月开始，持续一个月的时间。

五、调查设计

(一)调查对象的定位

此次的调查对象包括女性消费者和休闲娱乐企业。因该公司欲进入高档休闲娱乐市场，所以我们在定位女性消费者调查对象时，把更多的注意力放在了以下几类人群：

(1)外资企业的中高级女性白领。

(2)效益较好、规模较大的国有企业、民营企业中的中高级女性白领。

(3)成功的女性企业家、女性社会活动家以及政府女官员。

(4)文艺界、体育界等的优秀女性。

(5)富有而闲暇在家的女性。

(6)经营中高档的休闲娱乐企业的管理人员，这些企业包括俱乐部、夜总会、美容美发厅、健身中心等。

(二)调查地点

此次调查地点定位在北京市市区。针对设计的调查对象，特把调查地点具体定位如下：中高档写字楼，外企公司，经营较好的国有企业、民营企业，大商场和购物中心，高档饭店及宾馆，政府部门，金融系统，高档休闲娱乐场所等。

(三)调查方法

这次调查选择抽样法与问卷调查法(附调查问卷)。

1. 抽样方法

这次访谈以北京市市区为整体，采取分群随机抽样与判断抽样相结合的方法，抽取所需的样本数目。具体做法如下：

(1)选取西城、东城、朝阳、海淀、丰台、石景山、昌平等七大城区为第一段抽样单元。

(2)从第一段抽样单元的每一区中，分别抽取几个重点区域为第二段抽样单元。选取的方法主要是以复兴门百盛商场为中心向四周辐射；西城区以金融街为重点区域；朝阳区以外企比较集中的建国门、京广中心和燕莎友谊商城、亚运村附近为重点区域；长安街沿线；海淀区以中关村和几大高校附近为重点区域；东城区以王府井、东单、方庄为重点区域；丰台区以北京西站为重点区域等。

(3)再按随机抽样法在每个第二段抽样单元中每隔一定的距离选一家公司、商场、饭店、宾馆、休闲娱乐企业为样本作为第三段的调查单元。

(4)在第三段的调查单元中选取访谈对象进行访谈,收集相关信息。

2. 样本量设计

在95%的置信度下,允许的绝对误差在5%以内,按照各个区域的经济发展状况、居民收入水平、中高档写字楼的分布等因素,在八个区域的样本量分布为:

西城区	230	东城区	230	朝阳区	200	海淀区	100
丰台区	80	石景山区	60	昌平区	40	长安街沿线	60

样本量总计为　　1000

六、调查分析(休闲娱乐企业调查分析从略)

此次调查发放的女性消费者调查问卷数量是1000份,回收的有效问卷数量为895份,有效率为89.5%,符合调查要求,此次调查是有效的。在分析调查问卷时,我们采用的是SPSS统计软件,统计误差率不超过3%,因此问卷所反馈回来的信息是市场信息的真实反映,统计结果是可信的(具体统计分析从略)。

七、结论和建议

(一)调查对象的基本情况

在所调查的女性消费者中,个人月收入水平在3500元以上的有13%;受教育程度主要为大专以上;大多比较年轻,没有小孩的女性所占比例很高。

(二)调查对象的消费行为和消费结构

北京市女性的休闲娱乐消费频率普遍较高,半个月消费一次以上的比例高达62%;且年轻、收入水平较高的女性,她们的消费频率相对更高一些。

北京市女性消费者的休闲娱乐支出在日常消费支出中的比例主要在10%~30%;其中年龄和收入水平对女性的休闲娱乐消费支出影响最大。

(三)影响女性休闲娱乐消费行为的因素

(1)价格的影响。大多数女性对目前休闲娱乐的收费和价格持可以接受的态度。

(2)服务内容与质量的影响。绝大部分的女性对休闲娱乐服务的内容和服务的质量非常看重。

(3)品牌名气的影响。认为休闲娱乐企业的品牌名气影响大的比例有16%,认为影响小的比例有43%。

(4)广告宣传的影响。更多的女性重视他人的推荐,而不太相信广告媒体的宣传。

(5)交通的影响。大部分女性对交通便利很看重。

(四)北京市经营休闲娱乐企业的状况

数量有五千多家;大部分为中低档,规模一般也较小。

一些成功的做法:细分市场,集中营销,树立消费者的品牌偏好,树立企业形象,利用各种优势资源争做行业老大等方法。

存在的问题:管理混乱、目标不明确、经营档位模糊、缺乏成熟的经营模式、不关心消费者、缺乏创新精神等。

(五)该俱乐部的市场前景

有58%的人看好女子俱乐部的发展前景;仅有4%的人不看好该俱乐部;有31%的女性认为该俱乐部的定位应在中高档;有7%的人表示无所谓。

（六）目标市场定位

年龄在35岁以下、收入在3500元以上、具有本科学历、从事金融业以及在三资企业中工作的女性，部分的女性企业家、个体经营业主，社会各界名流女士是该俱乐部的理想消费群体；辅助消费群体为年龄在40岁以上、收入水平在3500元以上、大专学历的女性。

北京市女性休闲娱乐市场需求调查问卷

亲爱的女士：

您好！为了详细、准确地了解北京市女性休闲娱乐市场的现状、存在的问题和未来的发展趋势，我们特意设计了这份调查问卷。填完这份问卷大约需要10分钟。我们将对您的回答绝对保密，并且所有的回答只供研究之用。在此，谨对您的真诚合作与热情支持表示衷心感谢！

1. 上班以外的时间，您一般怎么安排？

□（1）参加各种娱乐活动　□（2）进修、学习　□（3）在家休闲，如看电视等

□（4）主要花在孩子身上　□（5）忙家务　□（6）购物

□（7）其他安排，请注明：________

请按所花时间由多到少排序：________

2. 在闲暇时间，您参加各种休闲娱乐活动，平均：

□（1）一周至少一次　□（2）半月一次　□（3）一月一次

□（4）一月以上一次

3. 您参加各种休闲娱乐活动，以下情况请按出现频率由高到低排序：

（1）自己花钱　（2）单位组织　（3）朋友请客　（4）商务交际

____

4. 您参加过哪些休闲娱乐活动？多项选择，并请就所选项目按您喜欢的程度在直线上排序：

□（1）参加健身/健美活动　□（2）美容或参加美容讲座

□（3）参加社会交际活动　□（4）参加卡拉OK、舞会等娱乐活动

□（5）运动（如打保龄球、网球、羽毛球、游泳及高尔夫球等）

□（6）旅游　□（7）其他活动，请注明：________

____

5. 对于休闲娱乐活动，如下有关价格的说法您最赞同：

□（1）价格越高，越觉得有品位

□（2）价格无所谓，但是一定要物有所值

□（3）我会参考价格再进行选择，尤其是经常要参与的休闲娱乐活动

□（4）如果所提供服务令顾客非常满意，在一定程度上超值定价是应该的

□（5）服务一定要好，同时也应该在收费上提供尽可能多的优惠

6. 娱乐休闲在您的日常消费支出中所占比例大致为：

□（1）≤10%　□（2）10%～20%

□（3）20%～30%　□（4）>30%

7. 以下各种休闲娱乐活动的消费中:

(1)健身健美　(2)美容　(3)运动　(4)旅游

(5)社会交际　(6)参加卡拉OK、舞会等娱乐活动

(7)其他:________________

您支出最大的是:________其次是:________再次是:________

8. 以下针对休闲娱乐业现状的说法,您最赞同的是:________其次是:________再次是:________

(1)收费混乱,有的地方收费太高　(2)服务不上档次

(3)档次结构不合理　(4)多数地方服务项目少

(5)绝大多数地方给人不健康的感觉,不适合女性去

9. 休闲娱乐场所的服务质量取决于很多因素:

(1)服务态度　(2)服务项目数量　(3)设施是否完善

(4)环境氛围　(5)结算是否方便　(6)各项目服务是否到位

(7)其他因素,请注明:________________

____

您认为其中最重要的是:________其次是:________再次是:________

10. 当您选择娱乐场所时,有很多因素会影响您,其影响程度分别为:

	很小	小	一般	大	很大
(1)价格接受程度	□	□	□	□	□
(2)服务态度与质量	□	□	□	□	□
(3)交通便利程度	□	□	□	□	□
(4)环境优雅与否	□	□	□	□	□
(5)对其服务项目的兴趣	□	□	□	□	□
(6)品牌与名气	□	□	□	□	□
(7)设施是否完善	□	□	□	□	□
(8)他人的推荐	□	□	□	□	□
(9)广告宣传	□	□	□	□	□

11. 您对各种休闲娱乐场所的了解,主要来自于:

□(1)广告宣传　□(2)他人介绍　□(3)有促销员上门推销

如果是通过广告宣传,那么是通过何种广告宣传手段获知的(可以多选)?

□(1)电视广告　□(2)广播广告　□(3)报纸广告

□(4)宣传单　□(5)路牌及广告牌

□(6)杂志广告(旅游杂志或娱乐企业自办杂志)

□(7)其他:________________

12. 如果成立一家精品、健康的"女子俱乐部",您对其前景:

□(1)非常看好　□(2)看好　□(3)一般

□(4)不看好　□(5)非常不看好

请说明您选择的理由:________________

您认为它应该定位于(　　)比较合适：

□(1)高档　□(2)中高档　□(3)中档　□(4)中低档

□(5)低档

这样一家"女子俱乐部"出现后，您将：

□(1)尝试体验　□(2)经常去　□(3)偶尔去　□(4)以后再说

13. 对于这样一家"女子俱乐部"，您认为它提供的娱乐项目应该：

□(1)能提供一条龙的服务，大且全，设施越完善越好

□(2)走大众化的路线，提供普通、一般的项目

□(3)搞一些精品的、有特色的、新颖的服务项目

14. 以下服务中您最感兴趣的是：________ 其次是：________ 再次是：________ 第四是：________

(1)康体活动及讲座　(2)商务讲座　(3)各类联谊会

(4)组织旅游及外出考察　(5)儿童教育类活动

(6)美容美发讲座

(7)个人修养类活动及讲座，如厨艺、陈设艺术、色彩搭配等

(8)个人价值实现类活动，如服装服饰设计展示会、插花艺术展示等

15. "女子俱乐部"提供以上各类服务时，每次活动收费您最高能接受的是：

□(1)100元以下　□(2)100～150元　□(3)150～250元　□(4)250元以上

16. 您的年龄是：

□(1)25岁以下　□(2)25～35岁　□(3)35～40岁　□(4)40岁以上

17. 您子女的情况是：

□(1)没有子女　□(2)婴幼儿　□(3)学前　□(4)小学

□(5)初中　□(6)初中以上

18. 您所从事的职业是：

□(1)个体企业主　□(2)企事业管理人员　□(3)商业服务业

□(4)教科医务人员　□(5)金融证券业　□(6)三资企业

□(7)其他________

19. 在单位您所担任的职务是：

□(1)单位领导　□(2)中高级主管　□(3)一般职员

20. 您所受的最高教育为：

□(1)高中及以下　□(2)大专　□(3)本科　□(4)硕士及以上

21. 您个人的平均月收入是：

□(1)2000元以下　□(2)2000～3500元　□(3)3500～5000元

□(4)5000元以上

22. 您家庭的月平均收入是：

□(1)3000元以下　□(2)3000～5000元　□(3)5000～8000元

□(4)8000元以上

最后，若您方便请留下姓名和电话，以便于我们对调查员进行监督与核实。

再一次真诚地感谢您的合作，谢谢！

第七章　营销产品策略

学习目标

(1)掌握产品的概念,产品组合的概念和产品组合策略。

(2)理解新产品概念,掌握新产品的开发策略。

(3)掌握产品生命周期各阶段的特征及其营销策略。

(4)了解商品品牌、商标与包装的含义。

(5)掌握产品品牌策略和包装策略。

案例提示

创意产品才畅销

中国台湾地区有位企业家准备来大陆投资办厂。在投资之前,他首先对市场进行了广泛深入的调查研究,结果发现市场上的旅游鞋基本是白色一统天下。于是,他果断决定投资开办鞋厂,专门生产各种花色的彩色旅游鞋。投产后,产品几乎销到哪里就旺到哪里,很快就赚了钱。浙江有个饭店老板,看到传统馒头销路平平,便灵机一动,买来了本地特产胡萝卜,加工成胡萝卜馒头并推出市场,别具风味的胡萝卜馒头很快使昔日冷冷清清的小店顾客盈门。这两个例子都告诉我们,产品创新是满足市场需求的最好方式。

内容导入

1. 请想想,为什么产品营销要不断创新,并且不断开发新产品呢?
2. 请说说,什么样的产品才是符合消费者需求的好产品?

第一节　产品与分类

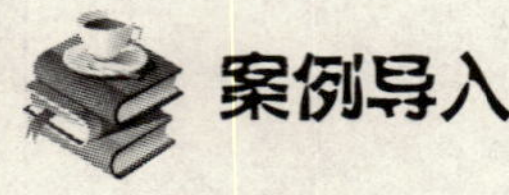

案例导入

宝洁公司首创一次性纸尿布产品

宝洁(P&G)公司在寻求和明确表达顾客潜在需求方面具有优良的传统,被业界誉为在面向市场方面做得最好的美国公司之一。婴儿尿布产品的开发就是一个例子。1956 年,该公司开发部主任维克·米尔斯在照看其出生不久的孙子时,深切感受到一篮篮脏尿布给家庭主妇带来的烦恼。洗尿布的责任给了他灵感。于是,米尔斯就让手下几个最有才华的员工研究开发一次性尿布。

一次性尿布的想法并不新鲜。事实上,当时美国市场上已经有好几种牌子了。但市场调研显示:多年来这种尿布只占美国市场的1%。原因首先是价格太高;其次是父母们认为这种尿布不好用,只适合在旅行或不便于正常换尿布时使用。但调研结果表明,一次性尿布的市场潜力巨大。美国和许多国家一样,正处于"二战"后婴儿出生高峰期,将婴儿数量乘以每日平均需换尿布次数,可以得出一个大得惊人的潜在销量。

宝洁公司产品开发人员用了一年的时间,力图研制出一种既好用又对父母有吸引力的产品。产品的最初样品是在塑料内裤里装上一块满是褶皱的吸水垫子。但1958年夏天现场试验结果,除了父母们的否定意见和婴儿身上的痱子以外,一无所获。于是又回到图纸阶段。1959年3月,宝洁公司重新设计了它的一次性尿布,并在实验室生产了37000个,拿到纽约州去做现场试验。这一次,有三分之二的试用者认为该产品胜过传统尿布。然而,接踵而来的问题是如何降低成本和提高新产品质量。为此要进行的工序革新,比产品本身的开发难度更大。一位工程师说它是"公司遇到的最复杂的工作",生产方法和设备必须从头做起。不过,到1961年12月,这个项目进入了能通过验收的生产工序和产品试销阶段。

公司选择地处美国最中部的城市皮奥里亚试销这个后来被定名为"帮宝适"的产品。结果发现皮奥里亚的妈妈们喜欢用"帮宝适",但不喜欢10美分一片尿布的价格。因此,价格必须降下来。在一些地区进行试销的效果进一步表明,定价为6美分一片,就能使这类新产品畅销,使其销售量达到零售商的要求。宝洁公司的几位制造工程师找到了解决办法,用来进一步降低成本,并把生产能力提高到使公司能以该价格向全国销售帮宝适尿布的水平。

帮宝适尿布终于成功推出,直至今天仍然是宝洁公司的拳头产品之一。

一、产品的概念

传统的产品是指人们从事生产经营活动的直接有效的物质成果,例如电视机、食品、家具等。事实上,人们购买物质产品的目的是要从产品本身得到某些利益和欲望的满足,即购买的是产品的功能。例如,购买洗衣机是想满足轻松方便的洗衣愿望。现代市场营销学认为:产品是指能够提供给市场的,用于满足人们欲望和需求的任何东西。它包括有形商品(如机器、食品、房屋)、服务(如餐饮、维修)、场所(如旅游景点)、设计(如图纸设计)、软件(如计算机软件)、创意(如营销策划)等各种形式,这就是市场营销中整体产品的概念。整体产品的概念一般包括核心产品、形式产品、附加产品三个层次,但也有专家认为整体产品概念也可以是包括期望产品和潜在产品在内的五个层次,如图7-1所示。

1. 核心产品

核心产品(Core Product)是指向消费者提供的能够满足其需要的基本效用和利益。核心产品是整体产品概念中最基本的、最主要的部分。核心产品提出了这样一个问题:消费者真正想买的是什么?事实上,消费者购买产品不是为了产品实体,而是通过实体获得某种功能。例如,电冰箱产品的核心是制冷,使食物保鲜。购买食品是满足充饥和营养的需要。离开了功效,产品就失去了存在的价值。

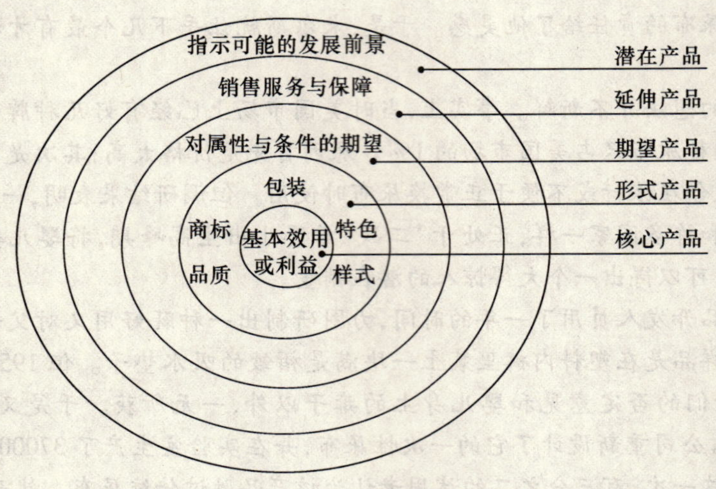

图 7-1 整体产品概念

2. 形式产品

形式产品(Formal Product)是指产品的具体形态，也是核心产品的具体表现形式。形式产品由以下五个标志构成：

(1)产品品质：是指产品的理化性能、技术性能、使用寿命等，是表示产品质量水平的重要标志。

(2)产品特征：是指该产品与同类产品相对比所具有的独特之处，是决定市场竞争力的重要标志。

(3)产品款式：是指产品在结构、造型、外观设计上的新颖性、艺术性，是影响消费者选择的重要标志之一。

(4)产品品牌：是指产品的名称，用以区别不同企业的产品，是企业实力的综合反映。

(5)产品包装：是指产品的外部包装或容器。好的包装能提升产品价值。

3. 期望产品

期望产品(Expected Product)是指消费者购买产品时期望得到的东西，如消费者对电冰箱产品的期望包括送货上门、安装等。消费者的期望产品得不到满足时，会影响其对产品本身的满意程度、购后评价及重复购买率。

4. 延伸产品

延伸产品(Extension Product)是指消费者购买产品时所能得到的附加服务和利益，如电冰箱的使用说明书、维修服务等。许多成功的公司在它们的产品和服务中增加了额外的优惠和好处。延伸产品的增加要从消费者的需要出发：第一，延伸产品所增加的成本是消费者愿意承担也承担得起的；第二，延伸产品给予消费者的利益将很快转化为消费者的期望利益；第三，在重视延伸产品的同时要考虑消费者需要的差异性。

5. 潜在产品

潜在产品(Potential Product)是指包括现有产品的所有延伸产品在内的，并最终可能发展成为未来最终产品的状态。它指出了产品未来的发展方向，例如新能源汽车与自动驾驶技术等。

以上五个层次相互依存，共同构成了完整的产品概念，即产品包括有形的实体和无形的服务。强调企业在实现核心产品的同时，也要重视形式产品、期望产品、延伸产品和潜在产品的开发,以全方位地满足消费者的需要。

二、产品的分类

产品可以按照不同的分类方式进行分类。

1. 按照产品是否耐用分类

(1)耐用品:是指在正常情况下产品能多次使用的有形物品,如电视机、汽车等。经营耐用品的企业要有雄厚的资金,能够提供更多的销售服务和产品质量保证。

(2)非耐用品:是指在正常情况下产品仅能使用一次或几次的有形物品,如食品、肥皂和化妆品等。经营非耐用品的企业要设置多个零售网点且接近居民区,以方便消费者购买。

2. 按照产品是否有形分类

(1)有形产品:是指能够满足人们各种需求和欲望的有形实体,如电冰箱、洗衣机、各类服装、家具和食品等。

(2)服务:是指出售无形的活动、效益或满意,如修理活动等。经营服务需要加强服务质量管理,密切购买者与经营者的关系,根据消费者需要提供差别化服务。

3. 按照产品的用途分类

(1)消费品:是指直接用于满足最终消费者个人消费的产品。按照消费者购买习惯,消费品又分为便利品、选购品、特殊品和非需品。

1)便利品:是消费者经常购买和使用,而且用最少的时间和精力去比较品牌、价格的消费品。它们通常价格较低并且被置于许多销售点,随时等候顾客的购买,如洗涤用品、零食和居家百货等日常生活用品。

2)选购品。选购品是消费者在比较品牌、价格、质量和款式后才购买的产品。对于选购品,消费者会花大量的时间和精力收集信息并进行比较,其购买频率通常较低,如家具、家用电器等。

3)特殊品。特殊品是消费者愿意花时间和精力去认定品牌后而购买的产品。特殊品价格通常较高,但消费者对价格是低敏感度的,如特殊品牌和型号的汽车,名牌服装等。

4)非需品。非需品是消费者不清楚或没有兴趣购买的产品。例如刚上市的新品通常都是非需品,直到广告帮助人们认识了它们为止,如人寿保险等。

(2)工业品:是指企业或组织为了进一步用于行业生产而购买的产品。工业品又分为原材料与零部件、资产项目和易耗品及服务。

1)原材料与零部件。原材料与零部件是指完全进入生产过程的产品,它包括原料、材料和装配于其他产品之上才成为新产品的组成部分的零部件。

2)资产项目。资产项目是指在生产过程中长期发挥作用,其价值逐渐转移到产品中去的劳动资料,它包括主要设备和附属设备。

3)易耗品及服务。易耗品及服务是维持生产必需的,但本身不进入生产过程的产品,它包括使用易耗品、维修易耗品和维修服务、咨询服务等。

知识链接

企业生产的某些产品既可以是消费品,同时也可以是工业品。例如:对于汽车产品,消费者私人购买使用时为消费品,而用于汽车运输时为工业品。同样,个人购买大米满足食用时,它是消费品,食品厂购买用于再加工食品时则为工业品。

第二节　产品组合策略

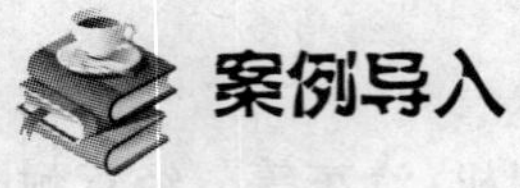

案例导入

华龙方便面的产品组合

位于河北省邢台市隆尧县的华龙集团曾以超过60亿包的产销量排在中国方便面市场的第二位,仅次于拥有“康师傅”的顶新国际集团。“华龙”“康师傅”和“统一”形成了三足鼎立的市场格局。“华龙”真正地由一个地方性品牌成长为全国性品牌。

在20世纪90年代初期,众多的方便面厂家将其目标市场定位于城市市场,如“康师傅”和“统一”的销售主要依靠城市市场来实现。而广大的农村市场,充斥于一些质量不稳定、无品牌可言的小型厂家。但是,广大的农村仍然蕴藏着巨大的市场潜力。

创业之初的华龙集团便把产品定位在8亿农民和3亿工薪阶层上。依托当地优质的小麦资源和充足的劳动力,华龙集团将方便面的零售价控制在比一般名牌低0.8元左右,实行物美价廉,薄利多销的策略。

在产品组合方面,华龙集团主推的大众面如“108”、“甲一麦”和“华龙小仔”等,中档面有“小康家庭”和“大众三代”等,高档面有“红红红”和“煮着吃”等。另外,华龙还有如下系列产品:定位在小康家庭的高档产品“小康130”系列;面饼为圆形的“已圆面”系列;适合少年儿童的“A小孩”系列;以干吃为主的“甲一麦”系列;为适合少数民族地区的“清真”系列;回报农民兄弟的“农家兄弟”系列;适合中老年人的“煮着吃”系列等。以上系列产品都有3个以上的口味和6种以上的规格。不仅如此,华龙集团还针对不同区域的消费者推出不同口味和不同品牌的系列新品。随着不同系列新品的不断推出,华龙集团的方便面产品线得以逐步充实和完善。

目前,华龙集团拥有方便面、调味品、饼业、面粉、彩页、纸品等6大产品线。当然,方便面是华龙的主要产品线。

一、产品组合

1. 产品组合

产品组合(Product Mix)是指企业生产经营的所有产品线和产品项目的组合。

(1)产品线(Product Line)是指密切相关的、满足顾客同类需求的一组产品。例如,海尔集团拥有冰箱、洗衣机、计算机、空调和手机等不同的产品线。

(2)产品项目(Product Item)是指某一产品线内各种不同的产品。例如,海尔洗衣机的产品线中包含全自动洗衣机、波轮单洗机、波轮脱水机等多个产品项目。

2. 产品组合的变量

产品组合包含四个变量:产品组合宽度、产品组合长度、产品组合深度和产品组合关联度,如图7-2所示。

(1)产品组合宽度:又称产品组合的广度,是指产品组合中所拥有产品线的数量。

(2)产品组合长度:是指产品组合中所有产品项目的总数。

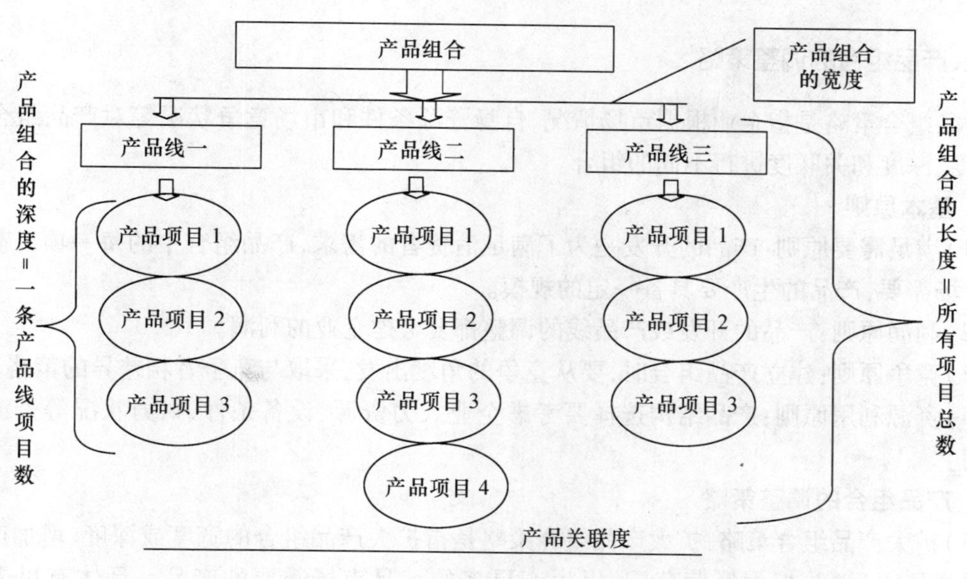

图 7-2　产品组合

(3)产品组合深度:是指每条产品线中所包含产品项目的数量。产品项目总数除以产品线即得到产品的平均深度。

(4)产品组合关联度:是指各条产品线在最终用途、生产条件、分销渠道或其他方面的关联程度。

案例穿插

海尔集团的家用电器有:冰箱、空调、洗衣机、电热水器、电视、计算机和手机7条产品线。每条产品线都有许多不同规格的具体产品。在此,只写出部分具体产品。

冰箱有:王子、太空王、王中王、大统帅、小统帅和小小统帅;

空调有:超人、小元帅、金超人和太空金元帅;

洗衣机有:玫瑰钻、小神童、多变神童、银河钻和小神功;

电热水器有:大海象、海象王和小天将;

电视有:宝德龙、美高美、小雷达和青蛙王子;

计算机有:轰天雷、速启锋和家家乐;

手机有:智能快客、易趣和精英快客等。

根据以上信息,海尔集团的家用电器的产品组合宽度为7,长度为28,平均深度为4,产品组合关联度强。

3. 企业发展业务的四种方法

(1)增加新的产品线,以扩大产品组合的宽度。采用这种方法,新的产品线就可以利用公司在其他产品线的声誉。

(2)延长其现有的产品线,成为有更完整产品线的公司。

(3)增加每一产品项目的品种,以增加产品组合的深度。

(4)可以使产品线有较多(或较少)的关联度。

二、产品组合的调整策略

产品组合策略是指企业根据市场情况、自身资源条件和市场竞争状况等对产品组合的宽度、长度、深度和关联度进行不同的组合。

1. 基本原则

(1)满足需要原则:产品的开发是为了满足消费者的需求,产品组合中的每一项目都应该满足市场需要,产品的生产要具备一定的规模。

(2)利润原则:产品的开发或产品线的调整都要考虑企业的利润。

(3)竞争原则:建立产品组合时,要从竞争的角度出发,采取与竞争者相差异的策略。

(4)资源利用原则:产品结构选择要考虑企业人力资源、设备条件、财力状况等资源的充分利用。

2. 产品组合的调整策略

(1)扩大产品组合策略:扩大产品组合策略是指扩大产品组合的宽度或深度、增加产品的系列或产品项目,并扩大经营范围,以生产更多的满足市场需要的产品。具体有以下三种方式:

1)向上扩展是指在原有的产品线的基础上增加生产比原有产品更高档的产品。向上扩展的优点是能增加企业的盈利水平和提高企业的声誉,以便更好地满足顾客的需要;缺点是顾客可能受原有低档产品的影响而不相信企业具备生产高档产品的实力。

2)向下扩展是在原产品线的基础上增加生产比原来更低档的产品。向下扩展的优点是企业可以利用高档品的声誉吸引低档品的需求者,以扩大市场份额,并提高市场占有率;缺点是可能会损坏企业原有高档产品的声誉,给企业带来经营风险。

3)双向扩展是在原有的产品线的基础上既增加高档的产品线,又增加低档的产品线。双向扩展的产品策略可以扩大市场范围,开拓新的市场,获取更多利润,但是也会造成较大的投资支出,增加企业自营风险。

(2)缩减产品组合策略:缩减产品组合策略是随着市场需求和企业内部条件的变化,主动合并或减少一些不能给企业创造利润的产品线或产品项目,集中优势经营市场需求量大并预期能获得利润的产品。

(3)淘汰产品策略:淘汰产品策略是对已经不能满足市场需求、也不能为企业带来利润的产品果断作出决定,淘汰和放弃这些产品,以避免更大损失。

3. 调整产品组合策略时需要注意的事项

(1)抓住骨干产品不放松:在诸多产品组合中,企业要有主打的产品线和产品项目,并以此来构成企业形象和产品形象的主体,对主打的产品要不断地发展,一方面通过主打产品来增加企业利润,另一方面通过主打产品而给顾客留下比较清晰的产品形象和企业形象。

(2)及时调整产品组合策略:根据企业自身的资源状况和外部机遇及时调整产品组合策略,不一定要按照先发展产品线,再发展产品项目的理论来制订产品组合策略。

(3)产品线和产品项目内部不要相互冲突:产品线之间、产品线内的产品项目之间不要相互冲突、互相矛盾。例如,不要把高精尖的产品项目与劳动密集型、低技术含量的产品项目放在一条产品线中,否则会影响前者的形象,造成产品定位的模糊。

(4)不要走极端系统化之路:企业不要盲目去建立系列产品线和产品项目:并不是产品线

越多越好，也不是产品项目越多越好。可口可乐曾在一年时间内连续推出四种新产品，加上原有的两种产品共六种不同口味同时出现在市场，消费者无所适从，零售商也不耐烦。经验表明，80%的利润往往来自20%的产品，产品线的比例要合理，产品项目的比例也要合理。产品组合策略是企业的效率策略，其最终目的是为了追求企业效益的最大化。

第三节 新产品开发策略

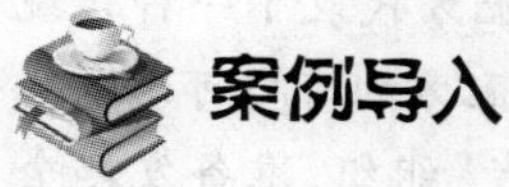

案例导入

可口可乐新配方饮料的失败

一、决策的背景

20世纪70年代中期以前，可口可乐公司是美国饮料市场上的龙头老大，可口可乐占据了全美80%的市场份额，年销量增长速度高达10%。

然而好景不长，70年代中后期，百事可乐的迅速崛起令可口可乐公司不得不着手应付这个饮料业"后起之秀"的挑战。

首先，百事可乐公司推出以饮料市场最大的消费群体——年轻人为目标消费者的"百事新一代"广告系列。因为该广告系列适宜青少年口味，以冒险、青春、理想、激情、紧张等为题材，所以赢得了青少年的喜爱；同时，百事可乐也树立了"年轻人的饮料"的品牌形象。

随后，百事可乐又推出一款非常大胆且富创意的"口味测试"广告。在被测试者毫不知情的情形下，请他们对两种不带任何标志的可乐进行品尝。由于百事可乐口感稍甜、柔和，因此，百事可乐公司此番现场直播的广告中的结果令百事可乐公司非常满意：80%以上的人回答是百事可乐的口感优于可口可乐。这个名为"百事挑战"的直播广告令可口可乐一下子无力还击。市场上百事可乐的销量再一次激增。

二、市场营销调研

为了着手应战并且得出为什么可口可乐发展不如百事可乐的原因，可口可乐公司推出了一项代号为"堪萨斯工程"的市场调研活动。

1982年，可口可乐深入到10个主要城市中，进行了大约2000次的访问，目的是调查口味因素是否是可口可乐市场份额下降的重要原因，同时征询顾客对新口味可乐的意见。于是，在问卷设计中，增加了例如"你想试一试新饮料吗？""可口可乐的口味变得更柔和一些，您是否满意？"等问题。

调研结果表明，顾客愿意尝试新口味的可乐。这一结果更加坚定了可口可乐公司的决策者们的想法——长达99年的可口可乐配方已不再适合今天消费者的需要了。于是，满怀信心的可口可乐开始着手开发新口味可乐。

可口可乐公司向世人展示了比老可乐口感更柔和、口味更甜、泡沫更少的新可口可乐样品。在新可乐推向市场之初，可口可乐公司又不惜血本进行又一轮的口味测试。可口可乐公司倾资400万美元，在13个城市中，约19.1万人被邀请参加了对无标签的新、老可乐进行口味测试的活动。结果60%的消费者认为新可乐比原来的好，52%的人认为新可乐比百事好。新可乐的受欢迎程度一下打消了可口可乐领导者原先的顾虑，于是，新可乐推向市场只是个时间问题。

三、灾难性后果

起初,新可乐销路不错,有1.5亿人次尝试了新可乐。然而,新可口可乐配方并不是每个人都能接受的,不接受的原因往往并非口味本身,而是因为这种"变化"受到了原来可口可乐消费者的排挤。

超初,可口可乐公司已为可能的抵制活动作好了应付准备,但不料顾客的愤怒情绪犹如火山爆发般难以驾驭。顾客愤怒的原因是认为99年秘不示人的可口可乐配方代表了一种传统的美国精神,而热爱传统配方的可口可乐就是美国精神的体现,放弃传统配方的可口可乐意味着一种背叛。在西雅图,一群忠诚于传统可乐的人组成"美国老可乐饮者"组织,准备发起全国范围内的"抵制新可乐运动"。在洛杉矶,有的顾客威胁说:"如果推出新可乐,将再也不买可口可乐。"即使是新可乐推广策划经理的父亲,也开始批评新可乐。

而当时,传统配方的可口可乐由于人们预期其会减产,而居为奇货,价格竟在不断上涨。每天,可乐公司都会收到来自愤怒的消费者的成袋信件和1500多个电话。潮水般涌来的批评,使可口可乐迫于压力不得不开通83部热线电话,雇请大批公关人员安抚愤怒的顾客。面临如此巨大的批评压力,公司决策者们不得不稍作动摇。在随后又一次推出的顾客意向调查中,30%的人说喜欢新口味可口可乐,而60%的人却明确拒绝新口味可口可乐。可口可乐公司又一次恢复传统配方的可口可乐的生产,同时也保留了新可口可乐的生产线和生产能力。

在不到3个月的时间内,尽管公司曾花费了400万美元进行了长达2年的调查,但新产品上市最终还是遭遇了彻底的失败!这个案例提醒我们,新产品开发需要十分慎重。

一、新产品的概念和种类

1. 新产品的概念

营销学中的新产品是从市场和企业两个角度来说的:对市场而言,第一次出现的产品即为新产品;对企业而言,第一次生产和销售的产品也称为新产品。这里所谓新产品,是指企业向市场提供的较原先的产品已经有了根本不同的产品,即具有新功能、新特色、新结构或新用途的产品。

2. 新产品的种类

(1)全新型新产品是指采用新原理、新结构、新技术或新材料而制成的具有全新功能的新产品。例如,汽车、电视机、计算机等的第一次出现都属于全新型新产品。

(2)换代型新产品:指在原有产品的基础上,部分采用新技术、新结构或新材料而制成的性能有明显提高的产品。例如,从燃油汽车到电动汽车、从CRT电视到液晶电视等。

(3)改进型新产品:在原有产品的基础上,为改善其性能、用途或提高其质量而派生的新产品。例如,电风扇上加上遥控开关后就属于改进型新产品。

(4)模仿型新产品:市场上已经存在而企业没有生产过的产品,或其他地区已经存在而在本地区是第一次出现的产品。例如,无线手持式吸尘器在国外早已上市,而我国才开始模仿生产,这就属于模仿型新产品。

二、新产品开发原则

新产品开发应该遵循以下原则:

1. 新产品必须有市场潜力

新产品开发是从营销观念出发所采取的行动，因此，新产品必须是适应社会经济发展要求并满足消费者需要的产品。

2. 企业必须有新产品开发的实力

新产品开发是一项高风险、高投入的活动，企业必须考虑自己的技术水平、财务能力以及其他资源状况能否完成新产品开发，同时，在研制出新产品后，企业还要考虑其生产条件是否具备。

3. 新产品开发必须坚持开发与管理并重

新产品开发是一项复杂的活动，因此企业必须抓好开发管理、提高开发效率。开发管理包括对开发计划实施过程的管理，也包括可行性研究以及营销方案制订等一系列的工作，它们都是新产品开发成功的重要保证。

三、新产品开发过程

新产品的开发过程一般包括以下八个环节，如图 7-3 所示。

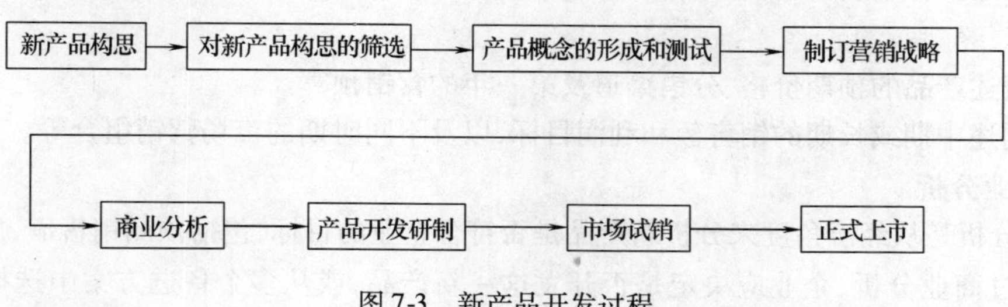

图 7-3　新产品开发过程

1. 新产品构思

新产品开发的第一阶段是新产品构思，在进行新产品构思前，一般可以从以下几个方面收集相关信息：

(1)顾客的需求和欲望是寻找新产品构思的起点：资料表明，成功的技术革新和 60% ~ 80% 的新产品的构思往往来自于顾客的建议或顾客使用时提出的改进意见。企业可以通过对顾客的调查来了解顾客的需求和欲望，从而得到新产品的构思。

(2)企业的内部员工是新产品构思的重要来源。企业内部员工对于企业自身的情况以及所处的行业和市场状况有一定的了解。因此，企业应通过各种措施鼓励每个员工积极寻找新产品的构思。

(3)对竞争对手的产品分析也可以为企业提供新的构思。企业可以购买竞争对手的产品以进行研究，然后制造出优于竞争对手的产品。

(4)其他来源：新产品构思的其他来源有专家、行业顾问、广告代理商、经销商和营销调研公司等。

2. 对新产品构思的筛选

对新产品的构思进行筛选，是为了剔除那些达不到预期目标或尽管可能达到预期目标但企业自身能力不具备的构思。筛选时要评价以下经济技术指标：

(1)新产品的主要性能和预期的经济技术指标。

(2)新产品的市场需求和销售情况估计。

(3)新产品的竞争优势。

(4)新产品开发所需的资源条件和本企业能力状况。

(5)新产品的获利能力。

(6)新产品开发的财务可行性测试。

3. 产品概念的形成和测试

产品构思是从企业的角度,希望提供给消费者的产品设想,可用文字、图像、模型等予以清晰阐述。产品概念是从顾客的角度,对这种构思进行详细描述,使之在顾客心目中形成一种具体的产品形象。产品概念形成后要针对顾客进行测试并收集顾客的反映,使产品概念更符合顾客的需要。

4. 制订营销战略

产品概念测试后,企业就必须制订把这种新产品引入市场的初步战略计划。初拟的计划至少包括以下三部分:

(1)描述目标市场的规模、结构、消费者的购买行为、产品的市场定位以及短期的销售量、利润等。

(2)概述产品的预期价格、分销渠道及第一年的营销预算。

(3)阐述中期或长期的销售额和利润目标,以及不同时期的市场营销组合等。

5. 商业分析

商业分析是从经济角度来分析新产品是否符合企业的目标,包括预测销售额、成本和利润指标。通过商业分析,企业应决定是否开发这一新产品,或从多个备选方案中选择一个最佳方案。

6. 产品开发研制

将通过商业分析的产品概念移交研发部门或技术工艺部门,并将产品概念转化为产品实体。如果发现问题和不足,要及时改进设计,之后才能正式评价产品在技术上、经济上的可行性。

7. 市场试销

将试制的产品投放到通过选择的具有代表性的市场进行销售试验,了解消费者对产品的反应和意见,以便企业采取相应的营销策略。但并非对每种产品都需要试销,如果企业在产品概念形成及测试阶段,已经通过各种方式收集了消费者对产品的意见并进行了改进,或消费者对产品的选择性较小时可以直接将产品推向市场。

8. 正式上市

新产品试销成功且通过技术鉴定后,就可以批量生产,并选择合适的时机全面投放市场。为了将新产品成功推向市场,需要考虑何时上市、何地上市、为谁(目标市场或目标顾客)上市、如何投入市场等问题。

四、新产品开发策略

新产品的开发策略很多。企业应根据市场状况、自身条件和竞争对手来选择合适的开发策略。

1. 抢占市场策略

在信息时代,高新技术发展的速度已与商品的增值成正比。企业如果能够加快新产品的开发速度,就能够在市场上捷足先登、取得丰厚的利润。从市场竞争的角度看,如果企业抢先一步占领了市场,竞争对手往往只能跟在后面追。企业不断地推陈出新,这样就建立起了自己在技术和经营上的优势。

2. 超越自我策略

企业应具有超越自我的勇气,并以强大的技术力量作为后盾,努力在激烈的市场竞争中走在其他竞争者的前面。

3. 迟人半步的策略

新产品开发中,先发制人往往占先机,而迟人半步的跟随并超越也不可小觑。迟人半步是等其他企业推出新产品后立即加以模仿和改进,然后推出自己的新产品。这种策略必须基于以下两点:一是任何新产品都不会完美无缺,可以借用别人的探索,求得选择适合企业自身发展的机会;二是企业之间的竞争,重要的不是谁先推出产品,而是最终要看谁的产品质量最优、功能最全和价格最低等。

4. 借脑生财策略

要想不断地开发出新产品,只靠企业自身的技术力量往往是不够的,企业要努力寻找合作伙伴,把科研单位、大专院校作为技术后盾,通过技术引进和技术合作,借脑开发新产品,以增强企业的竞争实力。

5. 差异化策略

企业在开发新产品时,应考虑新产品与同类产品的差异性。企业应努力向消费者提供具有明显特色的产品,以增强产品的吸引力和竞争力。

6. 市场扩散策略

新产品研制成功后总是要推向市场并接受市场的检验。营销专家曾告诫企业家说:“你的产品可能是世界上最好的,但是,如果它们不是在顾客需要的时间和地点出现,那么它们就一文不值了。”对于新产品的市场拓展过程,在正确把握市场机遇,正确确定上市时机的同时,有两种策略可供选择:一是渐进策略,即企业在推出新产品时有选择地进入特定的市场和特定的地区;二是急进策略,即企业在新产品试销充满希望的前提下,将新产品全速推进企业预期要占领的各个目标市场。

第四节　产品生命周期策略

案例导入

摩托罗拉 V998 和 V8088 的产品生命周期

摩托罗拉公司的两款手机 V998 和 V8088 在投入市场四年多的时间里,充分地展示了其完整的生命周期历程,成为产品生命周期体现的典型代表。

V998 款手机是摩托罗拉公司在 1999 年春天推向中国市场的,其特点是双频、体积小、液晶显示屏和翻盖设计,这些特点在当时绝无仅有,再加上摩托罗拉精妙的市场推广手段,该机很快便赢得了市场的青睐,即便市场价高达13000元。这说明,该产品在投入期,初次进入市场就受到了众多消费者的喜爱和认可。

伴随着该产品的推出,也产生了一系列的问题,如软件不成熟、产能供应不足等。通过努力后,新产品的各方面情况渐趋稳定,并且新增加了“中文输入”和“录音”等功能。尤其是“中文输入”功能的推出,方便了短信息的使用,得到用户的追捧。而此时,V998逐渐进入了成长期,其市场价也降到了7000~8000元。与此同时,摩托罗拉在V998的基础推出了另一款手机V8088。除了继承V998的全部功能之外,V8088还有WAP上网、自编铃声、闹钟提示和来电彩灯提示功能等。另外,与在美国设计的V998不同,V8088是在新加坡设计出来的,更符合亚洲人的审美观念。伴随着新千年钟声的敲响,中国手机用户中突然刮起了手机上网的旋风。而号称“网上通”的V8088恰选择在此时推出市场,很快便风靡一时,用很短的时间便由投入期进入到了成熟期。此时的V8088售价在8000元以上,比同期的V998高出了约2000元。以V998和V8088为代表的“V”系列手机属于“时尚型”产品,其目标顾客是成功人士和一些追求时尚的人。风光了大半年后,随着摩托罗拉以及其他公司的一些新产品的推出,V998和V8088手机开始逐渐离开高端市场,其市场价都降到了4000元以下。同时,随着WAP上网热的逐渐冷却,V8088的价格也只比同期的V998高出不到1000元。不过,价格的降低有效地刺激了市场,这两款手机的销量大大提高。从2000年第三季度起,V998和V8088系列手机已成为摩托罗拉的主打产品,其销量在公司手机产品中名列第一。

然而,伴随着V998和V8088需求量的大幅上升,又产生了一系列质量问题。在全国的很多地方,消费者手中的该两款手机常出现屏幕显示不全或黑屏现象。由于问题的突发性,以及数量较大、地域较广等原因,公司的售后服务没有及时跟进,致使福建、浙江、四川和贵州等地出现了消费者拒买V998和V8088手机的现象。不仅这两款手机遭受了沉重的打击,而且还可能影响到后续的V60和V66等还在试制阶段的新型号。为此,公司很快便采取了应急措施,紧急召回了有问题的手机妥善处理并向消费者真诚道歉。接下来,公司改进了设计缺陷并及时予以纠正。此举终于挽回了市场,V998和V8088系列手机销量第一的位置又失而复得。不过,此时的产品价位已经降至2000~2700元。大众化的价位再度刺激了消费需求,大大促进了销售量的增长,同时也为后续产品的研发和成长提供了有利的条件。接下来,随着市场竞争的加剧,这一系列手机已定位于中低档,价位稳定在1500~1700元左右。两款手机轻巧且功能齐全,依然深受消费者的喜爱。此外,这一系列手机的工艺已经成熟、质量和服务已经稳定。因此,功能、价位、质量和服务等多方面的特点使得这一系列的手机仍然在市场上占有重要的地位。这两款手机经过了较长成熟期的市场竞争,取得了优异的成绩,堪称摩托罗拉的经典机型。

值得关注的是,随着时间的推移,该系列手机已进入其衰退期,价格在不断下降。2002年2月,V998在天津的市场价约为1700元。但到了同年10月,已降至1300元了。同时,手机已开始向3G和4G方向发展,新的品牌和智能手机的异军突起使得V998和V8088不再具有竞争力。因此,还停留在GSM时代的V998和V8088系列手机相对来说也进入了产品的衰退期。按照公司的策略,这一系列手机也就逐渐淡出市场。

一、产品生命周期的概念

产品生命周期(Product Life Cycle)是指一种产品从投入市场到退出市场所经历的全部时

间。可以从以下几个方面来理解产品生命周期。

1. 产品的使用寿命与产品生命周期

产品的使用寿命是指产品从投入使用到消耗、磨损、废弃为止所经历的时间,它与产品的自然属性和使用强度有关。产品的生命周期是产品的经济寿命,是产品在市场的存在时间,其长度是由顾客需求变化、产品更新换代速度等因素决定的。例如,肥皂的使用寿命很短,但其产品生命周期很长;而 VCD 的使用寿命很长,但其产品生命周期很短。

2. 产品生命周期的研究范畴

营销学中所研究的产品生命周期,严格地讲是指产品品种的生命周期。产品种类(如汽车、电视机)、产品品种(如等离子电视机、液晶电视机)的生命周期各不相同,产品种类的生命周期最长,而某些产品品种则容易被市场淘汰。

3. 产品生命周期阶段

理论上,完整的产品生命周期可分为投入期、成长期、成熟期和衰退期四个阶段。但并非所有产品的生命周期都是如此。产品生命周期曲线如图 7-4 所示。

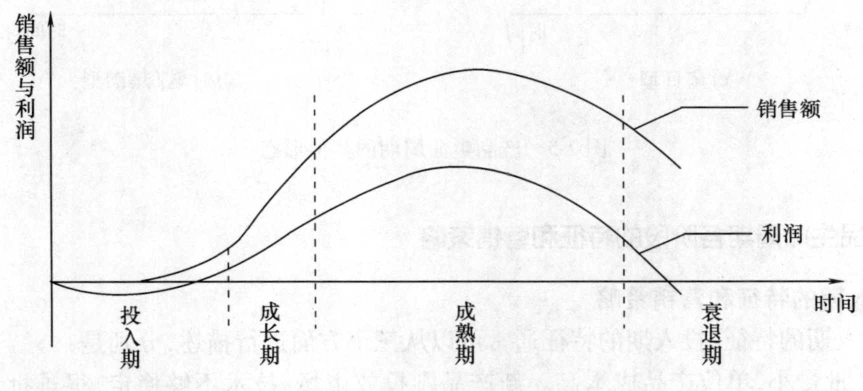

图 7-4 产品生命周期曲线

投入期:在投入期,由于新产品刚开始投入市场,前期投入成本较大,销售额增长缓慢,一般无利润或利润较低;待产品有了一定的市场份额后,销售额增长迅速,利润逐渐由负变正,产品过渡到成长期。

成长期:在这一阶段,产品已被消费者所接受,销售额增长迅速,企业利润大大提高。

成熟期:在这一阶段,市场逐渐趋向饱和,竞争越来越激烈,销售量仍有增长但增速放慢。利润在成熟期的中段会达到顶峰,但是在成熟期后期也开始呈下降趋势。

衰退期:衰退期是产品逐渐退出市场的时期。在这一阶段,销售额和利润逐渐下降,利润甚至会出现负的情况,产品正逐渐被市场所淘汰。

对于不同的产品,其生命周期各不相同。例如,某些电器产品的生命周期可能只有几个月或几年,而汽车产品的生命周期已经长达上百年。

在不同的国家或地区,同一产品的生命周期可能处于不同的阶段。在我国,由于城市和农村的经济发展水平不同,当液晶电视机在大城市已进入成熟期时,而在边远的农村还处在成长期。

有的产品一进入市场就快速成长,迅速跳过投入期;有的产品一进入市场可能跨过成长期,直接进入成熟期;还有的产品进入市场后还未成长起来就被直接淘汰。

产品生命周期的其他形态如图7-5所示。

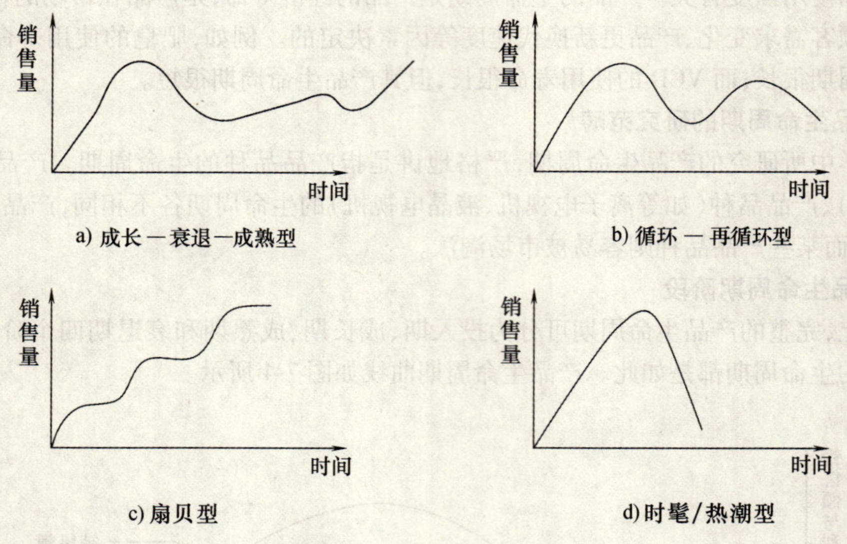

图7-5 产品生命周期的其他形态

二、产品生命周期各阶段的特征和营销策略

1. 投入期的特征和营销策略

(1)投入期的特征:投入期的特征通常可以从三个方面进行描述,分别是:

1)生产批量小,单位产品成本高。新产品刚投放市场,技术不够稳定,很难批量生产,因此生产成本较高。

2)营销费用高。新产品进入市场,消费者对其性能、质量、特点等都缺乏了解,需要企业加大推销和宣传的力度,必然导致营销费用高。

3)销售量和利润较少。由于消费者对新产品认知不够,只有少数创新者、早期接受者购买产品,因此销售量较少,利润较少,甚至会出现经营亏损。

(2)投入期的营销策略:为了使产品能迅速进入其成长期,企业在投入期可以运用的主要策略如图7-6所示。

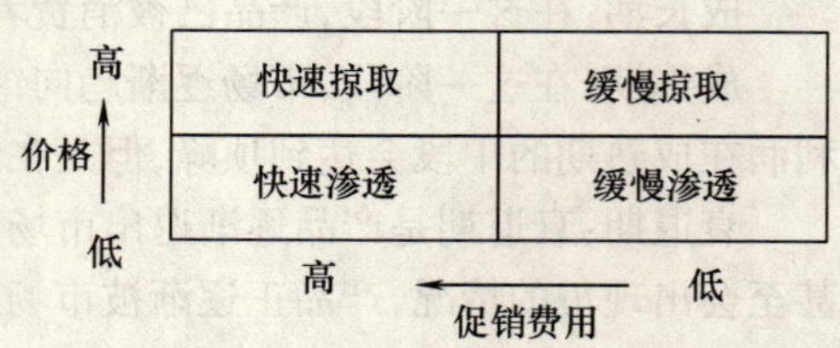

图7-6 投入期的产品营销策略

1)快速掠取策略,即采用高价格、高促销的方式推出新产品。如果能成功地实施这一策略,则可以迅速扩大销售量并收回投资。

采用此策略的前提条件是产品的市场需求较大,市场上无替代产品或更优的同类产品;目标顾客急于购买新产品且乐于接受高价格;产品面临着潜在对手的威胁。

案例穿插

1945年年末，在二战刚刚结束后的第一个圣诞节来临之际。美国的消费者都热切地希望买到一种新颖别致的商品，作为圣诞礼物送给亲朋好友。于是，雷诺公司看准这个时机，从阿根廷引进了美国人从未见过的圆珠笔并很快形成了规模生产。当时每支圆珠笔的生产成本只有0.5美元，那么，市场的零售价该定多少呢？如果按照通常的成本导向定价法，定1美元就能赚一倍，1.5美元就能赚200%的利润，似乎应该满足了。但公司的专家们通过对市场的充分研究后认为：圆珠笔在美国属于首次出现，故而奇货可居；又逢圣诞节来临，应该用高价格来引导和刺激消费。于是，公司决定以10美元的批发价批给零售商，零售商则以20美元的零售价卖给消费者。事情果然如预测的那样，圆珠笔尽管以生产成本40倍的高价上市，但仍然以其新颖、奇特和高贵的魅力风靡全美国。虽然后来跟风者蜂拥而至，生产成本降到了0.1美元，但市场价也跌到了0.7美元。此时，雷诺公司早已狠狠地赚了一大笔。

2）缓慢掠取策略，即采用高价格、低促销的方式推出新产品。其目的是使企业获得更多的利润。采用此策略的前提条件是：市场规模相对较小，竞争威胁不大；大多数消费者已熟悉该产品，适当的高价能为市场所接受。

3）快速渗透策略，即采用低价格、高促销的方式推出新产品。其目的是快速占领市场，给企业带来最快的市场渗透率和市场占有率。采用此策略的前提条件是：产品市场容量很大；潜在消费者对产品不了解，且对价格十分敏感；潜在竞争比较激烈。

4）缓慢渗透策略，即采用低价格、低促销的方式推出新产品。低价格可以扩大销售量，低促销可以降低成本，从而实现更多的利润。采用此策略的前提条件是：产品市场容量很大；潜在消费者对产品价格十分敏感；存在潜在竞争对手，但威胁不大。

2. 成长期的特征和营销策略

（1）成长期的特征：成长期的特征通常包括三个方面。

1）产品质量较为稳定，企业已形成规模生产。随着新产品的不断改进和完善，技术工艺也日趋成熟，产品质量开始逐渐提高。由于市场需求较大，众多企业已开始投入批量生产，部分企业已形成规模生产。随着成本的降低，价格也趋于下降。

2）产品销量快速增长，利润随之迅速增加。在这个时期，由于产品已被广大消费者所接受，故而产品的销量快速增长，企业的利润也迅速增加。

3）市场竞争较为激烈。市场竞争加剧，开始形成多家企业竞争的格局。

（2）成长期的营销策略：成长期的营销策略通常包括三个方面。

1）通过改进产品的质量、增加产品的特色，从而有助于提高产品的市场占有率。

2）分析市场及竞争对手的变化，可以继续保持原有的价格或适当调低价格，以争取更多的顾客。

3）开辟新的销售渠道或开拓新的市场，增加产品的销售网点，以方便消费者的购买。

4）通过促销来树立良好的产品形象。目的在于培养消费者的品牌偏好，吸引更多的新顾客。

3. 成熟期的特征和营销策略

（1）成熟期的特征：成熟期的特征通常包括四个方面。

1）产品基本定型，工艺成熟。产品在经过投入期和成长期后，产品的结构不断调整，工艺日益完善与成熟。

2)产品价格差异不大,竞争处于"白热化"。在成熟期的上半期,市场供应基本平衡;在成熟期的下半期,市场往往供大于求。此外,由于顾客可能已转向其他产品或替代品,在多方因素的共同作用下,市场竞争渐趋"白热化"。

3)产品销售在达到顶峰后开始缓慢回落。由于成熟期的产品已被广大消费者所认可,消费者已对该产品的性能和质量有所了解,并已进行过重复购买,从而大幅度提高了市场的总量。在成熟期的上半期,销售量逐渐达到顶峰;但在成熟期的下半期,一些求新的消费者已将眼光转向了功能更全的产品或其他替代品,从而导致该产品销售的由盛转衰。

4)企业利润开始下降。激烈的市场竞争使企业的促销费用增加,加上库存产品的积压、资金周转缓慢及其他原因,企业的利润开始下降。

(2)成熟期的营销策略:成熟期的营销策略通常有三种方式。

1)市场改进,包括发现产品的新用途、改进推销方式以增加消费者的人数和消费频率以及进入新的市场等。例如,美国杜邦化学公司开发的尼龙产品最初仅用于制造降落伞和绳索,后来则广泛用于制造服装等产品,从处于饱和的市场又重新进入了一个新的市场。

2)产品改进,包括产品质量、特色和款式等方面的改进,其目的在于满足不同消费者的需要,从而扩大产品的销量。

3)产品组合改进。通过改变某些市场组合要素来增加产品的销量,如增加营销渠道和降低价格等。

4. 衰退期的特征和营销策略

(1)衰退期的特征:衰退期的特征通常包括两个方面。

1)产品的销量急剧下降。消费者已普遍对该产品不再有兴趣,并将购买力转到其他的新产品,因此该产品的销量开始急剧下降。

2)利润明显下降,部分企业出现亏损。由于产品销售受阻、库存严重,导致企业成本上升,利润明显下降,众多企业出现亏损。

(2)衰退期的营销策略:衰退期的营销策略通常包括三个方面。

1)继续策略,即企业继续沿用过去的策略,直到产品完全退出市场。当企业在该市场有绝对支配地位,在多数竞争者已退出市场、市场仍有一定容量的时候,可以用此策略。

2)集中策略。集中资源于具有最大优势的细分市场,从最有利的局部市场获得尽可能多的利润,有利于延长产品退出市场的时间。

3)放弃策略。当企业现有的产品无潜在市场机会或新产品已经上市且前景看好时,应当当机立断放弃老产品。

综上所述,产品生命周期各阶段的特征及营销策略见表7-1。

表7-1 产品生命周期各阶段的特征及营销策略

特征及策略 \ 阶段	投入期	成长期	成熟期	衰退期
销售量	较低	剧增	最大	速降
成本	高	一般	较低	回升
价格	高	回落	稳定	回升
利润	亏损	提升	最大	减少

（续）

特征及策略＼阶段	投入期	成长期	成熟期	衰退期
消费者	追求时尚潮流	市场大众	市场大众	保守消费者
竞争者	很少	增多	稳中有降	减少
经销商	尝试销售	积极销售	积极销售	减少销售
营销策略	建立知名度并鼓励试用	最大限度地占有市场	保护市场并争取最大利润	压缩开支并获取最后的价值

第五节 包装策略

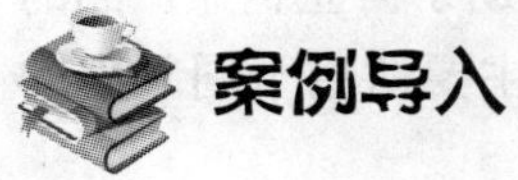

案例导入

小包装也有大作用

众所周知，野生人参是名贵的稀有药材，其价格十分昂贵，但在改革开放以前，我国一些公司在出口人参时，像捆萝卜干似地将人参捆起来，用麻袋或木箱（10kg）包装后出口。这样的包装方式，不能不让人对商品的价值程度表示怀疑，同时也大大降低了人参的身价。在这种情况下，尽管当时价格很低，但销路仍然不佳。后来一些公司终于明智地改变了包装——采用小包装（一到两支），配上了绸缎锦盒或使用外套玻璃罩木制盒子，这样的包装雅致大方，把人参的稀有性和名贵性充分地表现了出来。结果不仅销路打开，而且售价比过去增加了不少。

一、包装的概念与作用

1. 包装的概念

包装是指对产品的容器或外部进行包扎。产品包装一般包括三个部分：首要包装、次要包装和运输包装。

（1）首要包装是指产品紧靠着的包装容器，如酒的酒瓶。

（2）次要包装是指保护首要包装的包装物，又称销售包装，如酒瓶外部的纸盒。

（3）运输包装是指为了储存和运输的需要而形成的大包装，如集12瓶酒为一箱的箱子。

2. 包装的作用

现代包装在材料的使用和设计上已有不断的革新，为商品陈列、销售、使用和携带等提供了很大的方便。包装是产品不可或缺的一部分，在市场营销活动中发挥如下作用：

（1）保护产品是包装的基本作用。包装是为了保证产品从出厂到消费活动完成以前，产品的使用价值不受外来的影响，产品的实体不会被损坏、散失和变质。特别是如对于一些易燃、易爆、易损和易腐的产品，包装的作用就更加显而易见。

（2）便于储运：有的产品的外形不固定，比如是液态、气态等形态；有些可能是有毒的、腐蚀性的；有的产品的外形可能会对人身安全造成威胁。在上述情况下，如果不对产品进行包装,则无法运输和储藏。

(3)促进销售:产品经过包装后,进入消费者视线的往往不是产品本身,而是产品的包装。产品能否引起消费者的兴趣,在一定程度上受到产品包装的影响,包装是无声的推销员。

(4)增加利润:有许多产品本身并不能使人产生购买的兴趣,而经过精心设计的包装则可美化产品、提高产品的档次并吸引消费者主动购买。

二、包装策略

1. 类似包装策略

类似包装策略是指企业的所有产品都采用类似的包装,如采用同一材料、图案、颜色、标记和其他共有特征的包装物。这种策略的优点是:①节省包装设计成本,有助于树立企业产品的整体形象;②利用企业已拥有的良好声誉,带动新产品的销售。此策略主要适用于同品牌的产品。

2. 等级包装策略

等级包装策略是指企业对不同质量等级的产品分别使用不同的包装,以适应不同需求层次消费者的购买心理,从而有利于全面扩大销售。这种策略的优点是便于消费者识别和选购产品。

3. 配套包装策略

配套包装策略是指企业将几种相互关联的产品组合在同一包装物内同时出售。这种策略的优点是节约交易时间,便于消费者购买,同时还能增加企业的销售量,如强生公司的婴儿洗护用品礼盒装。

4. 再使用包装策略

再使用包装策略也称为双重用途包装策略,即包装物还可以作其他用途。这种策略的优点是通过使消费者能得到额外的使用价值而引起他们的购买欲望,继而达到增加产品销量的目的,同时,包装物还长期为企业起到延伸宣传的作用。

5. 附赠品包装策略

附赠品包装策略是指在产品的包装物内附有赠品,以吸引消费者购买。例如,食品包装物中附赠玩具、饮料盖内附有可能中奖的标志等。这种策略的优点是有较强的促销作用。

6. 分量式包装策略

分量式包装策略是指根据产品性质、消费者购买力大小和使用习惯等,按照量的大小分为不同的包装。这种策略的优点是给消费者以便利感和便宜感,便于消费者的小额购买。如一些价格较贵的产品多采用小包装,以便普通消费者都能买得起。

7. 更新包装策略

更新包装策略是指改变产品原来的包装。例如,将塑料包装改为纸质包装以适应环保要求。这种策略的优点是有助于提升产品形象并吸引更多关注环保的消费者购买。

除以上常用的包装策略外,还有礼品式包装策略、性别式包装策略等。这些策略可单独使用,也可以综合使用,以满足消费者的不同需求。此外,包装策略还有助于提升企业产品的价值,促进产品的销售,提高企业的效益。

第六节 品牌策略

案例导入

“雕牌”与“纳爱斯”的成长选择

纳爱斯公司的前身是创办于20世纪60年代末的丽水“五七”化工厂，在全国118家肥皂行业中排名第117位，但今天它却成为世界最大的洗涤用品生产基地。在全国各地都能看到，有那么多的人爱用“纳爱斯”和“雕牌”产品，其渗透力和市场覆盖率创下了中国洗涤用品行业之最。它那形象生动、富有感召力的产品广告早已深入人心，让人过目成诵。纳爱斯的发展轨迹，像一组组跳跃的音符演奏着催人奋进的广告词：“经历过，才能明白，努力就有机会！”

1. 提炼富有个性的品牌名称

纳爱斯首先在品牌名称的创意上独具匠心。“纳爱斯”是英语nice的谐音，意思是美好的、美的、令人愉快的。采用“纳爱斯”作为香皂的品牌名称，寓意美好、比喻形象，并给人以联想和希望，使人对生活充满信心，符合中国人的文化习俗。因此，消费者对它有亲切感，很容易容纳它、接受它。同时，用“Nice(纳爱斯)”作标识，中英文兼备，便于国内外消费者都过目不忘。也迎合了人们追求洋品牌、洋产品的心理。“雕牌”超能皂直接选用“雕牌”文字做商标，配以雕的图案做衬托并加注英文Attack(进攻)，一是为了美化包装，二是表示对一切污垢和丑恶现象似雕一般凶猛地攻击。两个商标寓意深刻、爱憎分明，刚柔兼备、相得益彰。从取名到设计，从构思到立意，都经过精心琢磨，含义十分丰富。

2. 实施分步到位的名牌战略

纳爱斯人的理念是，名牌是创出来的。实施名牌战略是市场经济的客观要求，名牌创到什么程度，市场的容量就挖掘到什么程度。由于实力所限“纳爱斯”和“雕牌”两个品牌一开始不能齐头并进、同时做大。为此，公司采取了集中兵力、分步实施的品牌战略。

第一步，他们选中了“雕牌”。其理由是：①雕牌超能皂更具有民族认同感；②雕牌超能皂是肥皂新一代，相对而言，科技含量较高；③雕牌在全国最早推出，并经中国洗涤用品工业协会确认为“全国销量领先”的洗涤用品，具有先入为主优势；④雕牌肥皂在市场上突飞猛进，有可靠的市场基础，已形成取代老肥皂不可逆转的势头；⑤可利用雕牌皂品牌效应顺势推出洗洁精、洗衣粉等产品，增加发展后劲。1996年，纳爱斯公司在中央电视台投入广告费1.2亿元，用强势媒体来加大推广“雕牌”的力度，市场份额因而得以迅速扩大。纳爱斯公司用1亿元的投入打出了7亿元的广告效应，为雕牌的名牌战略创造了惊人的裂变效果。只用了一年的时间，雕牌便成为中国肥皂行业的领先品牌。

第二步，当把“雕牌”做大后，他们才集中力量树立“纳爱斯”这个品牌。为此，纳爱斯公司又提出了集中精力打响“纳爱斯”，使其成为“中国第一”、“世界一流”品牌的奋斗目标。

一、品牌的概念

品牌是一个企业的牌子，用以识别一个或一群出售者的产品或服务，并以之区别于其他竞争对手。品牌包括品牌名称、品牌标志和商标三要素。

(1)品牌名称是指品牌中可以用语言称呼的部分。例如:可口可乐、柯达、海尔。

(2)品牌标志是指品牌中能被识别,但不能用语言直接称呼的部分。包括专门设计的符号、图像、图案和色彩等。例如,麦当劳的“M”、奥迪汽车的“四环”图案。

(3)商标是指按照法律程序向商标注册机构提出申请,经过商标注册机构审查,予以核准,并受法律保护的部分。

二、品牌的含义

品牌是企业的无形资产,它向消费者提供了一组特定的特点、利益和服务。好的品牌传达了质量的保证。品牌能表达六个方面的含义:

(1)属性:品牌首先给人带来的是特定的属性,如别克汽车表现出高档、制造优良、工艺精良、进取务实等。许多年来,别克的宣传语一直是“心静,思远,志在千里”,这正是为了显示该品牌的属性而精心设计的宣传语。

(2)利益:品牌能反映出带给消费者的利益。消费者购买的不是产品本身而是产品所带来的利益。属性需要可以转化为功能性或情感性的利益,如汽车耐用属性可以转化为功能性的利益——“至少我几年之内不用再买车了”;昂贵的属性可以转化为情感性的利益——“奔驰S600让我备受同行的尊重”;制作精良的属性可以转化为功能性和情感性的利益——“万一出现交通事故,我很安全”。

(3)价值:品牌体现了该品牌的某些价值感。如摩托罗拉带给消费者随时随地的通讯方便和自由感。

(4)文化:品牌可以表达一定的文化内涵。可口可乐公司的雪碧品牌则承载着美国文化中“乐观奔放、积极向上、勇于面对困难”的精神内涵与价值观。

(5)个性:品牌代表了一定的个性。使得它所代表的产品区别于其他竞争者的产品。例如一提到沃尔沃汽车容易让人联想到安全。

(6)使用者:品牌体现了购买和使用这种产品的消费者类型。

三、品牌的制作

1. 品牌的设计

一个比较完美的、合理的品牌,一般要符合以下要求:

(1)个性显著:品牌的首要作用是区别于同类产品。因此,从一定程度上讲,品牌的个性和特色是品牌的生命。

(2)简洁通俗:品牌或商标的图形线条要简明、色彩要单纯,易于理解记忆;另外,主题要明确,图案要清晰。

(3)新颖别致:造型要别致、新颖、美观、大方。富有美感的品牌或商标能够刺激消费者的视觉,从而引起注意,达到过目不忘的效果。

(4)严肃性:品牌的文字、名称、图案和符号要符合国家商品法的规定,不得同任何国家的名称、国旗、国徽、军旗、勋章等相同或相似,不得同国际组织的旗帜、徽记、名称相同或相似;不得同“红十字会”的标志、名称相同或相似;不得带有民族歧视性或带有欺诈性。

(5)多样性:在激烈的市场竞争中,企业为了减少风险,生产多种产品的企业有时需要系列化的品牌或商标。

2. 品牌命名的方法

一个好的品牌名称是品牌被消费者认知、接受、满意乃至忠诚的前提。作为品牌的核心要素,品牌名称在很大程度上对产品的销售有着直接的影响,甚至会影响到品牌的兴衰。

(1)地域法:就是将产品的品牌与企业所在地域联系起来,使消费者从对地域的信任进而产生对产品的信任。著名的“青岛”啤酒就是以地名命名的产品,人们看到“青岛”两个字,就会联想起这座城市“红瓦、黄墙、绿树、碧海、蓝天”的优美景色,使消费者在对青岛这个城市认同的基础上产生对“青岛”啤酒的认同。同样,飞速发展的“蒙牛”乳业,就是将内蒙古的简称“蒙”字作为企业品牌的要素,消费者只要看到“蒙”字就会联想起风吹草低见牛羊的壮观景象,进而对“蒙牛”产品产生好感。再如,“宁夏红”酒就是以宁夏特产枸杞为原料酿制的滋补酒,其品牌就是以突出产地来证实这种酒的正宗。由此可见,通过将具有特色的地域名称与企业的产品联系起来来确定品牌的方法,有助于借助于地域积淀,促进消费者对品牌的认同。但同时,如果众多的企业都用地域法来命名其产品,也容易产生混乱。

(2)时空法:就是将与产品相关的历史渊源作为产品品牌命名的要素,使消费者对该产品产生认同感。众所周知的“道光廿五”酒,就是源于1996年6月凌川酒厂的老厂搬迁时,偶然发掘出穴藏于地下152年的清道光乙巳年(公元1845年)的四个木酒海(古时盛酒容器)。经国家文物局、锦州市人民政府组织考古、酿酒专家鉴定,这批穴藏了一个半世纪的贡酒实属“世界罕见,珍奇国宝”。企业于是抓住历史赋予的文化财富,为用这种酒勾兑的新产品取名为“道光廿五”。“酒是陈的香”,消费者只要看到“道光廿五”,就会产生喝到祖传佳酿的感觉。因此,运用时空法来确定品牌,可以借助历史赋予的深厚内涵而迅速获得消费者的青睐。

(3)目标法:就是将品牌与目标客户联系起来,进而使目标客户产生认同感。“太太口服液”是太太药业生产的女性补血口服液,此品牌名称容易使消费者一看到该产品,就知道这是专为已婚妇女设计的营养补品;同样,“太子奶”品牌,就使人马上联想起这是给孩子们消费的乳制品,还有“好孩子”童车、“娃哈哈”儿童口服液、“乖乖”儿童食品,也是儿童产品的绝好品牌;著名的品牌“商务通”更是直接把目标客户指向那些在商场上大有作为的老板们。运用目标法来命名品牌,对于获得消费者的认同具有强大的作用。

(4)人名法:就是将名人、明星或企业首创人的名字作为产品品牌,充分利用人名的价值来促进消费者对产品的认同。例如,“李宁”牌体育用品,就是体操王子李宁利用自己的体育明星效应而创立的一个体育用品品牌;“戴尔”电脑,就是以创办人戴尔的名字来命名的品牌。此外,类似的还有“王致和”腐乳、“张小泉”剪刀、“福特”汽车、“邓亚萍”体育用品、“惠普”电脑、“乔丹”运动鞋、“松下”电器和“本田”汽车等。用人名来命名品牌,可以提高品牌的认知率。

(5)中外法:就是运用中文或外文或两者相结合来为品牌命名,使消费者对产品增加“洋”感受,进而促进产品的销售。例如,“BYD”就是用英文 Build Your Dreams 的首字母作为品牌名;“雅戈尔”就是用英文“Younger”的音译作为品牌名;“海信”的英文“Hisense”在外国人眼中就是“High sense”(即“高灵敏、高清晰”的意思),这些命名为产品的走向世界做了很好的铺垫。同样,外国名牌在翻译成中文时,巧用中文音义与字义,往往会有很好的效果,如奔驰(Benz)、宝马(BMW)、潘婷(PANTEN)、舒肤佳(SAFEGUARD)、苹果(APPLE)、家乐福(CARREFOUR)等。此外,还有音译和意译相结合的品牌命名,如可口可乐(COCA-COLA)、百事可乐(PEPSI)、可伶可俐(CLEAN&CLEAR)等。运用中外法,要注意中外文的巧妙结合,切忌为洋而洋或为中而中,尤其要防止乱用“洋”名,使消费者产生厌倦的心理,甚至产生反作用。

(6)数字法:就是用数字来为品牌命名,借用人们对数字的联想效应来增加品牌的特色。例如,“三九药业”的品牌含义就是“999”健康长久、事业恒久、友谊永久。“7-11”是世界最大的零售商和便利店特许商,遍布世界200多个国家和地区,拥有超过100万家便利店,该公司用“7-11”为企业命名的意思则是,用自己从1946年起推出的、深受消费者欢迎的从早7时到晚11时的开店时间而命名的,目前它已成为世界著名品牌之一。此外,类似的数字命名法还有“001天线”、“555香烟”、“三星电子”、“三一重工”等。运用数字命名法,可以使消费者对品牌增强差异化识别效果。

(7)功效法:就是用产品的功效为品牌命名,使消费者能够通过对产品功效的认同而达到对品牌名称的认同。如“脑轻松”就是一种健脑益智营养口服液的品牌;“飘柔”洗发水以产品致力于让使用者拥有飘逸柔顺的秀发而命名;“康齿灵”和“六必治”牙膏则是用牙膏对牙齿的防治功效来进行品牌命名。运用功效法来命名品牌,可以使消费者一看到品牌名称就联想起该产品的功能与效果。诸如此类的还有“快译通”、“快e点”、“好记星”和“泻痢停”等。

(8)价值法:就是把企业的追求用凝练的语言来为品牌命名的方法。消费者一看到该品牌,就能感受到企业的价值观念,如上海盛大网络发展有限公司(盛大)、湖南远大空调有限公司(远大),两个品牌分别突出了企业志存高远的价值追求。福建兴业银行(兴业)就体现了“兴盛事业”的价值追求。武汉健民药业集团(健民)的品牌则突出了为民众健康服务的企业追求。此外,还有北京的“同仁堂”和四川的“德仁堂”品牌则突出了“同修仁德,济世养生”的药商追求。因此,运用价值法为品牌命名,使消费者能迅速地感受到企业的价值观。

(9)形象法:就是运用动物、植物和自然景观来为品牌命名。例如,“七匹狼”服装给人以狂放、勇猛的感受,使人联想起《与狼共舞》的经典情节;“圣象”地板给人产生大象都难以踏坏的形象;此外,还有“大红鹰”、“熊猫”、“美洲豹”、“牡丹”、“翠竹”等品牌都从一定意义上表现了适宜的形象。运用形象法命名品牌,借助于一定的形象,可以使人产生一定的感受,提升消费者对品牌的认知速度。

(10)企业名称法:就是将企业名称作为产品的品牌来命名。如菲利浦、索尼、三洋、柯达、IBM、3M、海尔、海信、春兰、美的、万宝路、荣事达等。不少国外著名品牌常采用缩略语的形式,像IBM、3M、NEC等,即将公司(企业)名称的每一个词的第一个字母组织起来构成一个新词,其特点是简练,但不能说明企业的特征。运用企业名称法来进行产品品牌命名,有利于形成产品品牌和企业品牌的相互促进,达到有效提升企业形象的目的。

总之,企业在进行品牌命名时,要结合企业的实际情况和市场情况,有创意地为品牌命名。

四、品牌策略

1. 同一品牌策略

同一品牌策略是指企业生产的所有产品均使用同一品牌进入市场,如娃哈哈集团的产品,无论是果奶、八宝粥还是服装等都冠以“娃哈哈”这一品牌;日本索尼公司的所有产品都使用“SONY”这个品牌名称;台湾统一食品公司也在其产品上都使用“统一”这个品牌。采用同一品牌策略,有利于企业建立一整套“企业识别体系”和企业统一的品牌商标,利用市场上已知名的品牌推出新产品,有利于节约商标设计费用和促销费用,提高广告效果。采用此策略的企业的各种产品必须具有相同档次的质量，否则会因某一个产品的产品形象而影响到企业所有产品的整体形象。

2. 个别品牌策略

个别品牌策略是指企业按照产品的品种、用途和质量分别采用不同的品牌。像宝洁公司在它的产品中就使用了“汰渍”、“海飞丝”、“飘柔”、“潘婷”、“玉兰油”、“快乐”和“收获”等不同的品牌。采用这种策略，需要严格区分不同的产品和品种、区别不同的质量档次，以满足市场上不同层次的消费需求，有利于扩大市场容量并取得规模效应。而且，个别品牌策略还能使企业承担的品牌风险较小，即使某一品牌不受欢迎也不会波及其他品牌，也不会影响企业的整体形象。

3. 品牌扩展策略

品牌扩展策略是指企业利用成功的品牌推出新产品或改良产品。例如，海尔集团的所有家电产品都标上了“海尔 Haier”字样。海尔将其在冰箱、洗衣机等领域所形成的知名品牌用于空调、电脑等产品。人们一看到“海尔 Haier”就想起海尔的“真诚到永远”，就想起海尔的“零缺陷、星级服务”。采用这种策略，能够节省新产品的广告宣传费用，充分利用消费者对品牌的信任，使新产品能顺利地进入市场。

4. 中间商品牌策略

中间商品牌策略是指在中间商的品牌下从事销售活动。尽管大多数制造商更愿意用自己的品牌销售产品，但如果在有良好品牌形象的中间商处销售的话，也可以利用中间商的声誉而增加自己产品的销量和拓展产品的销售渠道。

5. 品牌重新定位策略

品牌重新定位策略是指随着市场的变化，企业对原先的品牌进行了重新定义。例如，七喜的“非可乐饮料”的提出是对自己品牌的重新定位。采用这种策略，可以同竞争对手抗衡并提高市场的占有率。但是，需要考虑到企业细分市场的转移往往会产生大量的新的费用支出。

6. 无品牌策略

无品牌策略是指企业不使用品牌，只注明产地或生产厂家名称，如煤炭、食用盐、土特产、手工艺品等，消费者没有必要凭品牌购买。

本章小结

本章通过介绍整体产品、产品组合、产品生命周期和品牌等核心概念，有助于加深对产品策略的了解和理解；本章还介绍了产品生命周期的四个阶段的特征及其相应的营销策略，并对品牌、包装策略等进行了详细阐述。

综合训练

1. 名词解释

整体产品、产品组合、产品生命周期、品牌

2. 知识理解

(1)整体产品概念是什么？

(2)什么是产品组合？产品组合策略分别有哪些？

(3)什么是新产品？简述新产品开发的程序。

3. 内容深化

(1)如何延长产品的成熟期？

(2)产品生命周期分为几个阶段？各阶段分别有什么特点？针对产品生命周期的不同阶段，企业应采取哪些相应的营销策略？

(3)主要的包装策略有哪些？

(4)什么是品牌？主要的品牌策略有哪些？

实践活动

以5~6人为一个小组，先通过案例分析产品生命周期各阶段所采用的营销策略，然后利用自己的生活经验，为某企业的新产品命名，如某饮料产品等。

案例分析

上海"冠生园"的品牌之争

一、公司背景

早在新中国成立前，上海有一家著名的糖果厂——ABC糖果厂，该厂的老板冯伯镛是一位通晓经营之道的生意人。他看到当时"米老鼠"卡通片在上海滩，特别是在儿童中风靡一时，备受喜爱，就灵机一动设计了一种米老鼠包装。从此，"ABC米老鼠奶糖"就在上海一下子走俏，并且成为国内最畅销的奶糖。而此时，"米老鼠"的"亲生父亲"沃特·迪斯尼还未开始利用他所创造的这一卡通形象来做生意呢。新中国成立以后，ABC糖果厂进行了公私合营的改造，更名为"爱民糖果厂"，之后又并入上海冠生园，其主要产品就是"米老鼠奶糖"。到了20世纪50年代，由于当时批判崇洋媚外思想，"米老鼠"毕竟"产生"在国外，难逃被抛弃的命运。再加之当时的爱国卫生运动中兴起了"除四害"运动，老鼠作为四害之首，人人喊打。冠生园不得不担心"米老鼠"的形象会产生负面影响。他们决定再选择另一种卡通形象作为产品的品牌，这时他们想到了兔子，形象活泼、幽默风趣、天真善良的兔子无疑是一种"正面形象"，于是就请上海美术设计公司设计了一种以大白兔为核心的包装。1956年，"大白兔奶糖"作为上海冠生园的一个新品牌问世了，它一上市就立刻受到了消费者的青睐。

1959年，"大白兔奶糖"作为自力更生的成果向国庆十周年献礼，接着开始组织产品出口，受到国外消费者的一致好评。当时在国外有一种说法："把两块大白兔奶糖放到水中就可以泡成一杯牛奶"，可见"大白兔"质量之高，颇有口碑。此后几十年里，"大白兔奶糖"不断改进质量和包装，形成了独特的配方和稳定保质的工艺流程，产品一直盛销不衰，成为中国的一大特色产品。1979年，"大白兔"荣获国家银质奖，1992年又被评为中国十四大驰名商标中唯一的一个食品类品牌。

二、痛失"米老鼠"

由于没有产品整体观念，缺乏品牌意识，冠生园一直没有把"大白兔"和"米老鼠"进行商标注册。有段时间，国内外有不少厂家假冒"大白兔"和"米老鼠"，争夺冠生园的市场，这也未能引起该厂的觉醒。1983年，一家来自广州的只会生产硬糖的糖果厂到上海冠生园来取经，善良的老师傅们手把手地把生产奶糖的技术教给他们。而徒弟回去后就开始生产奶糖，并且还从师傅那里顺手牵走了一个品牌形象——一只牵着三只气球的米老鼠。两年后，当冠生园想到要去注册"米老鼠奶糖"时，却意外地收到了一张驳回通知，原来南方的"徒弟"已经抢先一步，在几个月前把师傅的商标注册了。没过多久，又传来一个坏消息，美国的沃特·迪斯尼公司为了夺得"米老鼠"形象在中国的垄断权，以4万美元从广州那家小厂买下了"米老鼠"商标。冠生园这时才痛惜万分，区区4万美元，按当时的汇率只值十几万人民币，而从ABC糖果厂到冠生园，半个世纪为这个品牌付出的心血却一下子付诸东流。沃特·迪斯尼本是"米老鼠"名正言顺的"生父"，并且又通过法律手段正大光明地夺回了在中国的控制权，这时的冠生园只得忍痛割爱，舍弃了"米老鼠"这个著名的中国糖果品牌。

三、拯救"大白兔"

美国迪斯尼公司在买到"米老鼠"商标控制权后，又主动找到上海冠生园，表示允许冠生园继续使用该商标，但要求每年坐享利润的8%作为商标特许使用费。实实在在的、冷冰冰的数字似一记重槌，使冠生园震惊、痛心，痛定思痛，他们终于从梦中觉醒了。值得庆幸的是，当年的"除四害"使冠生园诞生了一只"大白兔"，而不至于竹篮打水一场空。更幸运的是，当时的国家工商行政管理局出于长远考虑，为获得质量奖的国优产品保留了优先注册商标的权利，才使"大白兔"商标幸运地得到了注册。

如梦初醒的冠生园在"米老鼠"的风波中学到了不少东西，他们在考虑如何保卫自己的"大白兔"品牌。当时，对"大白兔奶糖"的假冒侵权活动十分严重，假冒产品遍及全国17个省市，并且跨国假冒，在泰国和菲律宾也出现了假冒的"大白兔奶糖"。另外，还出现"影射侵权"，即把同"大白兔"注册商标相同或相似的文字、图形作为自己产品的名称和包装，以图混淆视听，愚弄消费者。

针对以上情况，冠生园开始苦心钻研商标战术，决定把"大白兔奶糖"的整个包装分别作为8种商标注册，使一张糖纸和包装袋的任何部位都具有法律保护。同时围绕主商标，他们又设计出十几个近似商标，包括大白兔、大灰兔、大黑兔、大花兔、小白兔、金兔、银兔等，都进行了商标注册，形成一套"立体防卫体系"，使"大白兔"商标成为一个"家族商标群"。鉴于包装装潢并不受商标保护，但可以申请外观设计专利，于是冠生园又决定建立商标注册与申请专利相结合的一个互补系统，这样就形成了一个综合宽泛的防御体系，防止任何假冒品牌向主商标靠拢。冠生园又进一步认识到，"大白兔"是一个公认的含金量极高的商标，如果仅仅把它局限在糖果行业而且还是特定的"奶糖"这一品种上，未免显得眼光过于狭窄。从长远利益出发，冠生园开始把自己的"大白兔"商标在与企业发展有关的所有领域进行超前注册。现在，不仅食品、服装、家具、钟表、自行车等行业，就连餐饮、通信、银行、保险等服务性行业，"大白兔"商标都拥有了一席之地。

冠生园的全面出击并不是到此为止。当年的沃特·迪斯尼公司对"米老鼠"的抢夺，也教会了"大白兔"到境外去"抢滩"，去占领国际市场。从痛失"米老鼠"的1985年起，他们就拿出专项资金在境外注册"大白兔"商标。先是在华人聚居区，后来企业的决策者又提出："凡是地图上有的国家，'大白兔'都要蹦到那里去。"也就是说要向一切现实的和潜在的出口国家和地区超前注册"大白兔"商标，谋求对"大白兔"的法律保护。今天，冠生园已在工业知识产权"马德里协定"的20多个成员国和另外70多个国家和地区拿到了"大白兔"的注册证。

四、让"大白兔"活起来

超前性的商标注册，只是为"大白兔"的未来发展打下了基础，而真正关键的是如何让"大白兔"在国内和国际市场上活跃起来。冠生园根据时代的变化，开始重新塑造这只兔子。过去的那只“大白兔”只是作为一种简单的商品符号,从未想过要它变换姿势。而今天,经过一番精心设计,一只以跳跃的兔子为主体,以大蘑菇为背景的崭新的“大白兔”商标诞生了。这个漂亮的兔子形象,不仅加深了中国人对老品牌的印象,也受到世界消费者的欢迎。美国人就把中国包装“大白兔”奶糖上那只活泼可爱的兔子当成复活节的象征。接着,冠生园又创造了20多种卡通大白兔的形象,有唱歌的、跳舞的、划船的、钓鱼的、开摩托车的、打球的、射箭的等,多姿多彩、生动活泼,“大白兔”终于“活”起来了。

“大白兔”的决策者们的思考还远不止这些:“大白兔”品牌应逐步向“大白兔文化”过渡,给“大白兔”注入新鲜的精神活力,“大白兔”要走进青少年朋友的生活,成为他们形影不离的好朋友。

思考题

1. 阐述市场营销学中完整的产品概念。

2. 生产企业尤其是名牌产品生产企业应该如何保护自己的品牌?

3. 文中提到,“大白兔”建立起自己未来的疆域。如果冠生园将其业务扩展到其注册的众多领域,你认为有何利弊?

4. 冠生园不愿花钱购买“米老鼠”使用权,而宁愿花钱把“大白兔”注册到全世界,你认为此举是否明智?有何利弊?

第八章 营销价格策略

学习目标

(1)理解营销定价的内涵,掌握营销定价的影响因素。

(2)了解营销定价的目标和程序。

(3)掌握营销定价的方法和定价技巧。

(4)掌握营销定价的基本策略。

(5)了解营销价格调整的依据。

案例提示

"价格杀手"——国美电器的真面目

国美电器在我国家电零售业可算是一块响当当的金字招牌,在市场竞争异常激烈的今天,国美电器何以能够四处扩张,越做越大?其实国美电器的秘密武器十分简单,就是低价营销。为此,国美电器有了"价格杀手"的称谓。

同样经营家电,国美电器如何能把价格压到最低,这主要归功于国美电器独特的供销模式。从创业初始,国美电器就把薄利多销当作立身之本,并率先采用新的供销模式,即摆脱一切中间商,直接与家电生产厂家进行合作,把市场营销的主动权牢牢地控制在自己手中。近年来,国美电器与多家生产商达成协议,生产商给国美电器最优惠的政策和价格,国美电器则承担其产品的经销责任,保证最大的销售量。而向生产商订的货越多,拿到的价格就越低;拿到的价格越低,国美电器向消费者推出的售价就越便宜;售价越便宜,来买货的消费者就越多;销量越大,向生产商订的货就越多……这种令供需双方相得益彰的良性循环模式,给国美电器带来了无与匹敌的强大竞争力。反映到市场上,就是国美电器家电产品的价格普遍比其他零售商低出几十元,几百元,甚至上千元,从而使其始终掌握着市场的主动权。

对此,国美电器的副总裁张志铭简洁地告诉记者:"勤进快销,以销定进,注意库存的合理性,以明天能卖多少或到后天中午能卖多少来决定今天的进货量。只有这样快速周转,才能一直站在市场的最前沿。"

此外,国美电器还在经营上尽可能地节约成本,如商城选址一般避免商业繁华地区,场地一般都是 $3000 \sim 5000\mathrm{m}^2$ 的适度规模,租期在 $5 \sim 10$ 年,租金自然也可以压得很低。如此运作经营,使国美电器每到一处都能傲视群雄,轻松胜出。

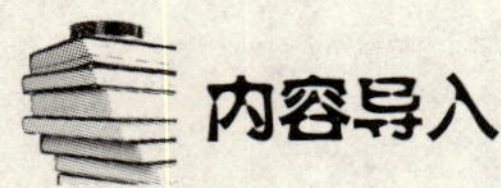

1. 请想想，消费者是更喜欢“物以稀为贵”，还是更喜欢“物美价廉”呢？
2. 请说说，在购物时某个产品的定价时是99.9元还是100元更引起你的兴趣呢？

第一节　产品价格及其影响因素

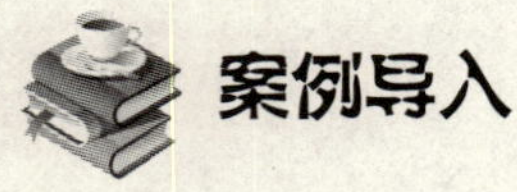

白酒的定价策略与价格管理

在中国白酒市场上，有一种十分危险的价格认知，那就是同一个品牌，超市价格与饭店零售价格可以差别很大，商业界已经习以为常了，认为饭店价格理所当然就应该比超市价格高；消费者也接受这种说辞，认为饭店消费，我们享受了服务，价格高一点是可以接受的。这种观点绝对是企业的一个错觉。导致消费者对白酒价格体系广泛接受的主要原因是饭店终端消费主体是公务消费。

尽管如此，白酒市场的消费者对现在饭店终端白酒价格还是产生了很大抵制情绪。在河北市场，同一产品在饭店终端与超市巨大价格差别引起了消费者强烈反弹，原来饭店终端限制顾客自带酒水的规定受到了舆论的批评，消费者对这个明显的差价绝对不会视而不见。很多中低端饭店为了维持生意规模已经不敢坚持“不允许客人自带酒水”的规定了。所有这些表现，最主要的原因就是价格杠杆这支无形之手在起作用。深层次原因是因为中国白酒还没有学会根据不同饭店终端量身定做饭店终端品牌。所以我们说中国白酒市场空间十分巨大，也是因为中国白酒缺少很好的细分市场品牌。形成目前饭店终端白酒价格体系的独特形式，并在中国白酒市场普遍存在，尽管有一些是非正常的产品价格存在形态，但中国市场特殊的区域特征以及中国白酒特殊的发展阶段，决定了这种形态还将长期存在。

高端白酒品牌价格统一策略——利用品牌实现溢价。目前，茅台、五粮液、剑南春、水井坊等知名高端白酒品牌，由于其本身的长期积淀，作为高端品牌的“江湖地位”已经奠定，因此，即使在饭店终端其价格只比商超高出10%左右，这也是很可观的利润空间了，虽然酒水占酒席价格比重大幅下降，但它们同样畅销于各类饭店终端，很多饭店都将上述品牌作为提升自己饭店形象的招牌。

中档白酒品牌新品价格策略——利用速度突破市场。白酒行业有一个奇怪的规律：一年喝倒一个牌子！特别是一些中档酒，为了实现区域市场与单位时间市场的突破，特别是为了实现盘中盘市场的突破，会不断根据市场环境的不同，频繁推出新产品，弥补产品走向大流通导致价格窜底。盘中盘在进行市场开发中有一个非常致命的弱点，即市场渠道范围的界定。实际上，我们推动的盘中盘是饭店终端的一种策略，她的成功有一个特定的适用范围。而一般经销商为了获得尽可能大的市场利润，在小盘取得成功后就十分迫切希望开发大流通渠道，导致依靠这种饭店终端辛辛苦苦建立起来的价格壁垒一夜之间在大流通渠道中被击穿。实际上，在市场出现拐点的过程中，要抑制住经销商冲动情绪是十分不容易的。同时，很多盘中盘操盘手错误地认为，市场拐点出现就是全渠道的拐点，使得真正的盘中盘营销战略被曲解了，盘中盘拐点，只能是所在经营渠道的拐点，不是所有渠道的拐点，唯如此，才能保持市场价格在一个良性的轨道上运营。

低档白酒品牌差异化价格策略——利用文化培养消费者。白酒是对产地与文化十分依赖的一种快速消费品，所以，区域性白酒品牌为了在盘中盘市场上分得一杯羹，不断在区域性市场挖掘产地文化，利用与名酒千丝万缕的关系，通过沾亲带故的手段获得市场溢价能力。然后凭借差异化实现价格突破。我们经常在饭店终端看到一种从未见过的白酒品牌忽然就推出了价格超过名酒的产品。如安徽市场上的店小二，一个原本定位于低端的白酒品牌，在古井镇的背景下，也推出了价格达 88 元/500mL 的中高档酒，不能不说中国白酒市场实际上进入的壁垒还是非常之低。

一、营销定价的概念

对于产品价格，从经济学和市场学的观点看，其含义是不同的。

从经济学的观点来看，价格是商品价值的货币表现；而从市场学的观点来看，价格必须以消费者能否接受为出发点，是可以随时根据需求变动而变动的。营销定价是从企业的角度出发，在产品价格理论的基础上结合市场的变化，研究产品进入市场、占领市场、开拓市场的具体应变价格。企业定价需要补偿成本，同时要考虑消费者的接受能力，因此，定价是一门科学，也是一门艺术。

二、影响营销定价的因素

影响产品定价决策的因素，既有产品价值的本身，也有企业内部和外部诸多因素。一般来说，影响营销定价的主要因素可以概括为以下几个方面：

1. 产品成本

产品成本是企业定价的基础，也是产品价格的下限。一般情况下，产品价格必须高于成本，企业才有利可图；反之则亏本，再生产过程就难以继续。因此，产品定价必须考虑补偿成本，是保证企业生存和发展的基本条件。

产品成本分为个别成本和社会成本。个别成本是指某个企业生产某一产品时所消耗的实际成本；社会成本是指同行业内部不同企业生产同种产品时所消耗的平均成本。企业在对产品进行定价时，只能以社会成本作为主要依据，根据企业个别成本与社会成本之间的差异程度，给企业产品确定合适的价格。

单个企业的个别成本是固定成本与变动成本之和。固定成本是指在一定时期内不随产量变化而变化的成本，如设备折旧费、机器设备租金和行政管理人员的工资等。变动成本是指随产量的变动而变动的成本，如原材料和生产工人的工资等。

2. 市场需求

营销定价除了考虑产品成本外，还要充分考虑影响产品价格的另一重要因素——市场需求状况，它决定了产品价格的上限，价格再高不能高到消费者无力购买。市场需求状况可以从供求关系和需求弹性分析两个方面进行考虑。

(1)供求关系：一般情况下，市场价格以市场供给和需求关系为转移。根据供求规律，市场供求会按照与价格相反的方向变动，即商品供过于求时价格下降；供不应求时价格上升。供求影响价格，价格调节供求，这是价值的运动形式，是商品价值规律、供求规律的必然要求。

但从长期的过程看，商品价格仍然与市场供给成正比，与需求成反比。在其他因素不变的情况下，商品供应量随价格的上升而增加，随价格的下降而减少；而商品需求量随价格的上升而减少，随价格的下降而增加。企业定价必须考虑价值规律的客观要求，根据市场供求状况及时制订或调整价格，以利于供给与需求平衡，促进国民经济建设持续、快速、健康发展。

（2）需求弹性：由于企业所制订价格的高低会影响企业产品的销售，因而价格的高低会影响企业市场营销目标的实现。企业在定价时必须知道需求的价格弹性，即了解市场需求对价格变动的反应。需求价格弹性是指因价格变动而引起需求量的相应变动的比率，需求价格弹性可以用需求弹性系数 E_P 来表示，即

$$E_P = \frac{\text{需求变动的百分比}}{\text{价格变动的百分比}}$$

$E_P = 1$，说明需求量与价格等比例变化。这类商品价格的上升（或下降），会引起需求量等比例减少（或增加），因此，价格变化对销售收入的影响不大。

$E_P > 1$，富有弹性，说明需求量的相应变化大于价格自身的变化。这类商品价格的上升（或下降），会引起需求量大幅度的减少（或增加）。对其定价时，应通过降价、薄利多销达到企业增加盈利的目的，如汽车、珠宝手饰的降价会大大刺激销售。

$E_P < 1$，缺乏弹性，说明需求量的相应变化小于价格自身的变化。这类商品价格的上升（或下降），会引起需求量较小程度的减少（增加）。对其定价时，可以维持原价或提高价格，较高水平的价格往往会增加盈利，低价对需求刺激效果不强，例如火车票涨价几乎不会影响销售。

图 8-1 表示不同弹性状态下的收入水平的变化情况。

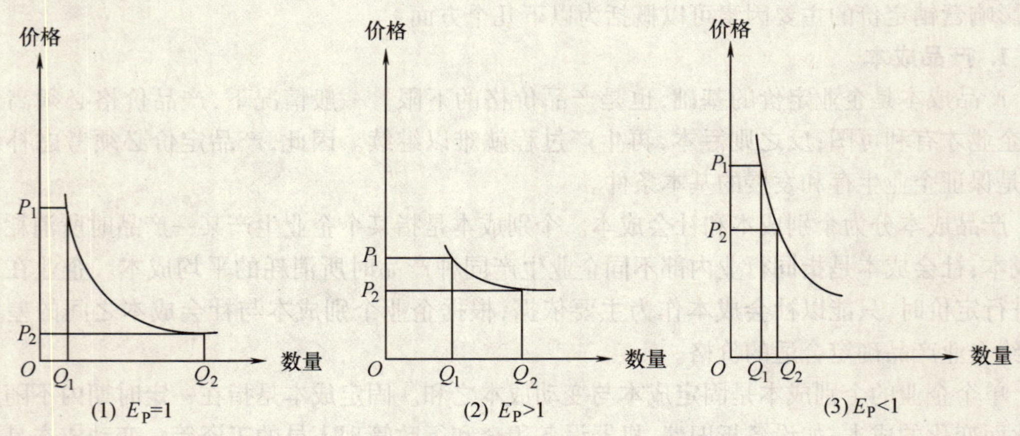

图 8-1　需求价格弹性

图示价格从 P_1 降到 P_2，需求量从 Q_1 增至 Q_2，但增长幅度因需求弹性的不同而呈现差别，导致销售收入不同。销售收入等于 PQ（价格 × 销售量）所表示的矩形面积。$E_P = 1$ 时，$P_1Q_1 = P_2Q_2$，收入不变；$E_P > 1$ 时，$P_1Q_1 < P_2Q_2$，收入增加；$E_P < 1$ 时，$P_1Q_1 > P_2Q_2$，收入减少。

（3）需求价格弹性的强弱主要取决于以下影响因素：

1）商品需求程度：需求价格弹性与商品需求程度成反比，生活必需品的需求程度高于一般商品，因而价格变化对其需求量的影响较小。

2)商品的替代性:需求价格弹性与商品替代性成正比。某种商品的替代性强,其价格上涨会引起消费需求向其他替代商品转移;反之,某种商品替代性弱,消费者只能提高对价格上涨的承受能力,这样就导致需求量对价格的敏感程度下降。

3. 竞争状况

产品成本和市场需求决定了产品价格的上下界限,而竞争对手的多少和竞争强度的大小对企业确定合适的价格有着重要的影响,竞争越激烈,对价格的影响就越大。企业必须采取一定的方式,了解竞争对手的价格和产品质量。力求定出对竞争较为有利的价格,特别是对竞争剧烈的产品,企业应把定价策略作为与竞争对手相竞争的一个特别重要的因素来考虑。一般来说,产品质量优于竞争者,价格可以适当高一些;反之,则价格可以定低一些。总之,企业要时刻关注竞争对手的价格策略和措施,并及时作出反应。尤其要注意潜在的竞争者,如替代产品的生产者。

4. 国家有关法律法规

在社会主义市场经济条件下,价格是关系到国家、企业和个人三者之间的大事,国家在价值规律的基础上,通过制定物价工作方针和各项政策、法规,对价格进行管理、调控或干预,或利用生产、税收等手段间接控制价格。因此,企业定价要符合国家的各项政策和法律法规。

除了上述主要因素外,还必须考虑消费者心理、分销渠道等其他因素。

友情提示

市场与产品特点影响产品定价

(1)消费者的购买频率:购买频率高的产品可以经常调整其价格;购买频率低的产品尽量保持价格稳定。

(2)产品差异化程度:差异化小的产品,价格不可以经常变化;个性化的产品可以因市场变化经常调整价格。

(3)产品生命周期阶段:新上市阶段可以定较高的价格;衰退阶段只能是低价格。

(4)产品的易腐性、易毁性:不易保存的产品价格不能总是维持不变。

(5)产品供应和需求的季节性:季节性强的产品变动空间较大。

(6)产品的流行性和威望性:流行产品的价格调整余地较大。

(7)经济景气状况:经济高增长,人们对价格敏感性较低;经济低增长,人们对价格敏感性较高。

第二节 企业定价目标与程序

案例导入

景点涨价与“免费西湖”

2004年,北京市发改委就故宫博物院、颐和园、天坛、八达岭长城、定陵、长陵等世界文化遗产的参观游览门票价格调整一事举行有10名市民参加的听证会。虽然有反对意见,最终这六个景点还是通过了涨价方案,涨幅从6%~23%不等。调价以后,意味着旺季游客在北京的门票消费每人至少提高125元。

据故宫博物院测算,按每年700万人次的接待量,调价后每年将增加门票收入2亿多元。天坛公园测算,调价后每年可增加收入1.21亿元。按照近年年接待量600万人次估算,调价后的颐和园每年的门票收入将增收2.7亿元。同大部分国内景区一样,北京"世遗"景区的总收入中,门票收入占绝大部分。景区代表称,景区收入除日常运行的支出外所剩无几,同时各景点都面临2008年奥运会举办前古建大规模修缮的问题。

根据景区报告,这5家单位2008年前的修缮保护投入将高达32亿元以上。按照景区代表们的说法,一方面希望能用提高的价格进一步设置一道门槛,限制游客数量,以此减少对世界遗产的人为破坏;另一方面用增加的收入保护世界遗产。同时用这样"高规格"的价格,与其他地区世界遗产同等的门票价格来实现北京这几处世界遗产的价值。

2005年,江苏省连云港市主要风景区的涨价举措引发了一场旅行社的上书行动。"五一"节前夕,该市著名景点"花果山"门票从60元涨至100元,"连岛"景区改为50元联票制,导致当地42家旅行社联名上书市政府、旅游局与物价局,以表达不满。

与上述涨价行动相反的是,从2003年"十一"黄金周起,杭州西湖公园实行24小时免费开放,随后西湖周边的博物馆、纪念馆等也加入免费行列。"免费西湖"实施以来,杭州市旅游收入大幅增长。既吸引游客又不提高票价还能增加地方的经济收入,杭州提供了一个鲜活的典型。据杭州市"假日办"统计,2003年国庆黄金周期间,外地来杭游客140万人次,酒店的入住率同比增长7个百分点,旅游收入达14.78亿元,同比增长了51.43%。杭州市旅游局的工作人员分析,西湖免费开放,游客自然会多参观一些景点,延长了旅游的时间,住宿、购物、交通、饮食等支出会相应增加。用"免费西湖"所产生的效益反哺门票收入。可以算一笔账,西湖免收门票后,七大公园一年大约损失门票收入2600万元,加上日常维护等投入,一年累计达6000万元。2002年杭州旅游总收入为294亿元,到2004年旅游收入已突破400亿元。

在对待景区门票价格的制订和调整上,杭州采取了同连云港和北京截然不同的做法,到底孰优孰劣呢?

一、企业定价目标

定价目标是指每一种商品的价格实现以后应达到的目的,它和企业战略目标是一致的。不同企业、不同产品、不同市场有不同的营销目标,因而也就需要采取不同的定价策略。企业定价的目标主要有:

1. 维持企业生存

当企业由于经营管理不善,或由于市场竞争激烈、顾客需求偏好突然变化而造成产品大量积压、资金周转不灵甚至濒临破产时,需要把维持企业生存作为定价目标。企业应为其产品定低价,只要能收回变动成本或部分固定成本即可,以求迅速收回资金。有时为了避免更大的损失,甚至可以使售价低于成本。这种目标只能是企业面临困难时的短期目标,从长远来看,企业必须改善生产经营情况,否则企业终将破产。

2. 当期利润最大化

企业以当期利润最大化作为定价目标,必须要求被定价产品的市场信誉高,在目标市场上占有竞争优势地位,这种定价比较适合处于成熟期的名牌产品。通过预测,得出几种不同价格与其相应的需求量,并结合产品成本进行综合考虑,从中选择一个适当的价格,以取得当期最大利润。短期利润最大化在企业的定价实践中是很难确定的。企业通常是追求长期利润最大化的。

3. 保持稳定的价格

保持稳定的价格是企业达到一定的投资收益和长期利润的重要途径,也是稳定市场、保护消费者利益的定价目标。在行业中占主导地位的大型企业,为了长期有效地经营该种商品,并稳定地占领目标市场,往往希望价格稳定,在稳定的价格中获得稳定的利润。稳定的价格容易为消费者所接受,有利于市场的稳定,有利于促进质量竞争和服务竞争。

4. 保持或扩大市场占有率

市场占有率是企业的销售额(或销售量)占同行销售额(或销售量)的百分比,是企业的经营状况和企业产品竞争力的直接反映,它的高低对企业的生存和发展具有重要意义。一个企业只有在产品市场逐渐扩大和销售额逐渐增加的情况下,才有可能生存和发展。因此,保持或提高市场占有率是一个十分重要的目标。许多企业宁愿牺牲短期利润,以确保长期的收益,即所谓"放长线,钓大鱼"。为此,就要实行全部或部分产品的低价策略,以实现提高市场占有率这一目标。

5. 保持最优产品质量

有些领先企业的目标是以高质量的产品占领市场,这就需要实行"优质优价"策略,以高价来保证高质量产品的研究与开发和生产成本。采取这种定价目标的企业,其产品一般都在消费者心目中享有一定的声誉,正好利用消费者的求名心理,制订一个较高的产品价格。

6. 抑制或应付竞争

有些企业为了阻止竞争者进入自己的目标市场,故意将产品价格定得很低。这种定价目标一般适用于实力雄厚的大企业。还有些中小企业在市场竞争激烈的情况下,以市场主导企业的价格为基础,随行就市定价,从而也可以缓和竞争、稳定市场。

定价目标的选择,应当建立在需要与预期的基础上,坚持全局观念,保持各目标间的一致性,并视具体情况及时加以更改。

二、企业定价程序

定价程序就是根据企业的营销目标,确定适当的定价目标,综合考虑各种定价因素,选择适当的定价方法,具体确定企业营销价格的过程。

1. 选择定价目标

企业的定价目标要从企业的营销目标出发,对商品供求状况、市场竞争状况以及定价策略和市场营销的其他因素综合考虑加以确定。企业营销目标不同,定价目标也就不同。不同的企业可以有不同的定价目标,同一企业在不同的时期、不同的条件下也有不同的定价目标。因此,企业在选择定价目标时,应权衡各种定价目标的利弊,慎重地进行选择和确定。

2. 估算成本

企业生产经营商品的成本费用,是制订商品价格的基础。商品价格高于成本,企业才能盈利。因此,企业定价必须估算成本。

3. 测定需求价格弹性

营销价格与商品供求关系密切。一般情况下,价格与需求成反比,即价格上涨,需求减少;价格下降,需求增加。在实际工作中,不同商品的价格对需求量的影响是不同的,对企业总收入的影响程度也不相同，为此，要测定需求价格弹性。

4. 了解国家有关物价的政策法规

在定价时，企业必须了解国家有关物价的政策法规，不仅可以明确定价的指导思想，利用其为企业服务，而且可以避免不必要的损失。

5. 分析竞争者的价格

现实的或潜在的竞争者，对企业的商品定价有着重大的影响。企业应通过对市场竞争状况的调查分析，尽可能掌握影响竞争者定价的情况，并估计其对企业营销商品定价的影响，预测竞争者对企业营销商品定价的反应，从而为本企业营销的商品确定一个适当的市场价格。

6. 选择定价方法和定价策略

在分析、测定以上各种因素之后，就应选择适当的定价方法和策略以实现企业的定价目标。企业营销的商品价格要受商品成本费用、市场需求和竞争状况的影响。企业制订商品价格时，要考虑这三个方面的因素，并结合本企业的实际情况，选择适当的定价方法和策略。

7. 选定最后营销价格

最后营销价格是面向顾客的价格。在确定了商品的基本价格后，有时需要使用一些定价策略和技巧来使商品的价格更有吸引力。企业选定最后价格时，还须考虑消费者的心理，并考虑企业内部有关人员、经销商、供应商等对所定价格的意见以及竞争对手的反应等，以便使商品定价既能为顾客所接受，又能为企业带来尽可能多的利益，从而有利于企业营销战略的实现。

第三节　企业定价方法

案例导入

一个咖啡馆四个价

在巴黎，你会常常看到许许多多的咖啡馆，它们大小不等、招牌各异，显示出巴黎的独特文化。有人说，假如巴黎的大街小巷少了这些咖啡馆，将大为逊色。

巴黎的咖啡馆也有诸多奥妙。初到巴黎，看到路边许多咖啡馆里座位空空，而人们都拥挤在吧桌旁，倚靠着柜台，或是同老板，或是同顾客谈天说地，甚至有人仅举着个空杯子。这不禁使人想起19世纪，甚至更古老的巴黎。为什么人们不坐在座位上聊天呢？光顾一家咖啡馆，就会了解其中的奥秘。一家咖啡馆的一种商品有4个价，看在什么位置喝。以一杯咖啡为例，在柜台旁站着喝4欧元；坐一般座位上喝6欧元；坐在靠近马路的座位上喝，可以隔窗看景，收8欧元；坐在露天座，可以直接欣赏街景，看看过往行人，收费10欧元。看来，法国人倚靠柜台站着喝咖啡，除了传统因素外，还因为它便宜。

一、成本导向定价法

成本导向定价法是以企业产品生产成本为基础的定价方法。常用的成本导向定价法有以下几种：

1. 成本加成定价法

成本加成定价法是在单位成本的基础上，加上一定比例的预期利润作为产品的销售价格。

销售价格与产品成本之间的差额为利润。其计算公式为

$$单位产品价格 = 单位产品成本 \times (1 + 成本加成率)$$

公式中成本加成率为预期利润占产品成本的百分比，即

$$加成率 = \frac{售价 - 成本}{成本}$$

【例 8-1】　企业生产某一产品的单位成本为 80 元，加成率为 30%，则该产品的价格为

$$80 \times (1 + 30\%) = 104(元)$$

成本加成定价法计算简单、简便易行，成本资料直接可得，特别适用于销售量与单位成本相对稳定、竞争不太激烈的产品。采用成本加成定价法的关键是确定合理的加成率。一般来说，高档次和生产批量较小的产品，加成率应适当高一些，生活必需品和生产批量较大的产品，其成本加成率适当低一些。这种方法的缺点是：以卖方利益为出发点，不利于企业降低成本，定价时没有考虑市场需求以及竞争因素，对市场的适应能力差。

2. 盈亏平衡定价法

盈亏平衡定价法是企业按照生产某种产品总成本和销售收入维持平衡的原则来制定产品的保本价格的一种方法。其计算公式为

$$单位产品价格 = 产品固定成本 \div 预计销售量 + 单位变动成本$$

【例 8-2】　某企业的年固定成本为 200000 元，每件产品的单位变动成本为 40 元，若预计销售量为 5000 件，其保本点价格应为

$$200000 \div 5000 + 40 = 80(元)$$

这种定价方法比较简便，可以使企业明确在不盈不亏时的产品价格及最低销售量。在市场不景气的条件下，保本经营总比停业的损失要小得多。企业只有在实际销售量超过预期销售量时方可盈利。这种方法的关键在于准确预测产品的销售量，否则制订出的价格不能保证收支平衡。因此，当市场供求波动较大时应慎用此法。这种方法多适用于工业企业定价。这种方法的缺点是：事先要预计产品销售量，若销售量预测不准，成本算不准，价格也很难准确。此种方法如图 8-2 所示。

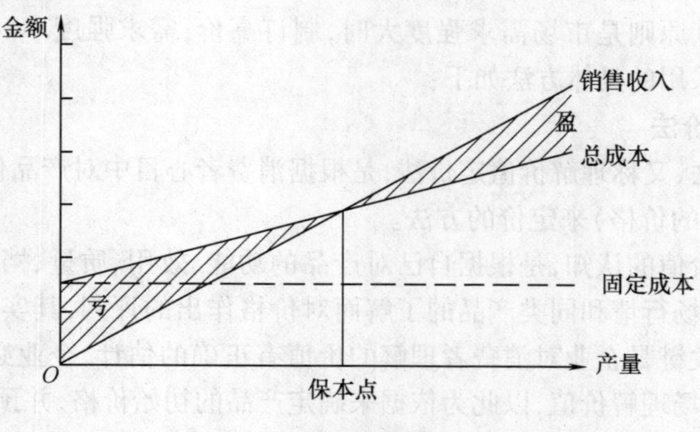

图 8-2　盈亏平衡定价法

3. 目标利润定价法

目标利润定价法是根据盈亏平衡点的总成本和预计的销售量，加上确定的目标利润额定价的一种方法。其计算公式为

$$单位产品价格 = (总成本 + 目标利润) \div 预计销售量$$

【例8-3】 某企业的年固定成本为200000元,每件产品的单位变动成本为40元,若预计销售量为5000件,目标利润为50000元,则单位产品价格为

$$总成本 = 固定成本 + 单位变动成本 \times 预计销售量$$
$$= 200000 + 40 \times 5000 = 400000(元)$$
$$单位产品成本 = (400000 + 50000) \div 5000 = 90(元)$$

目标利润定价法以估计的销售量来计算确定价格,颠倒了价格与销售量的因果关系,把销售量看成价格的决定因素,忽略了市场需求及市场竞争。对于供不应求、需求比较稳定的产品,需求价格弹性较小的产品等,该方法是一种有效的定价方法。

4. 边际贡献定价法

边际贡献定价法也叫高于变动成本定价法。所谓边际贡献是预计的销售收入减去变动成本后的收益,即企业在定价时只考虑变动成本,不计算固定成本,以预期的边际贡献来适当补偿其固定成本的定价方法。其计算公式为

$$单位产品价格 = (总成本 + 边际贡献) \div 预计销售量$$

【例8-4】 某企业的固定成本为300000元,单位变动成本为10元,预计销售量50000件。目前有人愿意以13元的价格购买该企业的产品,这时企业该不该抓住这个机会?

$$单位产品总成本 = 300000 \div 50000 + 10 = 16(元)$$

分析:13元的价格不能全部弥补产品成本,但如果市场竞争激烈,企业短期目标是生存,生产能力过剩,或者固定成本已经收回,可以利用边际贡献定价法,抓住这一机会。因为13元除了弥补10元的变动成本外,还可以弥补3元的固定成本。

边际贡献定价法比较灵活,适用于市场供过于求、卖方竞争激烈的市场环境。

二、需求导向定价法

需求导向定价法是指以消费者需求为中心来制订的价格。根据消费者对产品的认知价值和市场的需求强度来决定价格,使产品定价灵活地适应市场需求、促进销售,从而获得更好的收益的定价方法。其原则是市场需求强度大时,制订高价;需求强度小时,可适当调低价格。需求导向定价法所采用的具体方法如下:

1. 认知价值定价法

认知价值定价法,又称理解价值定价法,是根据消费者心目中对产品价值的认知和理解程度(消费者能够接受的价格)来定价的方法。

消费者对产品价值的认知,是根据自已对产品的功能、效用、质量、档次等多方面的印象,综合购物经验、对市场行情和同类产品的了解而对价格作出的评判,其实质是产品的性价比。认知价值定价法的关键是企业对消费者理解的价值有正确的估计,企业必须进行市场调查和研究,找到准确的市场理解价值,以此为依据来确定产品的初始价格,并预测可能的销售量,分析目标成本和销售收入。在比较成本与收入、销量与价格的基础上,确定最终价格。

【例8-5】 卡特比勒公司的认知价值定价。

卡特比勒公司生产牵引机产品。一般牵引机的价格在20000美元左右,而该公司却定价为24000美元,销售量仍遥遥领先竞争对手。当一位潜在顾客上门询问该公司的牵引机为什么要多付4000美元时,公司经销人员回答说:

20000 美元仅相当于其他品牌同一型号的价格；

3000 美元为产品更耐用的价格；

2000 美元为产品可靠性更好的价格；

2000 美元为公司服务更优的价格；

+1000 美元为保修期更长的价格；

28000 美元为卡特比勒牵引机总价格；

-4000 美元折扣；

24000 美元是最终成交价格。

卡特比勒公司的经销人员向顾客解释了为什么价格比竞争对手高，顾客认识到虽然多付4000 美元，却增加了 8000 美元的价值，消费者最终还会选择购买卡特比勒公司的产品。

2. 需求差异定价法

需求差异定价法是指企业根据不同的销售对象、销售地点和销售时间等因素来对同一产品进行定价的定价方法。这种定价方法首先强调适应顾客的不同特性，而将成本补偿只放在次要的位置。其优点是可以使定价最大限度地符合市场需求、促进产品销售，有利于企业获得最佳的经济效益，如许多旅游景点，实行旺季和淡季不同票价。

（1）顾客差别定价法：对不同的顾客采用不同的价格，如旅游景点的全票、半票、老年人的免票等差别。

（2）产品差异定价法：对不同型号、不同档次的产品制订不同的价格，如飞机有头等舱、公务舱、经济舱之别。

（3）地点差异定价法：因需求的空间位置不同制订不同的价格，如影剧院的座位位置不同，其票价也不同。

（4）时间差异定价法：同一产品因需求的季节、时间等不同制订不同的价格，如电话、电费等，在白天、夜晚等不同时段都有不同的收费标准。

需求差异定价法针对不同的需求采用不同的价格，以实现顾客的不同满足感，并能为企业获得更多的利润，所以在实践中得到广泛应用。使用这种定价方法时，要充分考虑消费者的要求、消费者的心理、地区差别、时间差别等，灵活运用价格差异，以达到促进销售的目的。

3. 反向定价法

反向定价法是企业根据消费者可以接受的最终销售价格，逆向推算出产品的出厂价、批发价。这种定价方法是以市场需求为定价出发点。反向定价法的特点是：价格可以反映市场需求情况，有利于加强与中间商的合作关系，保证中间商的正常利润，产品迅速向市场渗透，并可以根据市场情况及时调整，定价机制较灵活。

三、竞争导向定价法

竞争导向定价法主要是根据竞争者的价格作为定价依据的一种定价方法。这种定价方法与产品成本或市场需求没有直接关系。产品成本或市场需求变化了，但竞争对手的价格未变，企业可以维持原来的价格；反之，市场产品成本或市场需求没有变化，但竞争对手的价格改变，企业则要作相应的价格调整。

1. 随行就市定价法

随行就市定价法是指企业按照行业的平均价格水平来定价。在竞争激烈的同类商品市场上,采用随行就市定价法有利于与竞争对手和谐共存,避免因价格竞争带来的风险,保证企业获得恰当的利润。

2. 密封投标定价法

密封投标定价法是由密封投标竞争的方式确定商品价格的方法。这种方法是通过预期竞争者的价格而不是企业的成本或市场需求来定价的。通常用于大宗产品、配套设备、建筑工程项目等。

一般招标方只有一个,处于相对垄断地位,而投标方有多个,处于相互竞争地位。标的物的价格由参与投标的各个企业在相互独立的条件下来确定,在所有的投标方中,报价最低的招标方通常作为中标的重要参考因素之一,但价格不能低于成本,否则会导致企业亏损。

知识链接

什么是拍卖?拍卖是以公开竞价的形式,将特定物品或者财产权利转让给最高应价者的一种特殊的买卖方式。其原则是:竞买人一经出价即不得撤回,当其他竞买人有更高应价时,其应价立即丧失约束力。如果只有一个竞买人,则不得进行拍卖;当一个竞买人的叫价没有回应时,其叫价即为最高价。

第四节　定价策略与技巧

案例导入

海尔公司的价格策略

近年来,家电企业生产能力严重过剩,由此引发的为扩大市场份额而进行的价格战有日趋激烈之势。然而,海尔在这一场场价格战中表现得独树一帜,海尔没有降价,企业形象却在提升,销售量也在增长,市场份额也在扩大,是什么原因使海尔在激烈竞争中独占鳌头呢?面对来自市场的降价压力,海尔是如何应付自如的呢?下面将从海尔的价格策略中寻找答案。

1. 层次分明的价格组合

针对不同层次的消费者,海尔通过制造差别化的产品来满足差别化的消费者群体。主管国内市场销售业务的负责人表示,海尔的生产项目是连续性的,因此其产品的价格段也是连续性的。以空调为例,从2000多元到10000多元,几乎每隔50元就有两款产品可供选择,以满足不同购买力和不同需求的消费者。海尔现在共有数十个种类、10000多种型号的产品,正是这种多样化的产品系列使它避免卷入价格战。

2. 认知价值定价方法

海尔的这一价格政策是海尔能够依照海尔产品所能表现出来的实物价值、品牌价值、服务价值和其他价值形式。海尔始终注意建立在消费者心目中的认知价值,并以此作为海尔产品的价格基础,以取得相对独立的价值认知系统。而这种价值认知系统的建立又不是像价格一样可以简单模仿的,这种独立的海尔价值与价格模式,建立在多年以来所积累的品牌和服务理念的基础上。这种不能被简单重复的海尔品牌资源基础造就了海尔品牌的核心竞争能力,使海尔在激烈竞争中仍能立于不败之地。

3. 以价值补偿替代价格变化

更多的消费者更加注重与产品相关的其他价值因素。表面上看,价格因素好像是主宰购买行为的关键因素,而事实上,价值因素才是消费者真正关注的内在驱动因素。面对其他同类产品的降价,海尔很少简单地跟随,而是积极地在价格之外的因素寻找补偿机会。海尔依照自身的产品、渠道、品牌、服务等方面,建立了真正符合自身的价格价值体系,以价值引导的形式来补偿消费者对价格变化的敏感。事实证明,这种价值补偿形式是能为大多数消费者所接受的。

4. 巧打服务牌

海尔工作人员的专业讲解和海尔售后人员的定期跟踪服务,使海尔产品用户有了真正的上帝的感觉,而这种感觉正是海尔重要的顾客价值理念之一。从整体上说,随着服务质量的不断提高,价格在销售中的重要性就会相应地降低。因此,服务美誉度越高,消费者就会越少去关注产品的价格因素。

那么这样做有什么意义呢?这样做有助于为客户提供一次高质量的购物经历,使客户享受到更完善的购物服务。

在激烈的市场竞争中,企业依据成本、需求、竞争等因素确定产品的价格,往往不是最佳的价格,而是产品的基本价格。企业必须根据市场状况、产品特点、消费者心理和营销组合等因素,正确选择定价策略,以保持价格的适应性。

一、新产品定价策略

新产品定价有一定的难度,尤其是全新产品,没有竞争对手作参考,对顾客的认知也难以确定。而新产品价格的确定不仅影响该产品能否立足市场,而且影响到可能出现的竞争力量。通常采用的新产品定价策略有:

1. 撇脂定价策略

撇脂定价策略是在产品刚投放市场,即产品处于市场生命周期的投入期,采用很高的价格进入市场,就像从牛奶中撇取奶油一样,尽快获得产品利益。

这种定价策略的优点是在新产品刚上市、竞争对手尚未进入市场、消费者对新产品尚未有理性认识时,利用消费者求新求异的心理,以较高的价格刺激消费,使企业在短期内收回成本,并取得较大的利润。缺点是不利于开拓市场、增加销量,不利于稳定和占领市场。

这种策略适合于下列情况:

(1)产品市场需求较大,且缺乏弹性,价格定得高,需求量不会大量减少。

(2)市场上没有替代产品,企业拥有专利。

(3)市场不会因高价格而刺激竞争者蜂拥而至。

2. 渗透定价策略

渗透定价策略是在产品刚投放市场时,企业将新产品的价格定得相对较低,以吸引大量购买者,迅速打开市场,提高市场占有率。

这种定价策略的优点是:低价容易为顾客所接受,从而扩大销路和销售量,占领市场,有利于企业控制市场。缺点是:企业的投资回收期长,不利于资金的及时回收。

这种策略适合于下列情况：

(1)市场需求对价格很敏感，价格降低，需求量会大幅度上升。

(2)产品的市场容量较大，行业障碍小，容易进入。

(3)市场不会因低价格而引起实际和潜在的竞争。

3. 温和定价策略

温和定价策略是介于撇脂定价和渗透定价之间的定价策略，是指产品的定价让企业和顾客双方都满意，即以居中的价格投放市场。这样既能保证企业正常的利润，又能吸引顾客购买。

这种定价策略的优点是：产品能较快地被市场接受，且不会引起竞争对手的对抗，可以适当延长产品的生命周期；风险较小，有利于企业树立信誉；稳定价格，可以按期实现目标利润。缺点是：比较保守，容易使企业失去高额利润或市场机会。

二、价格折扣定价策略

企业为了鼓励顾客及早付清货款、大量购买、淡季购买，还可以酌情降低其基本价格，这种价格调整叫作价格折扣。价格折扣策略主要有：

1. 现金折扣

这种策略是企业对在规定期内提前付清货款的顾客的一种优惠。现金折扣一般根据约定的时间界限来确定不同的优惠比例。例如，顾客在30天内必须付清货款，如果10天内付清货款，则给予2%的折扣，这种折扣方式可以简单地表示为2/10或n/30。现金折扣带来的回报率通常要比银行利率明显高一些，所以顾客一般都不会放弃这种折扣价格；同时可加强卖方的收现能力，减少信用成本和呆账。这种策略适合于价格昂贵的耐用消费品。

2. 数量折扣

这种折扣是企业给那些大量购买某种产品的顾客的一种优惠，以鼓励顾客购买更多的物品。按照购买数量给予不同的折扣比例，购买越多，折扣越大。例如，顾客购买某种商品在100单位以下，每单位要付10元；购买在100单位以上，每单位只需付9元，这就是数量折扣。这种折扣通常有累计折扣和非累计折扣两种。累计折扣是指顾客在一定时间内(一月、一季或半年)购买物品累加达到一定数量时给予的折扣。非累计折扣则是顾客一次购买达到规定数量所给予的一种折扣。目的是鼓励消费，培养忠诚顾客，建立长期的购销关系。

3. 季节折扣

这种价格折扣也称季节差价，是指企业给那些购买过季商品或服务的顾客的一种优惠，它可以使企业的生产和销售在保持相对稳定，加速资金周转和节省费用，鼓励消费者淡季购买商品。例如，滑雪橇制造商在春夏季给零售商以季节折扣，以鼓励零售商提前订货；旅馆、航空公司等在淡季营业额下降时给旅客以季节折扣。

4. 交易折扣

这种价格折扣是企业针对经销其产品的中间商在商品流通中的不同地位和作用给予不同的折扣，例如给批发商和零售商不同的折扣。

5. 推广折让

企业对经营者为本企业经营的商品提供的各种促销活动进行鼓励，给予补贴或减价作为报酬。例如，零售商为企业产品刊登广告或设立橱窗，生产企业除负责部分广告费外，还在产品价格上给予一定优惠。

知识链接

沃尔玛的折价销售

沃尔玛能迅速发展，除了正确的战略定位以外，也得益于首创的“折价销售”策略。每家沃尔玛商店都贴有“天天廉价”的标语。同一种商品在沃尔玛比其他商店要便宜。沃尔玛提倡的是低成本、低费用结构、低价格的经营思想，主张把更多的利益让给消费者。沃尔玛公司若接到报告某商品在其他商店价格低于自己，可立即决定降价。低廉的价格、可靠的质量是沃尔玛的一大竞争优势，并以此吸引了大批的顾客。

三、地区定价策略

一般情况下，一个企业的产品，不仅要卖给当地顾客，而且要卖给外地顾客。所谓地区性定价策略，就是企业决定对于卖给不同地区顾客的某种产品，是分别制订不同的价格，还是制订相同的价格。也就是说，企业要决定是否制订地区差价。地区性定价的形式主要有：

1. FOB 原产地定价

所谓 FOB 原产地定价，就是顾客（买方）按照出厂价购买某种产品，企业（卖方）只负责将这种产品运到产地的某种运输工具（如卡车、火车、船舶、飞机等）上交货。交货后，从产地到目的地的一切风险和费用均由顾客自行承担。如果按产地某种运输工具上交货定价，那么每一个顾客都各自负担部分运费，这是很合理的。但是这样定价对企业也有不利之处，即远地的顾客有可能不愿购买这个企业的产品，而购买其附近企业的产品，因为远途顾客必须承担较高的运费和风险。

2. 统一定价

这种形式和前者正好相反。所谓统一交货定价，就是企业对于卖给不同地区顾客的某种产品，都按照相同的出厂价加相同的运费（按平均运费计算）定价。也就是说，对全国不同地区的顾客，不论远近，都实行一个价，例如一些名牌产品实行全国统一价格这种定价简便易行。

3. 区域定价

这种形式介于前两者之间。所谓区域定价，也称分区定价，是指企业把全国（或某些地区）分为若干价格区，对于卖给不同价格区顾客的某种产品，分别制订不同的地区价格。距离企业远的价格区，价格定得较高；距离企业近的价格区，价格定得较低。采用这种方法要注意各区域差价之间的协调配合。

四、心理定价策略

心理定价是指企业定价时利用消费者不同的心理需要和对不同价格的感受，有意识地采取多种价格形式，以促进销售。主要有以下几种：

1. 尾数定价

尾数定价就是定价时保留小数点后的尾数，这可使购买者对定价增强认同感，同时还可使人感觉价廉。例如，将价格定成 9.98 元就比定价 10 元更受顾客欢迎。这种方法多用于需求价格弹性较大的中低档商品。

2. 整数定价

整数定价是将产品价格采用合零凑整的办法。顾客往往通过产品的价格的高低来判断其质量的好坏。采用整数定价有利于提高产品身价，与顾客的“一分钱一分货”的心理相吻合。例如，大宗耐用消费品、奢侈品等，在定价时采用整数定价。

3. 声望定价

声望定价就是企业对有较高声誉的名牌或名店出售的商品制订较高的价格。声望定价可以满足某些顾客的特殊需要，如地位、身份、名望等；还可以显示其商品或企业的名望，如宝洁公司在“海飞丝”洗发液进入中国市场时，在同类产品中定价最高，结果反而畅销。微软公司的Windows98(中文版)进入中国市场时，一开始就定价为1998元人民币，便是一种典型的声望定价。

4. 招徕定价

一般顾客愿意以低于一般市价的价格买到同质商品，企业利用顾客求廉的心理，将某几种商品定低价(低于正常价格甚至低于成本)以刺激顾客；或利用节假日和换季时机举行“酬宾大减价”等活动，把部分商品按原价打折出售以吸引顾客，以促进全部商品的销售。例如，某大型商场服装部展出各种名牌服装，很多商品“打七折”、“打八折”，但还是很少有顾客惠顾。某品牌的业务经理想出了一个方法，他在一个醒目的地方打出了“某品牌服装限一小时内购买，打七折”的牌子，并且通过广播把消息传递出去。原来打六折都没人问津，现在竟然有那么多人等着“限时”抢购。这一方法大大刺激了消费者的求廉心理，体现了招徕定价的效果。

5. 习惯定价

有些商品的价格是长时间形成的价格，企业应当按照这种习惯价格定价，不要轻易地改变，这就是习惯定价策略。如果企业的产品要提价，最好不要改变原标价，而将单位数量略微减少或质量适当降低以减少成本，这样做比提高价格更容易为消费者所接受。如果成本价格无法降低，最好是把品牌或包装改变一下再行提价，让顾客以为这是一种经过改进的产品，多付钱也是合理的。

6. 如意定价

如意定价是按照消费者希望吉祥如意的心理和要求来定价。例如，有些消费者对尾数“8”的价格比较敏感，认为“8”有“吉祥如意”或“发财”的意思，这是想从价格数字上获得联想，以促进销售。

五、差别定价策略

所谓差别定价，是指企业按照两种或两种以上不同反映成本费用的比例差异的价格来销售某种产品或服务。差别定价主要有四种形式：

1. 顾客差别定价

顾客差别定价是指企业按照不同的价格把同一种产品或服务卖给不同的顾客。例如公园、展览馆的门票对某些顾客群(学生、军人、残疾人等)给予优惠价；有些企业对新老顾客实现不同的价格；客运公司对中外顾客的不同票价(火车、轮船、飞机等票价)等均属此类定价。

2. 产品形式差别定价

产品形式差别定价是指企业对同一质量和成本但不同花色、不同品种、不同款式的产品制订不同的价格。例如，不同花色的布匹、不同款式的手表等，都可定不同的价格；有的企业把同一种香水装在形象新奇的瓶子里，就将价格提高1~2倍。这主要是依据市场对该产品的需求情况而定的。

3. 产品部位差别定价

产品部位差别定价是指企业对于处在不同位置的产品或服务分别制订不同的价格，即使这些产品或服务的成本费用没有任何差异。例如，剧院里座位的成本费用都是一样的，但不同座位的票价有所不同；火车卧铺因位置差异，上下铺票价不一样等。这是因为人们对产品或服务的偏好有所不同所致。

4. 销售时间差别定价

销售时间差别定价是指企业对于不同季节、不同时期甚至不同时点的产品或服务分别制订不同的价格。例如，公用事业公司对商业用户（如旅馆、饭馆等）在一天中某些时段或者周末的收费标准有所不同。又如，旅游业在淡旺季定价不同。

企业采取差别定价策略必须具备以下条件：①市场必须是可以细分的，而且各个市场部分须表现出不同的需求程度；②以较低价格购买某种产品的顾客不可能以较高价格把这种产品倒卖给别人；③竞争者不可能在企业以较高价格销售产品的市场上以低价竞销；④细分市场和控制市场的成本费用不得超过因实行价格差异而得到的额外收入，即不能得不偿失；⑤价格差异不会引起顾客反感而放弃购买、影响销售；⑥采取的价格差异形式不会违法。

六、产品组合定价策略

1. 产品线定价

当企业产品需求和成本具有内在关联性时，为了充分发挥这种内在关联性的积极效应，可采用产品线定价策略。在定价时，首先确定某种产品价格为最低价格，它在产品线中充当招徕价格，以吸引消费者购买产品线中的其他产品；其次，确定产品线中某种产品的价格为最高价格，它在产品线中充当品牌质量象征和收回投资的角色；再者，产品线中的其他产品也分别依据其在产品线中的角色不同而制订不同的价格。如果是由多家制造商生产时，则公司协商确定互补品价格。选用互补品定价策略时，企业应根据市场状况，合理组合互补品价格，使系列产品有利于销售，以发挥企业多种产品的整体组合效应。

2. 分级定价策略

分级定价策略是企业将系统产品按等级分为几组，形成相对应的几个档次的价格策略。其目的是便于顾客按质选择、比较，以满足不同类型消费者的需求，从而促进销售。例如，某大型服装商场女装部共有三层，其中：一层为普装部（各种普通面料、款式、价格较低的女装）；二层为品牌部（各种知名品牌服装，价格较高）；三层为精品女装（国外流行女装，进口面料、特殊材料制作的女装，价格昂贵）。消费者会根据自己的需求预期有目的地选购。这种分级定价策略可以满足不同层次消费者的需求。

3. 选择产品定价

选择产品定价就是顾客购买相关商品时，提供多种价格方案以供顾客选择。各种选择的定价方案是鼓励顾客多买商品。例如，照相机与胶卷的出售，可以有三种组合方式及其相应的价格供顾客选择：一是只买照相机，每台 800 元；二是只买胶卷，每卷 30 元；三是照相机与胶卷一起买，每套 810 元。可见，这种组合方式的定价是鼓励顾客成套购进商品。

4. 相关产品定价

相关产品定价通常把主体产品定得较低而把相关产品的价格定得很高，通过其相关产品来盈利。例如，吉列公司把剃须刀架的价格定得较低，依靠出售吉列刀片赚钱。

5. 组合产品定价

组合产品定价是以某一价格出售一组产品。这一组产品的价格低于分别购买单个产品的费用总和,如成套化妆品等。

第五节 价格调整策略

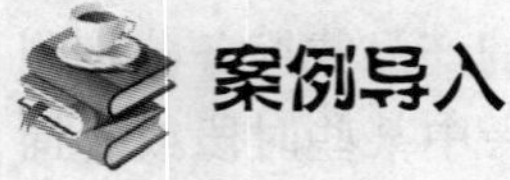

案例导入

休布雷公司巧定酒价

休布雷公司是美国生产和经营伏特加酒的专业公司,其生产的史密诺夫酒在伏特加酒市场享有较高的声誉,市场占有率一度达20%以上。20世纪60年代,另一家公司推出一种新型伏特加酒,其质量不比史密诺夫酒低,每瓶价格却比它低1美元。

面对此种情况,按照惯常做法,休布雷公司将采用3种策略:①降低1美元,以保住市场占有率;②维持原价,通过增加广告费用和推销支出与竞争对手竞争;③维持原价,听任其市场占有率降低。

然而该公司的市场营销人员经过深思熟虑,却采取了对手意想不到的第四种策略,即将史密诺夫酒的价格提高1美元,同时推出一种与竞争对手新伏特加酒价格一样的瑞色加酒和另一种价格更低一些的波波酒。其实这三种酒的味道和成本几乎相同。但该项策略却使该公司扭转了不利局面:一方面提高了史密诺夫酒的地位,使竞争对手的新产品成为一种普通的品牌;另一方面不影响公司的销售收入,由于销售量大增,使得利润大增,令人拍案叫绝。

在生产经营过程中,企业和竞争对手都会面临内、外部环境的不断变化,因此企业必须调整价格,以适应激烈的市场竞争。

一、主动降价

降价往往会造成同业者的不满,引发价格竞争,但在某些情况下,仍需降价。如出现下列情况,必须考虑降价。

(1)企业生产能力过剩,产品积压,虽运用各种营销手段(如改进产品、积极促销等),仍难以打开销路。

(2)企业面临着激烈的价格竞争,企业市场占有率下降,为了击败竞争对手,扩大市场份额,必须降价。

(3)企业的产品成本比竞争对手低但销路不好,需要通过降价来提高市场占有率,同时使成本由于销量和产量增加而进一步降低,形成良性循环。

(4)企业为了应对竞争对手降价的压力,采用“反价格”战,制订比竞争者更低的价格。

(5)在宏观经济不景气的情况下,降价以渡过难关。

二、提高价格

提高产品价格会引起顾客、经销商甚至本企业销售人员的不满,但成功的提价也会为企业带来可观的利润。当企业面临以下情况时必须考虑提价。

(1)在市场供不应求,企业无法满足顾客对其产品的全部需求时,只有提高价格以平衡供求,增加收入。

(2)在通货膨胀物价上涨、企业成本费用上升时,必须提高产品销价,以平衡收支,保证盈利。

(3)企业需要通过提价以改善和提高产品形象时,可以考虑提价。

为了减少交易风险,企业可采取如下应变措施:①限时报价,即所报的价格只在限定时间内有效(如一周内或三天内);②在交易合同中注明随时调价的条款;③分别处理产品与服务的各项价目,如将原来与产品整体一起定价的附加服务分解出来,另行定价;④减少现金折扣和数量折扣,或提高订货起批点;⑤扩大高利的产品市场,压缩低利的产品市场等。

企业在提价时,应注意通过各种传播媒介向买方说明情况,争取买方的理解,并帮助买方解决因提价而产生的问题。

三、顾客对调价的反应

衡量调价成功与否的重要标志是企业所确定的价格能否被消费者接受,能否促进消费者接受企业的产品,为此,企业必须重视顾客对调价的反应,并制订相应的策略。

顾客对降价作出的反应是多种多样的。有利的反应认为企业让利于顾客。不利的反应有:产品样式老了,将被新产品代替;产品有缺点,销售不畅;企业财务困难,难以继续经营;价格还要进一步下跌;产品质量下降了。

顾客对提价可能出现的反应有:产品很畅销,不赶快买就买不到了;产品很有价值。不利的反应有企业想赚取更多利润等。

顾客对价值不同的产品的价格反应也有所不同,对于价值高但经常购买的产品的价格变动较为敏感;而对于价值低但不经常购买的产品,即使提价购买者也不大在意。

四、企业应对竞争者价格变化的对策

企业面对竞争对手降价竞销时,可选择以下几种对策:

(1)维持原价不变。

(2)维持原价,同时改进产品质量或增加服务项目,加强广告宣传等。

(3)降价,同时努力保持产品质量和服务水平稳定不变。

(4)提价,同时推出某些新品牌,以围攻竞争对手的降价品牌。

(5)推出更廉价的产品进行反击。

一般说来,竞争者降价总是在准备已久的市场。而企业在事先毫无准备的情况下,突然面临对手的降价进攻,往往难以立即做出准确适当的反应。因此,企业应加强营销调研,及时掌握竞争者的动态,同时作好应付意外情况的准备。

根据以上对策,企业可以对竞争者的价格变化做出及时的反应,做到有备无患,避免临时仓皇失措。但需要特别强调的是,当企业面对竞争者的降价进攻时,必须冷静思考和分析具体情况,全面考虑各种因素,及时做出适当的反应。

本章小结

本章通过介绍营销定价的概念及影响定价的因素,明确营销定价过程的科学性与艺术性,接着介绍了企业定价目标和定价方法以及常用的定价策略,面对激烈的市场竞争,企业如何通过价格调整,促进销售实现。

综合训练

1. 名词解释

营销定价、需求价格弹性、盈亏平衡定价、认知价值定价

2. 知识理解

(1) 如何理解"在通常情况下,成本是企业定价的底限"?

(2) 结合自身体会,谈谈对心理定价策略的理解。

(3) 影响营销定价的主要因素有哪些?

(4) 企业在定价时可选择的定价目标有哪些?

(5) 企业常用的定价策略有哪些?

3. 内容深化

(1) 以自己熟悉的行业为例,分析讨论价格战爆发的原因及利弊。

(2) 新产品的定价策略有哪些?

(3) 企业应对竞争者价格变化的对策有哪些?

实践活动

以6~8人为一个小组,走访商场、超市,了解某类产品的定价及价格促销方面的实际状况。

案例分析

苹果平板电脑定价策略:市场份额靠边站

科技网站CNET刊文称,对iPad Air和视网膜版iPad Mini定价过高,将使苹果错失一些重大机遇,例如再次重塑平板电脑市场。

苹果发布了iPad Air和视网膜版iPad Mini,硬件和功能都得到升级。但是,苹果将视网膜版iPad Mini起步价由上一代产品的329美元上调至399美元,同时将第一代iPad Mini起步价下调30美元至299美元。

苹果为何会采取这样的定价策略?答案就是苹果不在意低端平板电脑市场。苹果已经多次表达了这样的观点,iPad的定价使苹果固守高端平板电脑市场。通常情况下,其他平板电脑——尤其是运行Android系统的平板电脑,零售价通常在250美元以下,但苹果产品价格要远远高于250美元。尽管苹果新款平板电脑将在市场上畅销没有丝毫悬念,但苹果却将错失重塑平板电脑市场,收复失去的平板电脑市场份额的机遇。

有市场研究公司指出:"这是苹果发出的最明晰的声明,即它只对高端市场感兴趣,这将为 Google、亚马逊等对手留出价格在 400 美元以下的平板电脑市场。这也将进一步巩固我们的看法:未来数年,随着 Android 系统市场份额增长,苹果平板电脑市场份额将持续下滑。”

苹果是现代触控屏平板电脑的发明者。市场研究公司 IDC 的数据显示,2010 年年底苹果在平板电脑市场上的份额超过 75%,但 2012 年年底时这一数字降低为 46%,预计 2013 年将进一步降低至 36%。同期内 Android 系统在平板电脑市场上的份额将由 2010 年的 22% 增长至 2013 年年底的约 60%。

目前尚不能判断 Android 系统是否在平板电脑市场上获得了成功。尽管 Android 系统在智能手机市场上获得了成功,但大尺寸应用 Android 系统的设备却对用户吸引力不够,主要原因就在于应用软件。几乎没有开发者为应用 Android 系统的平板电脑开发应用软件,应用 Android 系统的智能手机软件在平板电脑上的表现也不尽如人意。

但是,当 Kindle Fire、Nexus 7 等应用 Android 系统的平板电脑上市销售时,它们迅速吸引了希望买到物美价廉平板电脑的用户的注意力,也吸引更多开发者为应用 Android 系统的平板电脑开发应用软件。随着 Android 系统占领智能手机市场,越来越多的人希望购买使用 Android 系统的平板电脑。目前,小尺寸平板电脑占到平板电脑销售的绝大部分,即使对于苹果公司而言也是如此,iPad Mini 占到 iPad 销售量的约三分之二。

iPad 应用软件远多于 Android 平板电脑应用软件。据苹果 CEO 蒂姆·库克(Tim Cook)称,iPad 应用软件多达 47.5 万款,而 Android 平板电脑应用软件只有数万款。苹果更关心的是平板电脑使用时间而非市场份额,但使用时间并不直接等同于销售。

分析师指出,未来数年,平板电脑平均售价将继续下跌,8 英寸以下低端型号将是需求最高的平板电脑。对于 8 英寸以下的平板电脑,价格比新奇的功能更重要。在对手下调产品价格或小幅涨价之际,苹果平板电脑涨价幅度却高于 20%。随着 Android 系统平板电脑硬件和功能的不断改进,“苹果税”显得越来越不合理了。例如,Nexus 7 配置高分辨率显示屏,价格却只有 229 美元,被 CNET 称作“市场上最好的平板电脑”。亚马逊 Kindle Fire HDX 7 被 CNET 称作“性能怪物”,价格也只有 229 美元。许多市场人士都认为苹果固守高端市场是正确的战略。毕竟这一战略有助于提升利润率,让华尔街满意。苹果以及包括三星在内的主要对手都不愿意开打价格战。谁愿意使自己的主打产品成为便宜货呢?

苹果新的定价策略将提升 iPad 的平均售价,同时防止 iPad Mini 蚕食 iPad Air 销售份额。如果用户乐意花 399 美元购买尺寸较小的 iPad,他们也乐意多花 100 多美元购买更高端的设备。例如,两年合约价 199 美元的 iPhone 5S 销量高于 99 美元的 iPhone 5C。如果用户愿意多花 100 美元购买尺寸更大的 iPad,他们也会愿意购买 iPad Mini 而非 Android 系统的平板电脑。

市场研究公司 Moor Insights & Strategy 首席分析师帕特里克·摩尔希德(Patrick Moorhead)说:“市场上将出现大量配置较高的 199 美元 7 英寸 Android 系统平板电脑,再加上 100 美元就足以购买苹果产品了。我认为会有许多人愿意多花钱购买苹果产品。”

苹果依靠旧型号产品可以吸引部分 Android 用户,尤其是对 Android 系统平板电脑不满的用户。但苹果的定价策略将继续拱手让出相当大的一部分市场。苹果目前不关心低端平板电脑市场,但并不意味着将来也是如此。与智能手机一样,高端平板电脑市场也不会永远增长下去,新兴市场的重要性将日趋提高。

高中低端产品兼顾使得 Android 系统成为智能手机市场霸主。如果苹果不小心,智能手机市场的历史会在平板电脑市场上重演。

思考题

请结合你对 iphone 手机和苹果其他产品的价格策略的了解,讨论并总结苹果高价策略的原因和目标是什么?谈谈你对这一策略的认识。

第九章　营销渠道策略

学习目标

(1)理解市场营销渠道的概念和功能。
(2)掌握营销渠道的类型。
(3)了解营销渠道的策略及其影响因素。
(4)理解物流的含义与目标,了解物流系统的设计与规划。

案例提示

销售终端的营销之道

当国内企业还在激烈争夺广告“标王”时,可口可乐公司、百事可乐公司和宝洁公司等外资企业却在考虑如何在销售终端争取更多的货位、更大的陈列展位和更好的陈列空间;当国内企业还在为新闻炒作而劳心费力时,外资企业却在悄悄地拜访各级中间商,以提升渠道关系;当国内一个个“标王”企业相继倒下时,可口可乐公司、百事可乐公司和宝洁公司的产品却在终端市场牢牢占据了有利的位置。人们开始醒悟:只强调广告的拉动作用,不重视铺市与终端促销,结果是广告在电视上天天见,但消费者在终端市场难觅其产品踪影,这简直就是一种资源浪费。于是,当健力宝公司发现其产品的铺市率不足16%时,深感自己花大力气所做公关形象宣传就是失策。于是“百车、千人、万家店”计划出台,即配备百台送货车、招聘数千名终端服务和促销人员、建立数万家零售终端店。

TCL公司的总裁李东生认为,营销渠道的建设是可以不计成本的,只在乎是否比竞争对手更多、更快地把产品送到消费者的面前。为此,公司组建了庞大的销售队伍,配人、配车、配仓库,深入到城乡的每一个角落,希望在每一个电器商店里都能看到TCL的产品。柯达公司曾先后推出了“九万九当老板”计划和“轻轻松松当老板”计划。这不仅迎合了低成本创业者的需求,也实现了柯达公司对渠道的占领和控制。

内容导入

1. 请想想,为什么网上购物要比实体购物更受年轻人的欢迎?
2. 请说说,在专卖店购物和在一般商店购物有什么区别?

第一节　营销渠道结构模式

案例导入

三孔啤酒的营销渠道

三孔啤酒集团成立于1986年，随着企业的不断发展，企业的决策者清醒地认识到，企业间的竞争已逐步由产品竞争、质量竞争和价格竞争转为营销渠道的竞争。为此，企业特别注重抓好渠道的建设工作。

在渠道的设计上，根据产品档次的不同，分别设计了低价位渠道模式、中价位渠道模式和高价位渠道模式。

针对不同的产品，选择不同的渠道长度和宽度策略。例如，针对2元以下的低价位啤酒，在渠道长度上采用以三级渠道为主，二级渠道为辅的间接渠道模式；在渠道宽度上，采用以密集分销为主、选择分销为辅的渠道模式。

在渠道的结构上，采取一级渠道、二级渠道和三级渠道并存的多渠道模式。

一、营销渠道的概念与功能

1. 营销渠道的概念

营销渠道又称分销渠道或产品流通渠道，是指产品从生产领域向消费领域所经过的路线和通道。营销渠道是市场营销组合中一个极为重要的组成部分。它是连接生产者、中间商与最终消费者之间的桥梁和纽带，在整个市场营销过程中起着承上启下的作用。因此，营销渠道还可以定义为：产品从生产领域经由中间商转移至消费领域的市场营销活动。

营销渠道具有下列特征：

(1)营销渠道的起点是生产者，终点是个人消费者或用户。

(2)营销渠道是一组路线，其参与者是产品流通过程中各种类型的中间商或个人。

(3)在营销渠道中，生产者向消费者或用户转移产品，应以产品的所有权转移为前提。

(4)在营销渠道中，除产品的所有权转移方式外，还隐含着其他使生产者与消费者相联结的流通形式，如物流和信息流等。它们相辅相成，但在时间和空间上并不完全一致。

2. 营销渠道的功能

营销渠道的功能是对产品从生产者转移到消费者所必须完成的工作加以组织，其目的在于消除产品(或服务)与使用者之间的距离。营销渠道的主要功能有以下几种：

(1)研究：即收集制订计划和进行交换时所必需的信息。

(2)促销：即进行关于其供应货物的说服性沟通。

(3)接洽：即寻找可能的购买者并与其进行沟通。

(4)配合：即使所供应的货物符合购买者的需要，包括制造、评分、装配和包装等活动。

(5)谈判：即为了转移所供货物的所有权而就其价格及其他有关条件达成最后协议。

(6)实体分配：即从事产品的运输、储存。

(7)融资:即为补偿渠道工作的成本费用而对资金的取得与支用。

(8)风险承担:即承担与从事渠道工作有关的全部风险。

二、营销渠道类型

营销渠道可以按不同的标准进行划分。

1. 按是否有中间商参与可以分为直接渠道和间接渠道

(1)直接渠道:直接渠道是指生产者直接把产品销售给消费者,而不通过任何中间环节的销售渠道。直接渠道的形式主要有:定制、销售人员上门推销和设立门市部销售等。

1)直接渠道的优点是:

①了解市场。生产者通过与消费者直接接触,能及时、具体和全面地了解消费者的需求和市场变化情况,从而及时地调整生产经营决策。

②减少费用。销售环节少,产品可以很快地到达消费者的手中,从而缩短了产品的流通时间,减少了流通费用,提高了经济效益。

③加强推销。对于技术含量较高的产品,生产者可以对推销员进行培训,有利于扩大产品的销量。较之于通过中间商的销售方式,消费者往往更信赖生产者直销的产品。

④控制价格。一般情况下,营销渠道越长,生产者对产品价格的控制能力越差;营销渠道越短,生产者对产品价格的控制能力越强。

⑤提供服务。生产者能够直接为用户提供良好的服务,有利于促进产品的销售。

2)直接渠道也存在以下缺点:

①增加费用并分散精力。生产者增设销售机构、销售设施和销售人员,这就相应地增加了销售费用,同时也分散生产者的精力。

②覆盖面窄。由于生产者自有的销售机构总是有限的,致使产品的市场覆盖面过窄,易失去部分市场。

③占用资金。由于生产者要自备一定的产品库存,这就相应减缓了资金的周转速度,从而减少了对生产资金的投入。

④市场风险大。产品全部集中在生产者的手中,一旦市场发生变化,生产者要承担全部损失。

(2)间接渠道:间接渠道是指生产者通过中间商来销售产品。绝大部分生活消费品和部分生产资料都是采取这种渠道进行销售的。

1)间接渠道的优点是:

①中间商具有庞大的销售网络,利用这样的网络可以使产品具有最大的市场覆盖面。

②充分利用中间商的仓储、运输和保管作用,减少了资金的占用和耗费;还可以利用中间商的销售经验,进一步扩大产品的销售。

③减少了花费在销售上的人力、物力和财力。

2)间接渠道也存在以下缺点:

①因流通环节多,导致销售费用的增加,也增加了流通的时间。

②生产者获得的市场信息不及时、不直接。

③在由中间商对消费者提供售前和售后服务的过程中,中间商往往由于不掌握相关技术等原因而不能使消费者满意。

2. 按营销渠道所经过流通环节的多少，可以分为长渠道和短渠道

（1）长渠道：长渠道是指生产者在产品销售过程中利用两个或两个以上层级的中间商销售产品。

1）长渠道的优点是：

①渠道长、分布密、触角多，能有效地覆盖市场，扩大产品的销售。

②能充分利用中间商的职能作用，市场风险较小。

2）长渠道的缺点是：

①生产者所获得的市场信息相对迟滞。

②生产者、中间商、消费者三者之间的关系复杂，难以协调。

③产品价格一般较高，不利于市场竞争。

（2）短渠道：短渠道是指生产者仅利用一个中间商或自己销售产品。

1）短渠道的优点是：

①能减少流通环节，流通时间较短。

②费用省，产品的最终价格较低，能增强产品的市场竞争力。

③信息传播和反馈速度较快。

④由于环节少，生产者和中间商较易建立直接的、密切的合作关系。

2）短渠道的缺点是：

①迫使生产者承担更多的商业职能。

②生产者无法集中注意力搞好生产活动。

3. 按使用中间商的多少可以分为宽渠道和窄渠道

（1）宽渠道：宽渠道是指在营销渠道的某个层级中，使用的中间商数目比较多的渠道。例如，卷烟厂通过许多批发商、零售商将其生产的香烟推销到广大地区和广大消费者的手中。

1）宽渠道的优点是：

① 产品的营销范围广，有利于扩大产品的市场覆盖面。

② 广大消费者可以随时随地购买到所需要的产品。

2）宽渠道的缺点是：

①由于同类型的生产商的数量较多，中间商不愿花更多的费用来推销特定企业的产品。

②生产者和中间商之间的关系松散，生产者难以控制中间商。

（2）窄渠道：窄渠道是指在产品营销的某个环节或层次中，使用同种类型的中间商的数量较少的渠道。例如，家用电脑生产企业往往只通过少数批发商或零售商推销其产品，这种营销渠道就相对比较窄。

1）窄渠道的优点是：

①生产者与中间商联系紧密，利益均沾，风险共担。

②生产者可以控制产品价格和销售情况。

2）窄渠道的缺点是：

①增加了生产者对中间商的依赖，一旦双方关系出现变化，就会影响产品的生产和销售，也不利于吸引潜在的买主。

②窄渠道适用于那些技术性强、生产批量小的产品，生产企业只选择那些熟悉产品技术性能的中间商经销自己的产品。

第二节　营销渠道策略选择

案例导入

乐凯公司的渠道策略

乐凯公司采取了建立自己的营销渠道和利用代理商营销相结合的渠道策略。一方面，乐凯公司长期以来一直在构筑自己的营销渠道：2000年以前，就在全国建立了1000多家专卖店和1400多家特约彩扩店；现在，乐凯专卖店正在以平均每天一家的速度在增加。另一方面，乐凯充分利用社会力量扩展营销网络：以乐凯总部为基点，在各地选择了一批信誉好、市场辐射能力强的商家作为乐凯的地区代理，建立起乐凯的代理营销体系，以借助中间商来营造市场、拓展市场。

在销售网点的建设方面，乐凯公司注重从数量型扩张向质量型扩展，坚持“建一个成一个”。为此，乐凯着手对全国的乐凯专卖店进行整合，并大力推行规范化、标准化的管理与服务模式，着力提高服务质量，树立品牌形象。优良的质量，高效的营销网络，加上各种强有力的营销策略，大大促进了乐凯胶卷的市场拓展。

一、影响营销渠道设计的因素

影响营销渠道设计的因素很多，其中主要的因素有以下几种：

1. 产品因素

产品的特性不同，对营销渠道的要求也不同。

(1)价值大小：一般而言，产品的单价越低，营销渠道一般就又宽又长，以追求规模效益；反之，单价越高，路线就越短，渠道就越窄。

(2)体积与重量：对于体积庞大、重量较大的产品，如建材、大型机器设备等，要求采取运输路线最短、搬运次数最少的渠道，以节省物流费用。

(3)变异性：对于易腐烂、保质期短的产品，如新鲜蔬菜、水果、肉类等，一般要求采用短而宽的渠道方式，因为时间拖延和重复搬运都会造成不必要的损失。同样，对于式样、款式变化快的时尚类产品，也应当采取短而宽的渠道，避免因市场变化快而造成不必要的损失。

(4)标准化程度：产品的标准化程度越高，如毛巾、洗衣粉等日用品以及标准工具等，采用中间商销售的可能性就越大。一般而言，单价低、毛利低的产品常需要通过批发商转手售出，而对于一些技术性较强或一些需要定制的产品，生产者通常是根据顾客的要求进行生产，再由生产者自己直接派员销售。

(5)技术性：产品的技术含量越高，渠道就应越短。对于技术性产品，通常都需要提供各种售前和售后服务，故技术性产品的生产企业常常是直接向最终用户销售。但对于属于大众消费品的技术性产品，营销却始终是一个难题，毕竟生产企业不可能直接面对众多的消费者。因此，生产者通常是通过零售商进行推销和提供各种技术服务。

2. 市场因素

市场因素是营销渠道设计时重要的影响因素之一，影响营销渠道设计的市场因素主要包括以下几个方面：

(1)市场类型：不同类型的市场，要求不同的渠道与之相对应。例如，消费品的最终消费者的购买行为与生产资料用户的购买行为不同，所以消费品和生产资料就需要有不同的营销渠道。

(2)市场规模：如果一个产品的潜在顾客较少，企业就可以派自己的销售人员进行推销；如果潜在顾客较多、市场面大，营销渠道就应该建得长一些且宽一些。

(3)顾客集中度：在顾客数量一定的前提下，如果顾客集中度较高，则可由企业直接派人销售；如果顾客集中度较低，则必须通过中间商才能将产品迅速地转移到众多的、分散的顾客手中。

(4)用户购买数量：如果用户每次购买的数量较大且购买频率较低时，可采用直接营销渠道；如果用户每次购买数量较小且购买频率较高时，则宜采用长而宽的渠道。

(5)竞争者的营销渠道：在选择营销渠道时，应考虑竞争者的营销渠道。如果自己的产品比竞争者更有优势，可选择同样的渠道；反之，则应该尽量避开同一渠道。

3. 企业自身因素

企业的自身因素是营销渠道选择和设计的根本立足点。

(1)企业规模：如果企业的规模较大、实力较强，有能力承担起部分商业职能，如仓储、运输、设立销售机构等，则有条件采取短渠道的渠道策略；而如果企业规模较小、实力较弱，企业无力承担其他商业职能，那就只能采取长渠道的渠道策略。

(2)产品组合：产品组合的宽度越宽，则越倾向于采取短渠道；产品组合的深度越大，则宜采取短渠道。反之，如果产品组合的宽度较窄和深度较浅，则生产者只能通过批发商、零售商来转卖产品，其渠道一般又长又宽。如果产品组合的关联性越强，则越应使用相同或相似的渠道。

(3)管理能力和管理经验：管理能力和管理经验较强的企业往往可以选择较短的渠道，甚至采用直销的方式；而管理能力和管理经验较差的企业一般将产品的营销工作交给中间商去完成，自己则专心于产品的生产。

(4)对营销渠道的控制能力：生产者为了实现其战略目标，往往要求对营销渠道实行不同程度的控制。如果生产者的这种愿望越强，就越会采取短渠道；反之，渠道可建得适当长一些。

4. 环境因素

影响营销渠道设计的环境因素既多又复杂。例如，食品保鲜技术的发展可能使水果、蔬菜的营销渠道从短渠道变为长渠道；经济萧条时迫使企业缩短渠道等。

5. 中间商因素

不同类型的中间商在执行营销任务时各有其优势和劣势，设计营销渠道时应充分考虑不同中间商的特征。对于一些技术性较强的产品，一般要选择具备相应技术能力或设备的中间商进行销售。有些产品需要一定的储备(如冷藏产品、季节性产品等)，就需要寻找拥有相应储备能力的中间商进行销售。零售商的实力较强，经营规模较大，企业就可直接通过零售商销售产品；零售商实力较弱，规模较小，企业就只能通过批发商进行销售。

二、营销渠道策略

1. 直接性营销渠道策略

直接性营销渠道策略,就是不利用中间商而仅依靠企业自身的力量直接将产品销售给消费者,以实现企业目标的一种营销策略。这种策略可以利用直接渠道的优势来达到营销的目的。其优点是:①销售及时,回款快,有利于提高资金使用效率;②不经过中间商,费用支出较易控制,有利于降低销售成本、提高服务质量。

企业采用直接营销渠道的策略主要以下两种方式:

(1)设立营销处或营销公司,实行产销一体化:生产企业采用这种营销方式必须具备以下几个条件:

1)产品具有集中市场。

2)生产企业实力雄厚,综合营销能力、管理能力较强,信誉较好。

3)生产企业拥有强大的推销能力和高素质的推销人员。

4)产品需要安装、维修和售后服务。

5)消费者要求迅速而经济地得到产品。

(2)直接售给消费者:生产者不经过批发商和零售商而直接向消费者销售的方式一般适用于企业的生产规模不大、产量较小,而产品本身的自然寿命较短或消费者对产品有特殊要求或需要企业及时提供各种服务的情况下。

当然,直接性营销渠道策略并非十全十美,也有其局限性。如果生产量小,销售成本高,往往不如将产品交给中间商去销售。如果生产量大,超过生产者的自销能力之外,就必须利用中间商进行销售。因此,绝大多数生产企业的产品都通过中间商来进行营销。

2. 间接性营销渠道策略

间接性营销渠道策略,就是企业利用中间商把自己生产的产品销售给消费者或用户,以实现营销目标的一种策略。根据渠道类型的不同,又可以分为以下三种形式:

(1)普遍营销策略:这是生产者为了使自己的产品得到广泛推销,方便消费者随时随地购买而充分利用营销渠道的宽度和长度优势的一种策略。采用这种策略可以将产品在较短时间内推向广大的市场、扩大产品的市场覆盖面并尽可能地方便消费者的购买。例如,日用品通常采取这种策略。

(2)专营性营销策略:这是生产者在目标市场上利用窄渠道的特点,仅选择一家批发商或零售商来推销自己的产品,以实现营销目标的一种营销策略。采用这种策略时,生产者和中间商双方之间通常签有书面协议,中间商不得销售其他竞争性的产品,生产者也不得把产品再给其他中间商经销,这种策略适用于需要特别重视品牌的特殊产品,或使用方法复杂且需要提供技术指导以及需要提供和承担较多售后服务的产品的营销。例如,汽车销售大多采用4S店的模式。

(3)选择性营销策略:选择性营销策略是指生产者在一定的区域范围内,有选择地确定一部分批发商和零售商来经销自己的产品。对于消费品中的选购品、工业品中的零配件以及消费者在使用中会产生对某种品牌商标偏好的产品,都适宜采用这种策略。由于所选的中间商较少,所以生产者与经销商之间的配合通常较为密切。从生产者来说,产品可以占有一定的市场且成本比普遍营销低;从中间商来说,可以维持一定的产销量,并获得一定的销售利润。

总之,企业及其营销人员在进行营销渠道决策时,应根据客观情况,在一个或数个目标市场上,选取一条或数条各具特色的营销渠道以及最具推销能力的中间商,使企业生产的产品能在"适当时间"和"适当地点"安全、经济地到达消费者手中,从而实现企业的营销目标。

第三节 营销物流决策

案例导入

沃尔玛的物流之道

沃尔玛被称为美国零售配送革命的领袖。其独特的配送系统大大降低了沃尔玛的物流成本并加快了存货的周转,成为"天天低价"的最有力的支持。沃尔玛补充存货的方法被称为"交叉装卸法",这套"不停留送货"的供货系统共包括三个部分:

(1)高效率的配送中心:根据订单,沃尔玛的供应商将货品送至沃尔玛的配送中心,配送中心则负责完成对商品的筛选、包装和分捡工作。配送中心配备有现代化的机械设施,对于送至配送中心的85%的商品都采用机械化处理,这就大大减少了商品处理的人工费用。同时,由于购进商品的数量巨大,配送中心的机械设备得以充分利用,充分发挥了配送环节的规模优势。

(2)迅速的运输系统:沃尔玛的运输车队是其供货系统的优势之一。在1996年,沃尔玛在美国就已拥有了近30个配送中心和2000多辆运货卡车,以保证从仓库到任何一家商店的进货时间不超过48小时。相对于其他同行每两周一次的平均补货周期,沃尔玛却保证平均每周可补两次。快速的配送货体系,使沃尔玛各分店即使在维持少量存货的情况下也能保持正常的销售,从而大大节省了存贮空间和存贮费用。由于这套快捷运输系统的有效运作,沃尔玛的85%的商品都通过自己的配送中心运输,而竞争对手凯马特却只有5%的商品是通过自己的配送中心运输,其结果是沃尔玛的销售成本因此低于同行业平均销售成本2%~3%,成为沃尔玛全年低价策略的坚实基石。

(3)先进的卫星通讯网络:沃尔玛投巨资建立的卫星通讯网络系统使其供货系统更趋完美,这套系统的应用,使配送中心、供应商和每一销售点都能形成连线作业,在短短数小时内便可完成"填妥订单—订单汇总—送出订单"的整个流程,大大提高了运营的高效性和准确性。

一、物流的含义、任务与职能

目前,全球工业企业的发展呈现出三种发展趋势。首先,各个行业的企业都开始将有限的精力集中于各自的核心活动,即生产和销售产品。为了能保证生产出的产品能及时地送到中间商和各级市场,保证各项市场营销活动的正常开展,生产企业往往更强烈要求实现物流的专业化。其次,随着生产的分散化和国际化,企业更需要形成覆盖面更加广阔的物流网络。再次,随着科学技术的飞速发展,产品的生命周期变得越来越短,因此快捷灵活的产品配送也就变得愈加重要。

1. 物流的含义

所谓物流,是指通过有效地安排产品的仓储、管理和转移,使产品在需要的时间到达指定地点的经营活动。

2. 物流的任务

涉及原料及最终产品从起点到最终使用点或消费点的实体移动的规划与执行,并在取得一定利润的前提下,满足顾客的需求。

3. 物流的职能

物流的职能就是将产品由其生产地转移到消费地,从而使产品的使用价值得以实现。其具体活动包括产品的运输、保管、装卸、包装、信息传播及规划生产水平和存货水平。

二、物流要素

物流包括了六个方面的组成要素:包装、运输、仓储、装卸搬运、库存控制和订单处理。

1. 包装

物流中的包装主要是指工业包装,又称保护性包装。保护性包装的目的是为了保护包装物内的货物,防止产品破损和变质等。物流活动中包装形式的确定、包装材料的选用和包装方法的选择都要与物流的其他要素相匹配。例如,不同的装卸方式对包装有不同的要求:机械操作要求货物的重量、体积与有关机械的操作性能相一致;人工装卸则要考虑包装物的单元重量、外形尺寸与工人的体力和操作方便相适合;另外,仓库的堆码要求、产品本身的性能、运输工具的选择和运送距离的远近等也都会对包装提出不同的要求。因此,包装应结合物流的各项要素统筹考虑。

2. 运输

运输是借助各种运力,实现产品在空间位置上的转移。根据距离的远近,一般将在市场或某一地区向消费者运送产品的短距离的输送称为发送,而将长距离的输送称运输。

3. 仓储

对于仓储问题,企业必须决定是否使用仓库或直接从生产厂直接发货给顾客;决定是自建仓库还是租赁或购买仓库;决定仓库的规模、形式和结构;同时还要决定选择适当的仓库地址。

4. 装卸搬运

仓储和运输活动中都需要进行装卸和搬运作业。装卸和搬运活动的基本内容包括产品的装上、卸下、移动、分类和堆码等。在这些方面,企业应选择适当的装卸或搬运方式,选择和使用适当的装卸搬运机械设备等。根据产品的特性、储存仓库的条件、作业的效率以及由此而产生的各项费用作出正确的决策。

5. 存货控制

存货控制包括决定和记录产品的存放地点、每种产品的实际储存量和顾客需要的发货量及发货期等。产品的储存要发生各种相应的费用,如存货管理费、税金、保险费和搬运费等。企业应力求既要节约费用,又要保持足够的库存水平,以便顾客需要时就可以组织发货。

6. 订单处理

订单处理包括接受、记录、整理、汇集订单和准备发运产品等工作。用户送来的订单应该及时处理。许多企业要求用户把订单直接传到仓库。仓库在收到订单后,必须检查是否正确,并按订单要求把产品及时发运给顾客。订单处理的时效性及其他工作质量都直接影响着物流的效率和物流的服务水平。

三、物流的目标

物流的目标就是企业管理的目标,都是为提高企业的竞争力,获得丰厚的利润回报。物流的具体目标就是使正确的商品或服务在适当的时间、良好的状态下到达合适的地点,同时对企业作出最大贡献。

有人更倾向于将物流的目标简单概括为“七个合适(7 Rights,简称7Rs)”,即:合适的时间(Right Time);合适的地点(Right Place);合适的成本(Right Cost);合适的顾客(Right Customer);合适的产品或服务(Right Productor Service);合适的质量(Right Quality);合适的数量(Right Quantity)。

简言之,就是力图“使特定用户以其可以接受的成本水平在适当的时间、适当的地点收到良好质量、准确数量的特定产品或服务”。

1. 顾客服务的投入与产出

物流的一项基本产出就是对顾客服务的水平,它是用来吸引潜在顾客的有力武器。顾客服务的内容包括:

(1)产品的可获得的难易程度。

(2)订货及送货速度,包括普通订货速度和紧急订货速度。

(3)存货或缺货的比率。

(4)送货频率。

(5)送货的可靠性,包括小心看护、轻拿轻放以及损坏补偿等。

(6)安装、试运行及修理服务。

(7)运输工具及运输方式的选择。

(8)免费修理或分别计价。

物流企业一般根据竞争者的现行服务水平来确定自己的服务水平,并统筹考虑整个物流系统的总成本,而不是个别成本。

2. 各职能部门之间的冲突情况

企业的各种物流活动往往具有高度的相关性,企业应从整个物流系统来统筹考虑和制订物流策略,而不应只着眼于各个职能部门所需要的物流活动。

3. 物流的具体目标

(1)将各项物流费用视为一个整体。

(2)将全部市场营销活动视为一个整体。

(3)善于权衡各项物流费用及其效果。

四、物流的规划与管理

在设计物流系统时,经常需要在几种不同方案中作出选择。可供选择的方案主要有以下几种:

1. 单一工厂,单一市场

许多制造商往往是单一工厂型企业,而且其营销活动也仅集中在一个市场,例如,小面包房的市场可能只是一个小城市或小城市的部分地域;地方性的酿酒厂的市场可能仅限于一个地区。在这种情况下,这些制造商的制造基地通常设在所服务的市场中央,这样可节省运费;

或者在某些情况下，将工厂设在远离市场但便于采购原材料的产地，以减少人工成本和避开高租金的工厂用地。这些因素都需要企业根据相对的运输及加工成本来决定工厂到底设在靠近市场还是易于取得资源的地方。需要特别注意的是，当某些成本因素发生重大变化时，就会破坏设厂地址利益的平衡。因此，企业在两个设厂地点进行选择时，不仅应审慎地评估目前的各项的成本，更须考虑到未来的各项成本。

2. 单一工厂，多个市场

当一个工厂在几个市场同时进行销售时，企业有好几种物流方案可供选择。例如，在中西部地区有一个制造商，起初他在中西部经营，现拟开拓东部市场，则至少有以下三种方案可供选择：

(1)从中西部地区的工厂将产品成品直接运送至东部地区。

(2)将中西部地区工厂所制成的零部件运送到东部地区的组装厂组装成品。

(3)在东部地区另建一个制造基地。

3. 多个工厂，多个市场

企业可以做出由多个工厂和多个市场组成的物流规划。这样的企业面临两个最佳化的方案：一是短期最佳化方案，即把仓库设置在离目标市场较近的多个地点，在既定的工厂和仓库位置上，制订一系列由工厂到仓库的运输方案，使运输成本最低；二是长期最佳化方案，即决定销售的数量和区域，使总销售成本最低。

除了以上模式以外，现代物流还需要其他多种技术的支撑，如条形码、电子货币技术等：条形码技术是一项自动识别技术，是商品国际化的标志，也是实现物流自动化与商品管理自动化的基础；电子货币包括信用卡、储蓄存款卡、扣账卡和现金卡等多种金融交易卡。电子货币的使用不仅可以减少流动资金的积压及大量资金的清点搬运，而且还可以通过计算机和信息通讯网络建立家庭银行，以实现网上购物。除此之外，现代物流管理还用到电子数据交换等技术来支撑管理系统并提高管理效率。

本章小结

本章从营销渠道的概念和功能入手，介绍了按不同标准对营销渠道类型进行分类的相关知识。通过介绍营销渠道的影响因素，给出了多种营销渠道策略。本章的最后一节对营销物流决策进行了综合阐述，包括物流的含义、要素、目标及物流的规划与管理等。

综合训练

1. 名词解释

直接渠道、间接渠道、长渠道、短渠道、宽渠道、窄渠道、密集营销策略、独家营销渠道、选择营销渠道、物流

2. 知识理解

(1)什么是市场营销渠道？市场营销渠道的功能有哪些？

(2)市场营销渠道的类型有哪些？

(3)影响市场营销渠道的因素有哪些？

3. 内容深化

(1)什么是物流？分别包括哪些活动？

(2)合理的营销渠道建设会为企业的营销工作带来哪些好处？

实践活动

以5~6人为一个小组，从专卖店、直销店入手，收集资料，画出某公司的营销渠道模式图，并进行评价和建议。

案例分析

卡夫的渠道建设

北京卡夫食品公司是美国卡夫通用食品有限公司与北京华冠乳品公司合资兴建的中外合资企业。卡夫在北京率先推出的新产品——卡夫雪凝酸牛奶因采用独特的配方而非常吸引消费者。酸牛奶属于流通时间越短越好的产品，应尽可能采取较短的营销渠道。根据这一特性，该公司采用以下营销渠道以达到广泛销售的目的：

一阶段渠道。公司设有专门针对零售商的销售代表，每人向约500个零售商开展业务，通过这一渠道销售的产品约占总销量的2/3。

二阶段渠道。产品经过批发商、零售商到达消费者手中。以批发商为对象的每位销售代表负责向约10个批发商开展业务，每个批发商分别联系的零售商数目为20~150个不等。

公司要求每位销售代表进柜台协助零售商开展销售及公关工作，并随时将批发商、零售商的反映及意见反馈回公司，以提供尽可能完善的服务。由于需求量大增，公司还赠送800台保鲜柜给京城各地的零售商，以保证其产品的质量。

但公司发现其销售渠道也存在诸多问题：

(1)零售商进货时索取回扣，否则就不进货或对外销售时态度消极，比如将卡夫产品放到柜台下消费者不容易看到的地方。此外，卡夫产品仍然未能进入北京几家较大的零售点。

(2)某些批发商为了控制更多零售商而私自降价，扰乱了市场。这实际上是少数批发商之间在争夺零售商，导致公司无法有效地对批发商进行控制，反而受制于某些批发商。

(3)批发商每天或隔天向公司进货，待月底结清当月货款，但某些批发商仍拖欠货款，使公司的资金周转面临困难。

据此，公司对销售渠道作了如下调整：

(1)卡夫公司的产品属于当地产当地销性质，生产者对批发商的依赖性较小。因此，公司决定不再给批发商以厚利，而以吸引零售商为重点。价格上给零售商以较大幅度的让利，建立了出厂价2.00元/瓶，对批发商再让利10%，即1.80元/瓶的价格制度，这样批发商只有10%的差价，有效地控制了其私自降价。

(2)在直接向消费者促销的同时对中间商进行促销，对大量购货的批发商、零售商按比例赠送提供一定金额的产品，用灵活的销售折扣鼓励中间商经销。

(3)严格挑选批发商，与有实力、讲信誉的批发商建立良好的合作关系，对于实力和信誉较好的批发商，公司提供诸多优惠条件以加以扶持。

思考题

(1)从案例提供的资料来看，你认为卡夫公司的渠道选择和调整策略是否正确？

(2)如果还有其他更好的方法的话，卡夫公司还应从哪些方面加强对中间商的激励和管理？

第十章 营销促销策略

学习目标

(1)掌握人员推销的策略与技巧。
(2)了解广告媒体的种类与特征。
(3)认识公共关系的活动方式和组织实施过程。
(4)了解营销推广的类型。

案例提示

把促销做到消费者心里

1997年,曾作为欧洲排名第一、世界第四大家用电器制造商的西门子雄心勃勃地进军中国家电市场时,面临的却是白热化的市场竞争。如何将第一款与欧洲同步的滚筒洗衣机成功推向中国市场,考验着西门子市场营销人员。

西门子营销人员通过市场调查发现,随着广告大战越演越烈,广告的促销作用已越来越弱。因此为了吸引消费者并刺激他们的购买欲望,西门子必须采取一些别出心裁的促销措施。

1997年恰逢西门子公司成立150周年,借此喜庆的日子,营销人员策划了一次席卷全国的"西门子150周年金银欢乐送"全国性推广活动:凡购买西门子洗衣机,可获赠"限量定制的西门子150周年纪念纯银币一枚",并同时参加纯金币大抽奖活动。这些制造精美极具收藏价值的纪念币与设计简洁高贵典雅的西门子洗衣机相映成辉,令人爱不释手,使西门子洗衣机的品质感得到充分凸现。活动开始后在全国受到出乎意料的欢迎,制造精美的纪念币配合高品质的西门子滚筒洗衣机,给国内家电市场带来一股浓郁的欧洲风情,一万枚银币在活动开始不久就伴随洗衣机销售被抢购一空。

此后,西门子先后在各大城市开展一系列与名牌服装联合的推广活动。在武汉,西门子洗衣机与名牌服装、经典故事联合演绎一台主题为"好衣服当然要用西门子洗衣机"的大型时装表演与新装上市活动。活动当天洗衣机销量创武汉当年最高纪录。在上海,与著名休闲装品牌合作,双方通过资源共享以及联合广告宣传与新闻发布,使两个品牌在形象树立上相得益彰。该服装品牌当月销量成倍增长,西门子洗衣机也以简洁高贵的形象成为广大年轻消费者未来结婚购置的首选目标。

西门子的成功案例表明:促销活动的重点应当放在设法为顾客提供超出他们期望的产品价值或服务,满足消费者深层次的需求,这样才能取得良好的效果。

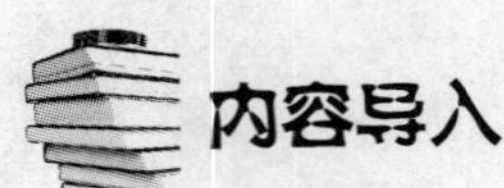

内容导入

1. 请想想,你所知道的促销活动有什么形式?
2. 请说说,你所理解的销售、促销、直销和营销有哪些不同?

第一节　人员推销策略

案例导入

一天,一个穿着怪异、留着小辫子的年轻人来到奥迪4S专卖店,嚷嚷着要买一部奥迪轿车。看着小伙子风风火火的样子以及他略显稚气的脸,4S店的销售员犹豫了。不过,她还是热情地接待了这个小伙子,仔细地为他介绍,并约定改日办理提车手续。在闲聊的时候,这位女士无意中得知小伙子的父亲是一家大公司的老总,哪怕这个小伙子买不起汽车,他的父亲也一定会满足儿子的愿望。但是这位善良的销售员觉得心里不踏实,不知道这个鲁莽的小伙子开车会不会出事,那样的话,她情愿不把车子卖给他。

她马上拨通这个小伙子父亲的电话,说明打电话的原因,并且道出自己的担忧:"看他风风火火的样子,我真的是有些担心。我只是想向您证实您的儿子真的会开车吗? 我挺担心他的行车安全的。"

电话那头说:"谢谢你的好意! 不过你不必担心,我儿子已有几年的驾驶经验了。不过他做事的方式从来没有改变过。"电话挂线后,销售员吁了一口气,可是她万万没有想到,因为这个电话,那个小伙子的父亲又为她介绍了一笔16辆车的订单! 她真的乐坏了! 几年后,这位销售员成了汽车销售公司的金牌销售经理和明星员工,可是她依然难以忘记那天的一通电话。她当时的梦想只是通过自己的努力过上幸福的生活,服务好客户罢了。

一、人员推销的概念和特点

1. 人员推销的概念

人员推销是指通过推销人员直接向顾客介绍和推销产品,促使顾客形成相对明确的购买欲望,并对本企业的产品实施购买行为,以促进和扩大本企业产品销售的促销方式。人员推销是一种传统的销售方式。目前,这种传统的推销形式,仍然是现代社会中最重要的推销形式,尤其对工业品和高科技产品的促销,更是一种不可或缺的促销手段。

2. 人员推销的特点

(1)沟通直接:相对于其他交流方式,面对面的交流具有三方面不可替代的优势:

1)双方能够准确、迅速地感受和理解对方的认知和愿望。

2)双方能够根据交流而迅速作出适当的调整。

3)顾客通过观察,能够对促销人员形成直接的感知和信任。

(2)机动灵活:推销人员在推销访问的过程中,可以亲眼观察到顾客对推销陈述和推销方式的反应,并揣摩其购买心理的变化过程,因而能够立即根据顾客的情绪和心理的变化而针对性地改进推销方式,以适应顾客的需要并促使交易的最终达成。

(3)培养感情:面对面的推销能使推销人员与顾客建立彼此的信任和友谊,有利于双方保持长期的联系。人员推销能够较为直接地影响顾客的认知、判断和趋向性。因此,买卖关系的成交并不意味着营销工作的结束,而是长期交易的开始。

(4)反应迅速:人员推销的直接性,大大缩短了从推销活动到采取购买行为的时间间隔。通过推销人员的现场说服和解答工作,使顾客的种种问题迎刃而解,继而促使顾客立即采取购买行为。

二、人员推销的过程

1. 寻找顾客

人员推销的首要程序就是寻找潜在的顾客,只有有了具体的推销对象,推销人员才能开始推销工作。推销人员可以通过以下途径来寻找潜在的顾客:

(1)市场调查:推销人员可以利用市场调查的结果,从中寻找潜在的顾客。

(2)资料查找:推销人员可以通过查阅现有的信息资料如工商企业名录、统计资料、年鉴、电话簿和有关的书报杂志等来寻找潜在的顾客。

(3)广告开发:推销人员可以利用各种广告媒介来寻找潜在的顾客。

(4)客户介绍:推销人员可以请现有的顾客推荐和介绍其他潜在的顾客。这种方法的关键在于推销员首先要取得现有顾客的信任,然后利用现有顾客的社会联系来寻找到更多的潜在顾客。

2. 实施推销

确定潜在的目标顾客后,推销人员就要着手与目标顾客接触并实施推销活动,推销活动通常包括两个过程:

(1)做好推销前的准备工作,全面掌握与推销活动有关的各种信息。推销前的准备工作通常包括:①拟订推销计划;②与顾客约见;③安排访问路线;④ 售后追踪。

(2) 与目标顾客见面并实施具体的活动。产品售出后,推销活动并未就此结束。推销人员还应该经常与顾客保持联系,以了解他们对产品和服务的满意程度;推销人员还要及时处理顾客的意见,消除顾客的不满。值得注意的是,良好的售后服务往往可以提高顾客的满意度,增加产品再次销售的可能性。

三、推销人员应该具备的素质

1. 道德品质方面

推销人员应具备强烈的事业心、良好的职业道德和正确的推销方法,要做到守法和诚信:守法是指遵守国家有关的法律法规;诚信是指诚实地、全面地向顾客提供有关产品的各种信息,并认真履行服务承诺和经营者应当履行的其他应尽义务。

2. 业务知识方面

推销人员应掌握市场上关于该产品的相关信息,还应具备丰富的产品知识和产品操作技能。推销人员通过向顾客介绍本企业产品和服务的特点,以树立良好的产品形象和服务形象,提高本企业产品和服务的竞争力。

3. 交往活动方面

推销人员要有良好的心理素质,应具备良好的表达能力、沟通能力和敏锐的洞察力,还要注意个人的形象仪表。推销人员通过与顾客的交往,可以获得有关本企业产品、竞争性产品以及其他方面的有关信息,可以了解顾客的态度和对产品的改进意见等。

四、人员推销的管理

1. 人员推销的结构

(1)区域式结构:企业按目标市场划分若干个销售区域,每个推销人员负责一个区域的销售业务。

(2)产品式结构:企业按产品进行分类,每个推销人员负责销售一类或几类产品。

(3)顾客式结构:企业按顾客的属性进行分类,每个推销人员负责向不同类型的顾客或特定的顾客群销售产品或提供服务。

(4)复合式结构:综合以上各种结构形式,将推销人员按区域、产品、顾客复合分组。

2. 推销人员的选择、培训、绩效评价和报酬

(1)推销人员的选择:企业对推销人员应有明确的要求,这些要求是挑选和培训推销人员的标准。一般来讲,合格的推销人员应具备的要求包括:

1)知识面广,有一定的业务知识。

2)守法诚信,富于进取。

3)反应灵敏,吃苦耐劳。

(2)推销人员的培训:当企业挑选出推销人员后,要进行一定的培训。培训内容一般包括:

1)企业经营目标和方针。

2)产品和技术知识。

3)顾客和竞争对手的特点。

4)推销技巧。

5)业务程序。

6)推销人员的职责。

(3)推销人员的绩效评价:对于推销人员工作绩效的评价,既要考察其销售额,也要考察其守法诚信状况及顾客的满意度。有些企业片面注重前者,而不顾后者,甚至默许、纵容推销人员的不当行为,是不法和不明智的。

(4)推销人员的报酬:企业要对推销人员采取相应的激励措施,促使其努力达成销售目标的完成。推销人员的报酬一般有三种形式:工资加绩效奖金、多种形式的承包制、工资与承包结合制等。另外,广义的报酬,还包括其他各种激励措施,如职务升迁、股权或期权奖励等。

五、推销人员的监督和考核

1. 推销人员的监督

监督是调动推销人员工作积极性的有效方式,定额指标是监督的有效工具。定额指标通常包括销售额、销售费用、开发新用户数、访问用户次数以及其他指标等,这些定额指标既是对推销人员的考核指标,又是监督推销人员的有效工具。另外,销售主管还可以通过走访用户、发信函和打电话等方式了解推销人员的工作情况,以便考察和指导推销人员。

2. 推销人员的考核

为促使推销人员提高工作效率、获得良好的工作效果，企业对推销人员的考核方式应该具有灵活性和差异性，它关系到推销人员的工作量、工作报酬、绩效评价及职务升迁等问题。当然，定额只是考核工作的量的标准，企业还应从质的方面对推销人员进行考核。例如，能力评价、思想品质评价、工作态度评价以及各种非定额任务的完成情况等。

第二节 广告策略

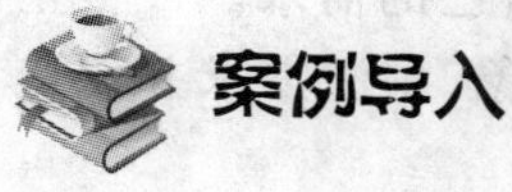

案例导入

雕牌洗衣粉广告策略

雕牌洗衣粉在越来越激烈的广告竞争中，选择了走情感路线，以情动人，其经典的懂事篇广告曾经打动了无数电视观众。这是一个关于普通下岗家庭的感人故事，突然变得懂事的孩子，母亲的艰辛劳苦，整个广告都融入了浓浓的亲情，让人置身其境，情到深处自然浓，母女相依为命的感觉跃然纸上仿如邻里，怎能不让人深深感动。广告以母亲泪水奔涌而出结束。而在结尾部分的字幕和商标，巧妙地借助了情绪的高潮部分，将雕牌洗衣粉至真至爱的深情牢牢地植根于消费者心中。

这个广告是在春节期间投放的，与其他欢天喜地的贺岁片形成了鲜明的对比。也正是由于这个广告，让纳爱斯集团在竞争日益激烈的日化洗涤市场中，一年之内创造了洗衣粉单一产品销售额增幅15亿的奇迹，令整个洗涤行业为之震惊，雕牌洗衣粉也由一匹黑马一举成为洗衣粉市场的龙头老大，改变了中国洗衣粉市场的格局。

一、广告的概念、特点及功能

1. 广告的概念

广告作为一种灵活多样的信息传递方式，是对相关公众或者潜在的顾客进行信息传播、说服和影响的一种商业行为。它伴随着商品经济产生而产生，与市场经济同步发展。

在电子传播、纸媒传播高度发达的时代，处于竞争环境中的企业，必须通过各种各样的信息传播和公众影响手段来影响公众——宣传企业和推销产品。在产品信息极为丰富的情况下，如何让消费者识别、认同和喜爱本企业及本企业的产品，是广告活动的中心环节。因此，在各种推销策略中，广告策略具有特别重要的地位。

2. 广告的特点

(1)广告的主体是具有经营目的的经济组织或个人，包括具有法人资格的企业、事业单位和个体经营者等。

(2)广告的对象(或者受众)是广大消费者。广告传播是大众传播，不是人员推销的个人传播行为。

(3)广告的内容是传播产品或服务方面的信息以及企业形象的有关信息。

(4)广告的手段是通过特定的媒体进行传播。对租用的媒体要支付一定的费用，广告传播有别于新闻传播。

(5)广告的目的是为了促进产品或服务的销售,并在公众中树立企业和产品良好的形象,以占领市场并取得利润。

3. 广告的功能

(1)传播和传递产品信息:广告的首要功能是向市场和大众传播有关企业和产品的信息,如推出新产品、产品的新用途、价格的变化、产品的性能及服务内容以及修正不良的印象、消除消费者的担心等。

(2)创造和增加需求:在产品供给相对丰富、基本需求得到满足时,消费者往往不知道还需要增加哪些需求。此时,经营者需要引导消费者明确和扩展自己的需求。广告正是通过各种传播手段来提高消费者对产品的认识、强化对产品的印象,刺激需求并创造需求。

(3)树立企业形象和产品形象:通过广告,促使消费者不要淡忘本企业的产品,以维持本企业及产品的知名度。

(4)扩大品牌效应,强化知识产权:任何企业,均有其特定的名称,即商号;市场上的产品,一般都有自己的商标。商号和商标对于企业而言是至关重要的,它与企业的形象、企业产品的质量是密切关联的。商号和商标同时还是企业的无形资产;其中,商标权益是企业典型的知识产权。

二、广告的类型

从广告要素来讲,广告包括主体、受众、内容、目的、地域、频率、形式、时间、地点等多个要素,而每个要素均可以作为分类的标准,因此可以按要素对广告进行多种分类。常见的分类方式如下:

(1)以传播媒介和技术手段为标准的分类方式:以传播媒介和技术手段为标准,广告可以分为报纸广告、杂志广告、电视广告、电影广告、幻灯片广告、包装广告、广播广告、海报广告、招贴广告、POP广告、交通广告和直邮广告等。随着技术的进步和新型媒介的不断增加,以媒介或技术手段划分的广告类型会越来越多。

(2)以广告传播范围为标准的分类方式:以广告传播范围为标准,广告可以分为国际性广告、全国性广告、地方性广告、区域性广告以及针对特定行业的行业性广告。

(3)以广告传播对象为标准的分类方式:以广告传播对象为标准,广告可以分为消费者广告和商业广告。

(4)以广告内容为标准的分类方式:以广告内容为标准,广告可以分为产品广告和企业广告。

(5)以广告的传播频率为标准的分类方式:广告可以分为高频率广告、低频率广告和间断性广告。

三、广告媒体的种类

广告媒体是企业与广告对象之间起连接作用的媒介物,不同的广告媒体有不同的传播范围和传播特点。因此,企业对不同广告媒体的特点的把握至关重要。

1. 报纸广告

报纸不仅是新闻传播的主要工具,而且是目前的主要广告媒体。

1)利用报纸作广告的优点是:

①读者广泛而且稳定,宣传覆盖面广。

②传递迅速,反应及时。

③制作简便,收费低廉。

④集权威性、新闻性、可读性、知识性和记录性于一体。

2)但报纸广告的局限性在于:

①时效性短,内容繁杂,阅读仓促。

②制作和印刷不够精细,难以准确、形象地表现产品的外观与特征。

2. 期刊广告

期刊广告由于期刊本身特征的不同而不同。有些期刊属于综合性质的期刊,阅读者众多,可作多类型广告;有些期刊属于专业期刊,仅针对一些专业人员,可做专业性的广告。因此,技术性较强的产品往往选择专业性的期刊;出口型的产品往往选择商务类的期刊。

1)利用期刊作为广告媒体的优点是:

①对象明确,针对性强。

②保存时间长,信息利用充分。

③制作精细,图文并茂。

④能较好地再现产品的外观形象。

2)但期刊广告的局限性在于:

①定期发行,难以适时。

②传播范围窄,成本费用高。

3. 广播广告

广播广告是通过电台播音员代替推销员向顾客介绍产品特点及选购方法的一种广告形式,广播广告属听觉广告。

1)广播广告的优点是:

①传播速度快,空间范围大。

②制作简便,费用低廉。

2)但广播广告的局限性在于:

①转瞬即逝,印象不深。

②盲目性大,针对性差。

4. 电视广告

电视集图像、色彩、声音、活动于一身,是现代化广告媒体。

1)电视广告的优点在于:

①覆盖面广,收看率高。

②形象生动,感染力强。

③娱乐性强,宣传效果好。

2)但电视广告的局限性是:

①制作复杂,费用昂贵。

②选择性差,广告目标欠具体。

5. 网络广告

网络是一种快速发展的数字化媒体,集报纸、杂志、广播和电视媒体的优势于一身,其表现形式多样,有时电视广告和平面广告可以直接在网络媒体上投放。网络广告的优点是:

(1)时效性强,覆盖面广。

(2)信息量大,便于保存。

(3)形象生动,感染力强。

(4)便于互动,费用低廉。

6. 其他媒体广告

其他媒体广告包括路牌、信函、产品目录、印刷招贴、车船、壁画以及霓虹灯、橱窗等广告形式,这些不同的广告媒体分别具有不同的特点。

四、广告媒体的选择

广告媒体的种类繁多,正确、合理地选择不同广告媒体和广告媒体组合,可以最大限度地发挥广告的整体效应。根据各种媒体的传播特点,在选择广告媒体时应着重考虑以下几方面:

1. 产品的性质

不同性质的产品,宜采用不同的媒体。对需要展示色彩和式样的产品,如服装、化妆品和食品等,宜选择电视、期刊和网络等媒体。对技术性较强、性能复杂的产品,宜采用报纸和期刊等文字性媒体。

2. 消费者的媒体习性

在日常生活中,人们常常根据自己的职业、兴趣和文化程度等来选择传播媒体。人们对媒体的接触习惯对广告的传播效果影响很大。因而,广告媒体的选择,必须考虑目标消费者的生活习惯。针对不同的广告对象应选用不同的广告媒体:对儿童宜选择电视广告作为广告媒体;对学生宜选择期刊、报纸、广播作为广告媒体;对专业技术人员宜选择专业性期刊为广告媒体。

3. 媒体的传播范围

不同的媒体,其传播范围各不相同。例如,报纸和杂志的发行量,电视和广播的观众和听众的数量,路牌广告和车船广告的人流密度等。凡销售到全国的产品,宜选择全国性的广告媒体;在局部地区销售的产品,宜选择区域性的广告媒体。

4. 媒体的影响力

对要求及时、迅速地传播的产品信息,宜选择报纸、广播、海报等广告媒体;反之,对信息传播不太迫切,宜选择发布时间较长的广告媒体,如杂志、电视等。企业在选择广告媒体时,要注意把产品的目标市场和媒体影响力所能达到的程度结合起来,做到既不造成浪费,又能达到广告宣传的最大效益。

5. 媒体的费用

企业发布广告要依据自身的财力来合理选择媒体,尽量使广告费用限制在可接受的范围内。广告费用包括媒体价格和广告作品的设计制作费用。同一类型的广告媒体也因广告发布时间和发布位置的不同而有不同的收费标准。如电视广告成本相对较高,而报纸、广播、橱窗、路牌的广告费用相对较低。

五、广告效果测定

广告效果的测定步骤和测定方法很多,主要有以下几个方面:

1. 广告的预测

(1)直接评分法:通常是由目标消费者的一组固定样本或广告专家来评价这个广告,并填写评分问卷。在该问卷中要填写评估广告的注意强度、阅读强度、认知强度、情绪强度和行为强度等,每个部分在其最高分的范围内予以评分。如果一个有效广告的最终目的是刺激购买行为,那么在相关指标上就都应得高分。但是直接评分法不一定能完全反映广告对目标消费者的实际影响,它主要是用于帮助企业剔除那些效果差的广告。

(2)组合测试法:寻找一组非专业的人员作为受试群体。先给受试者一组试验用的广告,要求他们能看多久就看多久,等到他们不再看广告后,让他们回忆所看到的广告内容,并且尽其最大能力对一个广告予以描述,所得结果则用来判别一个广告的突出性及其期望信息的被了解程度。

(3)实验室测试法:有些西方学者还通过测定受试者的生理反应来评估一个广告的效果,如心跳的速度、血压的高低、瞳孔的扩大等。所用的仪器主要有心电监护仪、脉搏计、瞳孔测量设备等。然而,这些生理测试方式充其量测量的是受试者的广告注意力,而且通常是短期的、甚至瞬间的影响力,无法测出广告在可信度等方面的影响。优秀的广告,往往能够把短暂的生理性影响与理性的认知结合起来。

2. 广告的后测

广告的后测主要是用来评估广告发布后所产生的实际沟通效果。其主要测量方法有以下两种:

(1)回忆测试法:访问一些经常使用该媒体的人,请他们回忆出现在该媒体上的企业及其产品的名称。回忆的方式是请他们回想或复述所有能记得的信息。测试者在受试者回忆的过程中可以给予帮助,也可以不给。受试者的回忆结果将转化成评分结果,该结果用来判断广告引人注意和令人记住的程度。

(2)识别测试法:以期刊为例,用抽样的方法抽取如某一期刊的读者作为受试者,再请他们反复阅读这一期刊,时间不限,然后说出其期刊上众多个广告中的哪一个,最后根据识别的结果给予每一个广告三种不同的可读性评分:

1)只注意到。

2)尚记得名称。

3)读过广告内容的一半以上。

3. 测定的主要内容

(1)信息传递效果测定:测定广告是否将信息有效地传递给目标受众,可以事前邀请消费者代表和专家对已经准备好的广告进行评价,也可以事后邀请消费者对广告进行评价。

(2)销售效果测定:广告销售效果的大小,以广告传播后商品销售的增减为衡量标准。评估广告销售效果是一件很困难的工作,因为企业产品销量的增长不仅取决于广告的影响,还受到商品质量、价格和市场竞争状况等多种因素的影响。

六、广告设计

1. 广告设计的含义

广告设计是以广告学与设计学为基础,以加强销售为目的,为产品、品牌、企业和营销活动等所做的创作活动。最早的广告设计是早期报纸的小布告栏,也就是以平面设计的形式出现的。现代的广告设计形式多样，如视觉化的广告设计就与众不同。要在短短几十秒的时间内吸引消费者的注意力，达到良好的促销效果，需要有很多的调查、设计和事前计划等。

2. 广告设计的基本内容

(1)主题设计：广告的表现主题必须明确、突出、唯一，包含设计目的。

(2)文稿设计：广告文稿包括广告标题、口号和正文等。广告标题即广告的题目，口号即广告语，正文即广告的主体部分。

(3)图画设计：广告的图画设计就是通过线条、色彩及其组成图案来表达广告的主题。

3. 广告设计的基本原则

(1)真实性：真实性是广告的生命和本质，广告内容必须真实、可靠。

(2)创新性：创新性即个性化，只有创新才能在海量的广告信息中脱颖而出，在最短时间内吸引消费者的注意力。

(3)形象性：具有提升企业形象的功能，并使消费者通过它达到对企业形象的认可与尊重。

(4)感情性：通过视觉、听觉、文字及其组合来渲染感情色彩并打动读者，使之认可广告内容。

(5)合法性：广告的内容和形式必须遵守国家法律法规、社会公德和风俗习惯。

(6)简明性：广告的选材要精练、内容要简明、主题要突出，不可包罗万象。

(7)艺术性：广告要图文并茂，具有艺术感染力。

4. 广告时机的选择

要根据产品的销售季节、产品的特性、产品的销售对象等选择广告的播放季节和播放时段。

第三节　公共关系策略

案例导入

遭遇抵制的雀巢婴儿食品

雀巢公司是世界上最大的食品公司之一，在世界各地原本拥有稳定的市场，但是自20世纪70年代开始，世界上出现一种舆论，说雀巢食品的竞销导致了发展中国家母乳养育率下降，以致婴儿死亡率上升。这种舆论到20世纪80年代竟发展成一场世界性的雀巢抵制性运动。

二战后，雀巢公司业务发展迅速。20世纪70年代，随着发达国家人口出生率降低，雀巢公司开始把开发和销售重心转向第三世界国家。

在第三世界国家中，不仅面临卫生条件差，而且大量年轻母亲缺少必要的文化素养，甚至看不懂产品使用说明，因此，那里滥用婴儿食品的现象非常普遍。她们无法活动清洁的饮水，结果婴儿食品与不干净的水相混合，再装进未经消毒的奶瓶，并使用了橡皮奶嘴，加上有些孩子的母亲为了延长食用次数，不得不多加点水来稀释这点食品。如一位牙买加妇女，用奶瓶喂养她的双胞胎，本来一份婴儿食品只够4个月的婴儿吃7天，可是这位母亲却一个劲地加水稀释，让两个婴儿吃了14天。由于细菌污染、营养不良等原因，婴儿死亡率大大增加了。1973

年在智利，用奶瓶喂养的3个月以下的婴儿死亡数是用母乳哺育的3倍。

与此同时，雀巢公司在第三世界开设的众多工厂里出现了严重的质量控制问题。1977年4月，哥伦比亚总医院早产病房里婴儿死亡率突然上升，追根溯源，发现原因是雀巢工厂灭菌不严。但是原因查明之前，已有25个婴儿死亡。同样是1977年，澳大利亚卫生部报告，由于给婴儿喂了雀巢奶制品，134名婴儿得了严重疾病。

1974年，一个名叫“向贫穷开战”的英国慈善组织出版了一本28页的小册子——《杀害婴儿的凶手》。在这本小册子里，两家跨国公司——瑞士的雀巢公司和英国的马尼善特公司被指责为在非洲进行愚民的市场营销活动。不久，一个设在德国的“第三世界工作小组”又发行了德文版《杀害婴儿的凶手》，内容仅作了几处改动。那本德文版的小册子在指责整个婴儿食品开发行业的同时，一些德国活动家举出雀巢公司的例子，说它有“不道德行为”，并把那本小册子重新取名为《雀巢杀害童婴》。

雀巢公司被当作抵制的唯一对象，是因为它占有世界婴儿食品市场的50%。与本行业其他企业相比，人们对它进行了更多不利的宣传。

这次联合抵制行动立即得到美国各地450个以上的地方和区域组织的支持。在抵制最强烈的波士顿、巴尔的摩、芝加哥等地，成千上万的人签名抗议，呼吁从超级市场的货架上撤走雀巢公司的产品。这次联合抵制运动还波及到大学校园。大学生们打着“砸烂雀巢”的标语，从牛奶、巧克力到茶叶、咖啡，统统成了他们抵制的对象。

其实这场产品抵制运动是完全可以避免的，问题出在这家大型的跨国公司未能尽早地注意到社会公众的合法要求，与社会上那些有影响的决策人物的传播沟通工作也做得不好。该公司甚至对一些外界公众所提出的严肃的道德问题都采取了冷漠的态度，一味强调所谓的科学性和合法性，并且拿起法律武器对持有异议的社会组织进行诉讼，虽然赢得了官司，却激起了大众的愤怒，成了当时社会活动家批判商业社会的靶子和“以剥削来赚利润”的反面企业典型。显然，这样的传播沟通是失败的。

一、公共关系的概念和特点

1. 公共关系的概念

公共关系是一种内求团结、外求发展的经营管理艺术，它运用合理的原则和方法，通过有计划而持久的努力，协调和改善组织机构的对内对外关系，使本组织机构的各项政策和活动符合广大公众的要求，在公众中树立起良好形象，以谋求公众对本组织机构的了解、信任、好感和合作，并获得共同利益。

公共关系活动的主要特征包括：

(1)主体：公共关系活动的主体是社会组织，包括企业、事业单位，也包括公共权力机关等各种组织。

(2)客体：公共关系活动的是与该组织有关的内外部公众，也包括有关部门。

(3)性质：公共关系活动的性质是一门处理公众关系、协调内外关系的策略、方法和艺术。

(4)手段：公共关系活动的手段是包括现代传播技术在内的各种信息传播手段。

(5)目的：公共关系活动的目的是改善企业形象、促进产品销售和提高市场占有率。

2. 公共关系的特点

公共关系是一种隐性的促销方式，它是以长期目标为主的间接性促销手段，其特点主要包括以下几个方面：

(1)可信度高：大多数受众认为公共关系类的报道相对比较客观、中立，比企业的产品广告更加可信。因为企业的产品广告具有明显的销售和盈利动机，被认为易含有隐瞒、扩大或虚假的信息。而公共关系类的广告，易被认为相对客观、中立、可信。

(2)传达性强：许多人对广告信息会产生本能的排斥和反感，并会有意识地回避。而公共关系活动中的宣传报道是以新闻报道、信息发布等形式出现的，受众收看、收听和阅读的概率和兴趣较大，所以传达能力较强。

(3)趣味性多：公共关系活动和与之相关的报道可使企业及其产品更加具体化、形象化和艺术化，具有趣味性。

(4)成本低廉：公共关系活动主要是利用信息沟通的原理和方法进行活动，它比广告费用少得多。例如，企业提供一个有趣的或有意义的活动，媒体会争相报道，企业可以不用付费，就能产生较大的轰动效应。从投入产出比来看，公共关系是所有促销方式中效用最好的。

二、公共关系的职能

公共关系作为一种特殊的促销形式，其职能主要体现在以下几个方面：

(1)采集信息，评价企业形象。

(2)编制计划，确定工作方案。

(3)传播沟通，树立企业形象。

(4)平衡利益，协调关系。

(5)重新评估，调整企业行为。

(6)提高效益，促进发展。

三、公共关系的作用

企业公共关系的主要目标和功能是提升企业信誉、塑造企业形象和增加企业的知名度和社会影响力，从而为实现企业的发展目标而创造条件。

公共关系在营销中的具体作用主要有：

(1)信息收集，提供决策支持。

(2)对外宣传，塑造良好形象。

(3)协调关系，加强情感交流。

(4)服务社会，追求社会效益。

四、公共关系活动的实施

1. 主要方式和手段

企业公共关系活动的方式和手段有很多，常见的主要有以下几种：

(1)通过新闻媒介传播企业信息：新闻媒介包括以报纸、杂志、广播、电视和互联网为主的信息传播工具。这些都是企业公共关系活动最重要的传播渠道。通过新闻媒介向公众介绍企业及其产品，不仅可以节约广告费用，而且还由于新闻媒介的权威性和广泛性，使得它比广告投放更加有效。特别是互联网媒体，具有费用低廉、传播迅速、送达率高、可持久储存和反复送达等优点。企业利用自办网站和公共媒体类的门户网站来实施公共关系活动是一种比较经济有效的宣传方式。

(2)参加各种社会活动:企业通过举办或者参加新闻发布会、展销会、订货会、博览会、研讨会和经济论坛等各种社会活动,同政府机构、社会团体、供应商和中间商等建立公开的信息联络渠道,以提高他们对企业产品的兴趣和信心。通过宣传,强化企业及其产品的信誉和形象。

企业生产经营活动所可能涉及到的各种利益主体,如政府、中间商、最终消费者、员工、社区、同业竞争者、环境影响者等,都是企业的利益相关者。在各种社会活动的策划、设计和实施过程中,需要注意加强与这些利益相关者的联系。

(3)赞助各项公益活动:公益活动的受众一般是社会公众,特别是弱势群体。积极参与各项公益活动,能够对相关公众产生良好的影响力。

通过赞助各项公益活动,如环境保护、节日庆典、基金捐献、扶贫救灾、赞助文体活动等社会公益事业,可以扩大企业的社会影响,协调企业与社会的关系,树立良好社会形象。

(4)编写各种宣传资料:企业组织有关人员编辑关于企业及其产品的宣传资料并向特定的对象或公众散发,以宣传企业的特点、战略策略和某些观点,有利于提高企业的知名度。但需要注意的是,宣传材料中的信息必须真实、准确、适当,不能有片面、夸大、隐瞒、误导类的信息,否则会对企业形象产生严重的损害。

(5)举办和参加主题活动:企业举办面向社会公众开放的各种主题活动,能有效地扩大企业的社会影响力。例如,可以结合厂庆、新生产线投产和新产品上市等事件,以本企业为主体,举行文艺活动和竞赛活动等。也可以对公共媒体的某些节目、地方或行业的某些大型活动进行必要的赞助和冠名、署名等。这些活动一般应当与媒体传播策略紧密结合,才能产生良好效果。

(6)借助公关广告:公关广告不是直接宣传企业及其产品,而是对某些公益性主题进行宣传,如健康、环保、教育等。通过公关广告活动间接地宣传企业,能够有效地提高企业的知名度和美誉度,树立起企业关心社会公益事业的良好形象。公关广告通常有致意性广告,即向公众表示节日祝贺、感谢或道歉等,如某某企业向某地人民问好、拜年等;倡导性广告,即企业率先发起某种社会活动或倡导某种新观念、新活动,如保护环境等;解释性广告,即就某个公益性话题向公众介绍、宣传或解释等。

2. 公共关系活动的实施步骤

(1)调查研究:公共关系调查的内容主要包括社会环境调查、公众调查和组织形象调查。一般不包括以产品质量、功能和性价比等问题的调查。

社会环境调查是指对社会环境进行的调查。社会环境调查主要是为了分析、把握与本组织有关的社会政治、经济、科技和文化等方面的一切动态。

公众调查即对公众构成、公众态度和公众需求等进行的调查。公众是一个经常变化的群体,不断因问题的发展而变化。一般地,公众调查可以与市场细分调查结合起来。

组织形象调查即对组织在公众心目中留下的印象进行调查。组织形象也就是公众对本组织的看法和评价。组织形象调查包括组织自我期待形象的调查和组织实际社会形象的调查。

(2)确定目标和方式:企业应根据企业的营销目标和产品的形象定位,确定特定的公关目标。公共关系活动的目标应与企业的整体目标相一致。通常需要向已有的或潜在的客户及消费者、竞争者、政府主管部门和公共媒体等目标实施公共关系活动。针对不同的目标,要根据其特点和与企业的关系,分出轻重主次和先后顺序,采用有针对性和有说服力的方式。不论何种方式,均不得有任何欺诈和误导。

(3)交流、反馈和处理信息:企业加强同中间商和最终消费者之间的信息交流极为重要。通过与中间商和最终消费者之间的交流,可以获得市场需求的信息,进而促使企业能为市场提供满意的服务。企业对市场越了解,企业经营发展的目标和手段就越合理,企业与市场之间的关系就会越紧密。

对于公共关系活动的各种信息,企业需要建立综合性的信息反馈和处理系统。

(4)评价结果:公共关系活动的主要目的是树立和改善企业的形象与声誉,不是直接推销某种商品。公共关系活动经常与其他促销手段一起使用,因此,定量地研究其效果是比较困难的。通常用展示度衡量法、态度改变衡量法和销售评估法来评价公关效果。

友情提示

展示度衡量法:通过统计公共关系活动在新闻媒体上的展示次数和时间,了解公关活动的影响。

态度改变衡量法:考察公共关系活动后消费者对企业或品牌的知名度、理解度及态度偏好等方面的变化情况。

销售评估法:通过比较公共关系活动前后销售额与利润额等的变化情况来了解公共关系活动的效果。

3. 公共关系调查方法

公共关系的调查方法有很多,经常使用的有文献调查法、观察法、访问法、抽样法和问卷调查法等几种。调查者的素质、能力和调查方法,对于信息形成、整理和传递的质量影响极大。企业应当有针对性地加强对调查人员的培养和训练。

(1)文献调查法是指在第一手资料难以得到或不够用时,通过组织内部或外部的文献资料来分析所要调查问题的一种方法。文献调查法是一种效率高、花费少的调查方法,可用于其他调查活动开始之前。文献调查法主要是利用历史上遗留下来的资料,所以有时会让人感到抽象、枯燥,缺乏具体性和生动性,因此,常常需要与其他调查方法配合使用。

(2)观察法是指调查人员进入调查现场,利用感官或借助工具,在调查对象中直接收集信息的方法。观察法最大的特点是直观性,可以排除其他调查方法的间接性所造成的误会和干扰。观察法简便易行,灵活多样,收集到的信息比较客观和准确。

(3)访问法是指公共关系的工作人员按照预先设计好的题目,有目的、有计划地与被调查对象进行访谈并直接收集信息的方法。一般分为个别访谈法、集体访谈法和电话调查法。

(4)抽样调查法可以分成普查法和抽查法两种。对于小型的人口总体,可以应用普查法。但大多数时候,组织要面对人数众多的公众,普查非一个组织的人力、物力和财力所能及。因此,大多数公众调查都是采用抽样调查法。

(5)问卷调查法是指调查员用统一设计好的问卷,利用书面的方式由被调查者回答问题,借此向被调查者收集信息的方法。在上述几种调查方式中,都有可能用到问卷,而问卷调查法也可单独运用,因此,问卷是公众调查的主要工具之一。

第四节　营业推广策略

案例导入

娃哈哈的营业推广

娃哈哈集团在20世纪80年代末到90年代初，借助国营的糖烟酒、副食品和医药三大销售系统，逐步建立了一级批发站、二级批发站、三级批发站及零售店，组建了一个遍布全国城乡的经销网络，当时的入网商家达3000多家。公司根据一定阶段内市场的变化、竞争对手的动向以及自身产品的情况而推出了各种各样的促销政策，包括对消费者赠送样品、发优惠券；对中间商提供批发回扣、推广补贴；对销售人员免费培训、比例分成等。这些措施既激发了各级经销商的积极性，又保证了他们的利润。正是通过成千上万个大小经销商，娃哈哈的产品渗透到了大江南北的每一个角落。

随着新产品的不断开发和市场的不断扩大，娃哈哈又提出了“让利首先要让利经销商”的口号，制订了“区域独家经销商制度”、“经销商保证金制度”等，始终以变革首创的精神和行业领跑者的行事风范锐意进取、不断创新，取得了令人瞩目的成绩。

在促销活动中，营业推广方法具有举足轻重的作用。可以认为，公共关系提升的是企业形象，广告促销提供的是购买理由，而营业推广提供的是购买刺激。营业推广区别于人员推销、公共关系和广告宣传，但又是这些营销手段的有效补充，被誉为现代营销的开路先锋和销售的推进器，为广大企业所使用。

一、营业推广的概念和特点

1. 营业推广的概念

营业推广也称销售促进和销售推动，是指企业在一定时期内为了有效增加销售量、扩大经营业绩而采取的各种营业外活动的总称，是一个短时间内能迅速刺激需求、鼓励消费的各种促销方式的组合。它不同于人员推销、广告推销和公共关系等方法，而是通过陈列、展示、展览会、示范操作以及种种非常规的、非经常性的活动，如价格优惠、演出、展示、有奖销售和赠送礼品券等。

据统计，在许多出售消费品的公司，营业推广费用在所有的营销费用中占75%或更多的比例。而且，平均每年的营业推广费用都在以12%的速度增长，而公共关系费用的增长率仅为7%。目前，营业推广费用在营销费用中的比率正在迅速增长，尤其是在消费品的市场上的增长更加迅速。

2. 营业推广的特点

营业推广一般都具有以下特点：

(1)表现形式直接、迅速，具有明显的吸引力：营业推广的手段或者工具，一般具有打破常规销售模式的特征，其信息送达和说服顾客的方法往往标新立异，给受众以新奇感。这些方法可以暂时打破受众对于市场的心理疲劳和认知惰性，使之短期内对于某产品产生好奇心，而随之可能产生购买欲。

(2)方法灵活多样,适应性和针对性较强:非常规的方法包括多种,如价格优惠、折扣、有奖销售、赠送礼品、特价甩卖等。这些方法往往会使顾客产生机不可失的心理,从而来了解、选购相关产品。对于善于计算性价比的顾客而言,如何相对准确地计算、选择和决定是问题的关键。这些方法通常能够针对他们产生影响力和说服力,促使他们作出购买决定。

(3)居于辅助性地位:营业推广是非常规的促销方法,不能经常使用,否则会产生适得其反的结果:不仅损害产品的声誉,而且损害生产商和销售商的形象。试想,一个产品、一个商场经常处于价格优惠、折扣、有奖销售、赠送礼品、特价甩卖等状态,顾客会如何联想?只能认为买的是廉价品、商场是廉价商场。因此,营业推广中的非常规促销方法应居于辅助地位,偶尔使用。

(4)具有局限性和副作用:营业推广的有些做法给顾客的印象是急于甩卖、非正常现象。如果频繁使用或使用不当,会引起顾客怀疑此产品的品质、产品的品牌或产品的价格是否合理,给顾客以“推销的是水货、低档货”的感觉,由此而降低企业和产品的形象。企业在采用营业推广方式时,应当研究这种负作用出现的可能性,要尽可能防止出现负面作用。

二、营业推广活动方式

营业推广有许多种推广方式,这些推广方式主要包括以下类型:

1. 使用于消费者的营业推广方式

企业在某些时期、为了一定的需要对消费者开展一些营业推广活动,其推广方式主要有:

(1)赠送样品:制造商的产品如果有明显的相对竞争优势,为了吸引消费者率先采用,可以向消费者赠送免费样品或试用样品。尤其当企业推出新产品时,这些样品可以挨户派送、邮寄赠送、商场散发、附在其他产品中赠送以及公开赠送等。

(2)折价券和消费卡:折价券就是给持有人一个保证,即他在购买指定商品时可凭此券享受一定的折扣优惠或抵用一定的费用。折价券可以邮寄、也可以附加在其他产品中或在广告中附送,该方式多被厂商采用;消费卡多被零售业、服务业所采用,持卡人凭卡消费可以享受一定的折扣。消费卡既可以免费有目的的发放,也可以以一定的费用出售,该方式常用来培养固定的消费群。

(3)特价包:特价包就是向消费者提供低于正常价格出售产品的一种方法,其做法通常是在产品内包装或标签上加以附带说明。它可以是一种廉价包装,也可以是一种特惠价包装。特价包对刺激短期销售十分有效,常被厂商所选用。

(4)赠送印花:当顾客购买某一产品时,企业给于一定数量的交易印花,若凑够一定数量后,可以凭印花兑换某些奖品,以招徕顾客、扩大销售。

(5)特价销售:为度过某些销售淡季或迎接某些特定节日,厂商或零售商往往会开展一些优惠酬宾、折扣让利等形式的销售活动,以刺激消费者购买。

(6)消费信贷:是通过赊销、分期付款等方式推动产品或服务的销售,顾客不用支付现金或只支付部分现金即可先取得产品使用权。对商品房、汽车等大件产品,消费信贷具有明显的促销作用。

(7)产品展销:通过参与和举办各种形式的产品展销,突出、集中、重点介绍某些产品,再配合以特惠价,能有效地刺激顾客购买。

(8)现场示范表演:在销售现场用示范表演的方法,介绍新产品的用途及使用方法,增加顾客对新产品的了解,以刺激其购买。

(9)赠礼与兑奖:赠礼一般将赠送礼品附赠在包装内,是一种常见的营业推广措施,因为它能有效地刺激销售;兑奖一般是通过广告向社会公布中奖标识在产品包装物之内,顾客购买该产品后凭中奖标识可以到指定地点兑奖。

(10)竞赛和游戏:这是通过组织让消费者参与的有关活动,让消费者有某种机会去赢得一些奖励,如现金、旅游机会或某些产品,作为他们惠顾和运气的回报。

2. 使用于中间商的营业推广方式

企业为了加强和零售商的合作,可以运用购买折让、广告折让、陈列折让和推销补贴等营业推广工具。购买折让是指购货者在规定期限内购买某种产品时,每买一次就可以享受一定的小额购货折让,以鼓励购货者大量购买该产品。尤其是针对那些新品种,中间商可以利用这种购买折让得到立即实现的广告或价格上的补偿。

企业为酬谢中间商替其做广告,往往要给中间商一定的广告折让;中间商为企业产品进行特别陈列,企业要为其提供免费陈列品;当中间商购买某种产品达到一定数量时,企业要为其提供赠品;当中间商推销企业产品有成绩时,企业要给与中间商推销金或免费赠送特别的广告赠品,如钢笔、日历、笔记本、烟灰缸和领带等。

3. 使用于推销人员的营业推广方式

终端推销人员经常要将不同的产品推荐给消费者使用,因此企业要运用销售竞赛、销售红利和奖品等营业推广工具直接刺激推销人员。实际上,使用于中间商的营业推广方式也可使用于推销人员,包括中间商的推销人员和企业自有的推销人员。

本章小结

本章通过介绍市场促销中的人员推销、广告、公共关系和营业推广的概念和特点,可以了解到人员推销是一种灵活的最有效的促销手段;广告的重点在于引发受众关注并刺激其实施购买行为;公共关系则重在塑造良好的企业形象,是现代市场营销观念的发展;营业推广的形式多种多样,重在追求短期促销效果。

综合训练

1. 名词解释

人员推销、广告、营业推广、公共关系

2. 知识理解

(1)什么是促销?企业有几种主要的促销方式?

(2)什么是人员推销?人员推销有哪些特点?人员推销的过程是什么?

(3)广告媒体的种类有哪些?各有什么优缺点?

(4)什么是公共关系策略?企业如何实施公共关系策略?

(5)什么是营业推广?营业推广的主要方式有哪些?

3. 内容深化

(1)根据市场和产品的不同特点,如何选择、搭配和运用不同的促销策略。

(2)如何理解市场促销策略的作用及其特点?

实践活动

以6人为一个小组,通过电视、广播等各种媒体,或结合你生活中遇到的事例,分析并讨论某个企业或某个产品的促销策略,每个小组举出一到两个例子。

案例分析

百事可乐公司的中国市场营销促销策略

百事公司是世界上最成功的消费品公司之一,在全球200多个国家和地区拥有近14万名雇员,为全球第4大食品饮料公司。百事的促销组合策略也是经典之作。

百事可乐的营销策略主要包括以下几个方面:

(1)人员推销策略:目标明确,顾客就是上帝。20世纪90年代初期,为了迅速打开市场、抢占制高点,上海百事公司率先采用了人员直销的销售模式。该公司招聘了相当数量的销售人员,并斥资购进了20辆依维柯汽车,负责将百事产品送到上海的大街小巷。同时,在重要的地段和繁华区域,上海百事还尝试着打破零售点只售玻璃瓶装饮料的习惯,从国外进口了1500台总价值达数千万元的散装饮料机,并配备了专业的销售人员,将这种集快捷、现场配置、冷冻、一次性饮用等诸多优点为一体的销售方式推销给上海市民。也就是从那一年起,上海百事公司的这一业务在同行业中始终处于领先地位。

(2)广告策略:通过"说什么"和"怎样说"来实现广告目的。百事可乐进入中国市场时,首先对几个重点城市进行了立体式的广告轰炸,并在这些重点城市中的高校及年轻人容易聚集的区域设立了自动售货机,同时还配合着进行广告宣传。

百事可乐的名人广告别出心裁。在不同地区的销售推广过程中,常寻找当地的名人来拍制一些受当地人欢迎的广告。在中国香港,百事可乐通过与巨星郭富城合作,其"雨中飞奔为邻家女孩买百事可乐"、"与王菲合唱百事主题曲"等广受香港的青少年的欢迎;在内地,百事公司还推出了红遍大陆的天王巨星刘德华,那极富感染力的广告语"每一次选歌和出唱片,我都有自己的选择。追风,那不是我的性格……每一个人都有自己的选择,我选择百事"打动着无数的年轻人。此后,百事可乐还推出郑秀文版、F4版等百事巨星广告。这些广告的推出,备受中国各地消费者的欢迎。

除名人广告外,"百事蓝罐包装上市"、"为百事可乐中国足球联赛主唱首支主题曲"、"森林中智取可爱猩猩"等版本的广告也成为百事广告的扛鼎之作。独特的广告策略,充分体现了百事可乐的广告目的。

(3)公共关系策略:找出切入点,致力于公益事业。长期以来,百事可乐始终热心赞助体育赛事以及其他公益事业。百事可乐曾斥巨资赞助"八运会",取得了"八运会指定饮料产品"称号,为其在中国的进一步发展打下了坚实基础。

百事可乐为庆祝中国申奥的成功,把申办前的"渴望无限"和成功后的"终于解渴了"整合在一起,做成全屏广告的形式,与当时的气氛同频共振:"不如此难表激情万丈,不如此不够痛快淋漓。"在那一时刻,每个看到此广告的人都会心跳!百事可乐此时与他们共同支持申奥,心灵相映、情感相通,收到了良好的社会效果,品牌的社会形象得以大大提高。

2001年12月,由百事公司捐赠、中国妇女发展基金会设立的专项基金——百事可乐基金向内蒙古的准格尔旗提供了一定的专款,这笔专款将主要用于当地缺水家庭修建母亲水窖及贫困儿童复学等项目。此类活动的开展,大大增加了百事公司的美誉度。

(4)营业推广策略:形式多样,合理利用。百事可乐为了满足市场对低热量健康饮品的需求而推出了清凉口味的"轻怡可乐",它具有无糖、低热等特点。"轻怡可乐"的推出,很快便以其独特的口味和无糖、低热的特点吸引了越来越多的消费者。

对于市场的变化,百事可乐通常会采取短时间的降价促销或其他形式的变相降价措施,如加量不加价、买二赠一等形式,以吸引消费者注意力。在保持现有价格长期不变的前提下,采取了积分、赠品、印花、竞赛和游戏等形式进行价格促销。

针对中国马年重要的节日春节,百事可乐曾特别为消费者设计了一款马年春节限量珍藏版饮料。新包装不但颜色金光闪耀,而且还印有奔腾的骏马,同时还把"祝你百事可乐"也印在了包装上。百事马年金装共有355mL、600mL、1.25L和2L等四种规格。除此之外,这款马年百事金装限量发售,只在北京、天津、武汉、南京、广州和深圳6个城市的大型超市销售,具有较大的收藏价值,吸引了大量的收藏爱好者。

针对经销商,百事可乐公司主要采用搭赠、价格优惠和折扣等促销策略。在2002年的碳酸饮料销售中,百事可乐的批发价在各竞争品牌中近乎最低。不仅如此,百事可乐还常在产品的容量上大作文章,使得百事产品具有很强的市场竞争力。除价格低廉之外,百事可乐还对经销商提供了诸如一个月的赊销支持、免费旅游、季度抽奖和实物奖励等活动。针对配合较好的经销商,百事公司还为经销商员工提供培训机会,提供人力支持等。无论是攻心还是攻城,百事可乐的做法都令人赞叹。

百事可乐在中国市场所取得的成绩与该公司灵活多变的促销策略是密不可分的。在1998年和1999年,百事可乐在中国市场分别推出了世界杯足球赛的拉环瓶盖换领与换购足球明星奖品活动、七喜浪漫小存折换领奖品活动和澳门旅游活动等。在2000年到2005年间,百事可乐逐渐推出了"爱拼才会赢"、"渴望无限"和"蓝色风暴"等活动,以现场摇奖和集卡兑奖等方式,换取百事球星衫、球星画报等。这些活动涉及面广、影响力大,对终端促销起到了积极的作用。

思考题

(1)结合案例,分析一下百事可乐的目标市场是什么?百事如何针对目标市场进行定位促销的?

(2)结合自己所看到的百事广告,说说百事广告的特点是什么?广告策略优势又在哪里?

(3)百事的公共关系与营业推广策略合适吗?请进行评价。

参考文献

[1] 蔡燕农. 市场营销[M]. 北京:中国商业出版社,2003.
[2] 冯金祥,蔡南珊. 市场营销实务[M]. 北京:高等教育出版社,2004.
[3] 吴勇,车慈慧. 市场营销[M]. 北京:高等教育出版社,2001.
[4] 王伟芳. 广告概论[M]. 北京:高等教育出版社,2006.
[5] 劳动和社会保障办公室. 市场营销[M]. 北京:中国劳动社会保障出版社,2003.
[6] 冯亮能,蒋志华. 市场调查与预测[M]. 北京:高等教育出版社,2002.
[7] 菲利普·科特勒. 营销管理(新千年版)[M]. 梅汝河,梅清豪,周安柱,等译. 北京:中国人民大学出版社,2001.
[8] 张岩松. 市场营销案例精选精析[M]. 北京:经济管理出版社,2003.
[9] 刘子安. 现代营销学案例与习题集[M]. 北京:中国对外贸易经济出版社,2002.
[10] 樊传果. 文化与领导[M]. 北京:科技文献出版社,2003.
[11] 蓝荃. 市场营销学[M]. 北京:中国广播电视大学出版社,2002.